はじめての人も
イチからわかる

やさしい 中学英語

改訂版

いのうえ じゅんいち 著

JN052007

はじめに

　「先生」をしていて近年特に思うことは，「間違いを恐れず自分で考え，自分なりの答えを出す」ことができない生徒が増えた，というよりほとんどの生徒がそういう傾向にある，ということです。考えるためにはその元になる知識と，それを身につけるための努力が不可欠です。努力しないと自分を信じる心はできてきません。でも，面倒な努力は避けられるものなら避けてしまいたい。誰だってそうですよね。物質的に恵まれた今の世で，子どもたちには「楽しいこと」が非常に多いです。勉強なんか優先順位がかなり下位になって当然。「勉強しなくちゃなぁ」と思って机に向かっても，ゲーム機や漫画や携帯の誘惑に勝てないのです。

　私の塾の生徒も，勉強は好きではありません。私は彼らに「それでいい，っていうかそれが普通でしょ？」と言っています。でも，頑張るにはどうしたらいいのかがわかってくると生徒は頑張ります。そして頑張ったら自分にもできるんだということがわかると，努力はただつまらないものではなくなります。だんだん表れてくる結果に，少しずつ自信が持てるようになっていきます。こうなれば悪い方向には進みません。そういう支えかたができる環境がどんどん増えればいいと私は思っています。

　この本は英語の参考書ですが，私としては「勉強に対する姿勢」のようなものを伝えることに重点を置いて書かせていただきました。もし，この本を読んでやる気を出してくれる生徒がいてくれたら，"すっごく嬉しい！"です。また，指導者や保護者の方にも，参考になれば幸いです。これは1つの方法論でしかありませんが，私が専門家として自身のすべてをかけて取り組んできた年月の，現時点での到達点です。

　私が「先生」と呼ばれる仕事をするようになって，もう35年になります。最初の数年はただがむしゃらに授業をしました。慣れてきて多少授業もできるようになってくると，悩むようになりました。「人間として未熟な，こんな自

分が偉そうに『先生』だなんて思い上がりもいいところではないか。」初年度に受け持った生徒に対してなどは「何もしてやれなかった」と後悔の念が年々増していきました。完璧主義者だったのかもしれません。そういう考えかたは自分だけではなく，他人に対しても押し付けていました。だからこそ私は，いくつもの大きな失敗をしました。

　そんな私を救ってくれたのは，数年後に会った初年度に受け持った1人の卒業生の言葉でした。「でも先生一生懸命だったじゃん。私，先生に教わってよかったよ。」そう言われて気づきました。人間は完璧にはなれないけれど，頑張ることには意味があるのです。それは，まさに普段自分が生徒に対して求めていることでした。そうか，頑張ればいいんだ。100点満点の先生には一生なれないだろうけど，それを目指し努力し続けることは自分にもできる！絶えず学び続ける姿勢を持ち，前年より進歩してより良い授業をすること。それがそれまで受け持った生徒への恩返しになる，と考えました。

　この本が出版されることは，私のすべての教え子たちや，問題の多かった私をわがまま言って職を辞すまで期待し育ててくれた上司の先生たちに対して，ほんの少しのご恩返しと，「頑張ってます！」というご報告になるのではないかと信じています。この場を借りて，今後一層の努力を誓わせていただきます。

　最後に，担当の編集者さんをはじめ，この本の製作に携わっていただいたみなさん，ありがとうございました。心から感謝いたします。

本書の使いかた

　本書は中学3年分の英語をやさしく，しっかり理解できるように編集された参考書です。また，定期試験などでよく出題される問題を収録しているので，良質な試験対策問題集としてもお使いいただけます。以下のような使いかたの例から，ご自身に合うような使いかたを選んで学習してください。

1　最初から通してぜんぶ読む

　オーソドックスで，いちばん英語の力がつけられる使いかたです。特に，「英語を学び始めた方」や「英語に苦手意識のある方」にはこの使いかたをオススメします。キャラクターの掛け合いを見ながら読み進め，例題にあたったらまずチャレンジしてみましょう。その後，本文の解説を読んでいくと，つまずくところがわかり理解が深まります。

2　自信のない単元を読む

　英語を，多少勉強し，苦手な単元がはっきりしている人は，そこを重点的に読んで鍛えるのもよいでしょう。Point やコツをおさえ，例題をこなして，苦手な単元を克服しましょう。

3　別冊の問題集でつまずいたところを本冊で確認する

　ひと通り中学英語を学んだことがあり，実戦力を養いたい人は，別冊の問題集を中心に学んでもよいかもしれません。解けなかったところ，間違えたところは本冊の内容を読み直して理解してください。ご自身の弱点を知ることもできます。

登場キャラクター紹介

ケンタ

サクラの双子の兄。元気がとりえのスポーツマンの中学生。英語は苦手で，なんとかしたいと思っている。

サクラ

ケンタの双子の妹。しっかり者で明るい女の子。ケンタより英語は得意で，飲みこみも早い。数学には苦手意識がある。

先生（いのうえ　じゅんいち）

中学生を長年指導している，中学英語の救世主。ケンタとサクラの英語教師として，奮闘。

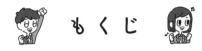

もくじ

0章

「英語」と「日本語」の違いと英語の超基本

これからキミたちに英語を教えていく，
いのうえです。よろしくね。

 「よろしくお願いします。」

 「頑張るぞ〜。」

「英語」は教科である前に，数ある「言語」
のうちの1つで，英語を使う国の人々には，
日常生活に欠かせない「道具」だ。それは，
私たち日本人にとっての「日本語」と同じ。
まずは日本語を学び直し，日本語と英語を
比べるところから始めよう。

はじめに
～「英語」のための「日本語」学習～

英語という「外国語」の勉強を始める前に，まずは「母国語」である日本語を勉強し直そう！　とても大事なことなんだ。

「せんせーい，英語の勉強じゃないんですか？」

　まぁまぁ，あわてないで。英語を効率よく勉強するためには，日本語を改めて勉強することは絶対に必要なことなんだ。

「どうしてですか？」

　それはね，先生もキミたちも「日本人」で，もうすでに「日本語」という言語が頭に入ってしまっているからだよ。「日本語」は初めて覚える言葉だっただろう？

「そりゃそうですよ！」

　お，つっこまれたね～。まぁ当たり前なんだが，なんの言語も知らないところを，ただ周りの人のマネをして，いつの間にか覚えたのが「日本語」であるはずだ。だけど，「英語」が同じようには学べないのはわかるね？

「たしかに。じゃあ，どうやって勉強したらいいんですか？」

　ただ「英語」を学びたいなら，頭の中にある「日本語」をすべて追い出すのが手っ取り早いけど，そりゃ無理だよね。日本人をやめなきゃいけないもの。キミたちが目指すのは，「英語もできる日本人」。**1つめの言葉（＝母国語）「日本語」のときとはまったく違う，2つめの言葉「外国語」の学びかたが必要**だと先生は考えているんだ。

> ## コツ 1 「英語」の学びかた
>
> まず日本語の基本をおさえ，**日本語との違い**をはっきりさせながら，英語を理解し，覚える!

ちょっと図を使って説明しようかな。

　白紙は言葉を1つも知らない状態。まず「日本語」という1色めが塗られた。そしてそこに同じ「言語」である「英語」という2色めを塗ろうとしたとき，1色めと区別するには「仕切り」がいる。そうしないと色が交ざってしまうからね。この「仕切り」は1色めを塗るときには必要なかったことだ。1色めは何も考えず，ただ塗ればよかった。

　でも2色めは，そうはいかない。1色めの「日本語」があいまいなままでは，2色めの「英語」をどこにどう塗ってよいのかわからないでしょ。

「わかりました。あきらめて日本語を勉強し直します……。」

　頑張ろうよ！　なるべくわかりやすく，楽しく理解していけるよう説明するし，ほとんど小学校で学んだことばかりだ。

「おー，なんかイケそうな気がしてきた！」

　その調子だ。まずは気持ちで負けないように。1つひとつのお話は簡単なことばかり。「イケるぞ！！」という前向きな気持ちで進んでいこう！

「すでにオレ，英語はそうとう大変なことになってるんですけど。」

　あははは。そういう生徒は先生，大好物さ。信じてついてこい！　努力しだいでどうにでもなるから。
　そしてもう1つ。**新しいことを学ぶときに，いちばんやっちゃいけないのは，新しいことばかりに目を向けて，すでに身につけてきたものをおろそかにしてしまうこと**。この考えかたは，この先ずーっとこの授業を通して大切にしていくから，覚えておいてね。

コツ2 新しいことを学ぶときの心得

新しく学ぶ内容にばかり気をとられず，
それまで学んできたことを忘れずに！

　新しいことを覚えても，前のことを忘れたり，できなくなってしまったりしていたら，できることの全体量は変わらないよね。これじゃダメだ。英語は積み重ねが大事。昨日ま

でに勉強したことすべてを使って，今日新しいことを学ぶ，それが「英語」という教科の特徴なんだ。

　簡単なことがらを，1つひとつ必要な順に，必要なだけちゃんと身につけながら進めば，英語はけっして難しい教科じゃないんだ。

「よっしゃー，なんかヤル気出てきたぞ！　カカッテコイヤー！」

「うん，今までとは違う勉強ができそう！」

　その調子だ！　では，この最初の単元の最後に，これからの勉強の心構えを伝えておくよ。「できる」ようになるために，最も大事なことだ。

コツ 3　絶対にできるようになる，勉強の極意

① 　あわてないで1つずつ。そして覚えてできるようになったことは，自信をもってその力を発揮していくこと！

② 　一生懸命やっていれば間違えたっていいぞ！
　　○をもらって嬉しく思える，✕をくらったらくやしく思える，そういう答えを書こう！

　こんな気持ちで勉強にとり組んでいけたら，間違いなく「できる」ようになるよ。学校でも，塾でも，家庭学習でも，点数や○✕といった結果ばかりに目を向けずに，勉強にとり組む「姿勢」を身につけていこう！　遠回りのようでいて，実はそれがいちばんの近道なんだ。

　いいかい？　さぁ，それじゃ始めようか。

英語の書きかた

アルファベットはきちんと書けるかな？　ぜんぶで26文字，大文字・小文字ともにしっかり書けるようにしよう。ここではアルファベット，英文の書きかたを確認していくぞ。

アルファベットはしっかり書けるようになっているかな？

 「はい！」

　最初は英語用に4本の補助線が入ったノートを使うだろうけど，勉強が進むと補助線なしで書かなければならなくなる。今のうちに細かいところまでしっかりと覚え，間違えやすいものを確認しておこう。

1 アルファベットの書きかた

1 大文字・小文字の書きかた　［大きさが違うだけ編］

C c O o S s V v W w Z z

　大きさが違うだけのものは「ラクショー！」と思っているでしょう？でも，だからこそ大きさの違いをはっきりさせて書かないと，大文字を書いたのか小文字を書いたのかわかってもらえなくて×になるぞ！

 「なるほど。どちらなのかはっきりわかるように書かないといけませんね。」

「あれ，Ｐも大文字と小文字の形が同じじゃなかったっけ？」

ケンタくん，Ｐの小文字は形が少し違うよ。次の**2**を見てみよう。

2　**大文字・小文字の書きかた　[ビミョーに違う編]**

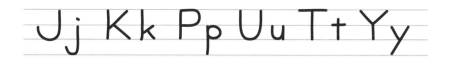

 「たいして違わないじゃん！」

そうだね。でもだからこそそれがポイントだ。しっかり区別して書こう。次は小文字の間違えやすいものをピックアップするよ。

3　**小文字の書きかた　[間違えやすいもの編]**

①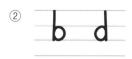
d は直線部分を少し長めに書くとカッコいいし，a と読み間違えられにくいよ。

②
似ているけど向きが逆。けっこういつまでも書き間違える人がいるよ。p と q も同じように向きが逆だけど，q はめったに使わない文字だからか，間違える人は少ないな。

③
f は上のほうをしっかり丸めて書かないと t と読み間違えられることがあるよ。

④ dと同じで，hは直線部分を長めに。nは途中で止めればrになるだろう？　しっかり書き分けよう！

⑤ ちゃんとした字で見ると似ていないけど，見分けがつかないように書いてしまう人もよくいるよ。慣れてくると雑に書いてしまうようだ。気をつけよう。

⑥ aの上の部分が口をあけてしまうとuになってしまう。この間違いも，とてもよく見るよ。

どれも，雑に書かないよう最初にしっかり「いいクセ」をつけよう。ていねいな字を書くのが当たり前になるようにね。

「字をていねいに書きなさいって，毎日のようにいわれます……。」

そうでしょう。でもよく考えてごらん。「きれいな字を書きなさい。」っていわれてるんじゃなく，「ていねいに」だよ？　**きれいな字は人によっては，なかなか難しいものだけど，「ていねいに」なら誰にでもできる**よね？面倒がらずにていねいに字を書くクセをつけるように！

「は〜い……。」

コツ 4 読みやすい字を書くには

無理に上手な字でなくていい。
雑にならないよう，**ていねいに書こう！**

それじゃ，次は文を書くときの注意だ。

2 英文の書きかた

コツ 5 英文の書きかたのルール

- 文の最初の単語の最初の文字は必ず大文字で書き，文の最後にはピリオドやクエスチョンマークなどをつける。
- 単語どうしがはっきりと区別できるよう，1つの単語はしっかりとまとめて書き，単語と単語の間はしっかり間隔を空ける。
- 人名や地名（固有名詞といいます）の最初の文字，「私は」の意味の"I"は文の途中に出てきても，いつも大文字で書く。

それぞれの単語がまとまっている

Are you from Canada?

単語と単語の間はしっかり空ける

疑問文の最後はクエスチョンマークをつける

「つい単語をまとめないで書いちゃっているかも……。」

　単語はまとめて，単語と単語の間は空ける。慣れるまでは変な感じがするかもね。でもそれこそが日本語とはぜ〜んぜん違う，「英語」なんだ。大文字のルールや，文末のピリオドやクエスチョンマークのルールにも，早く慣れてね。

0-3 日本語の文の作りと，英語の文の作り

あくまでも「英語」を勉強するための「日本語」の文の作りの復習だ。小学校で勉強したことばかりだけど，正直いって自信ないでしょ？　あまり難しいことまでつっこまないからビビらないように。

　ひとことで「文」といっても，いろんなパターンがあるけど，簡単にいうと，「内容のわかる，最後までまとまった言葉のカタマリ」が文だ。例えば，「こんにちは。」や，「いらっしゃいませ。」などのあいさつの表現も文。学校の英語の授業でもアルファベットや単語の学習のあと，あいさつなどの決まった表現を学習するね。

　「教室で使う表現や初対面のあいさつなどを習いました。」

　その通り！　そうやってとりあえず英語を使うことに慣れたあと，本格的な〈主語＋述語〉という構造をもった「文」の勉強が始まったんだ。そのころは〈主語＋述語〉という表現は，授業では出てこなかっただろうけどね。文の中心は〈主語＋述語〉。まずは〈主語＋述語〉を中心とした日本語の文の作りを復習しよう。

　「えー，忘れちゃったよ〜。」

　大丈夫。きっと思い出すよ。

コツ6 小学校で習う日本語の文の作り（述語による分類）

① 何が（は），―― <u>どうする</u>。

② 何が（は），―― <u>どんなだ</u>。

③ 何が（は），―― <u>何だ</u>。

こんなふうに習ったね？　主語や述語がどんなことを表すものか，これで思い出せたかな？　主語は「その文の主人公に当たる　何か　や　誰か　を表す部分」で，述語は「主語の　動作や様子　を表す部分」，などと教わったかもしれない。

「お，なんかやった覚えあるぞ！」

いいねぇ。でも今はこういった分類は必要ない。「主語・述語がどういうものか」ということさえわかってくれればいいよ。ここでは「語順」だけにしぼって，日本語の作りを見てほしいんだ。

コツ7 日本語の語順

主語（〜が，は）　　　　　　　　　　述語 。

主語が最初で，述語が<u>最後</u>にくる。

日本語の文では，まずはじめに主語がきて，述語は文の最後にくる。この主語と述語の間に修飾語などの言葉が入るんだ。英語を勉強する準備としてはこれだけでいい。ただし，日本語はいつも必ずこの語順というわけではない。あとでくわしく説明するけど，**「語順がある程度自由に変えられる」というのも日本語の特徴**なんだ。

「英語はどうなっているのですか？」

それこそがまず覚えておいてほしい，英語が日本語と違うところだ！

0章

コツ 8　英語の語順

主語 ＋ 述語 ．

主語が最初で，<u>次に述語</u>がくる。

　これが英語の文の基本の作りだ。**主語の次に述語がくる**。最初に大事な文の中心部分である述語をいってしまうんだよ。それに比べて日本語では，最後にしめくくるように述語が出てくる。

「英語ってのはせっかちなんですか？」

　いや，そういうわけじゃなくて，この英語の語順には大きな利点があるんだ。それは，主語・述語のあとの主な言葉の語順が自然に決まること。
　例えば

　　　「私は（主語）＋**食べました**（述語）」

と誰かがいっていたら，次に何が聞きたい？

「『何を？』と聞きたいです。
　　　何を食べるのかしら？」

　そうだよね。「どのくらい？」や，「い
つ？」ではなく，まずは「何を？」で
しょう。では，

「**彼は**(主)＋**送りました**(述)」

ではどう？

「やっぱり『何を？』じゃないですか？」

「ねぇ，『誰に？』もないと意味がわからなくない？」

そうだよね。細かいことは各単元で勉強するけど，そういうことなんだ。ものすごく大ざっぱにいえば，英語の文はこうなるよ。

---Point---
1 英語の文の作り

〈**主語＋述語**〉を文の最初に置き，あとはその述語の意味に自然につながる，必要な言葉をそのまま順に置いていく。

コレが英語の基本だよ。だから英文の基本的な要素(主語，述語，目的語など)は，誰が文を作っても同じ順に並ぶんだ。さっきの「**私は食べました。**」を例に説明しよう。「ケーキを食べた」ことにしよう。「食べた」は eat の過去形 ate で表すよ。

① I ate.　　　　　　　（私は食べました。）←「何を？」と聞きたい。
　主語＋述語
② I ate a cake.　　　（私はケーキを食べました。）←完成
　　　「何を」が次にくる

これが英語の文の作りなんだよ。いろいろな応用が出てくるけど，そのすべての基本はコレ，といいきれる！

「え，コレだけ!?　本当ですか？」

まぁ，文が複雑になればコレだけじゃすまないよ。でもね，それでも基本はコレなの！　少なくとも，はじめのうちはコレだけでイケる。本当だよ。信じてくれ！

「へぇ〜，大丈夫かなぁ。」

　だまされたと思ってやってみて。先生についてくれば，いつの間にか英語がわかるようになってるから。

　それでは，ここで日本語の語順も考えてみよう。日本語の語順ってけっこう自由じゃない？　例えば

　　「私は，数学のテストでひどい点をとってしまいました。」
　　「数学のテストで，私はひどい点をとってしまいました。」
　　「ひどい点を，私は数学のテストでとってしまいました。」

　上の３つの文は，語順は違うけれど，どれも意味はほぼ同じだね。しまいには文の中心である〈主語・述語〉の語順さえ

　　「数学のテストでひどい点をとってしまいました，私は。」

のように変えても意味が通じてしまう。日本語では，なぜそんなことが可能なのかな？

「日本語のことなんて，深く
　　考えたことないですよ〜。」

「そうね。考えて，ではなく
　　当たり前に自然と使ってい
　　るだけね。」

　そうだろうね。でもこのことを理解しておくと日本語と英語の作りの違いがはっきりして勉強しやすくなるんだ。さあ，タネあかしだ。わかってみれば「な〜るほど」，だと思うよ。

Point

2 日本語の文の作り

日本語は，「**〜が・は**」，「**〜を**」，「**〜に**」，「**〜の**」，「**〜で**」などの『**助詞**』がつくことで，その語の文中での役割が表される。

「ジョシ？？？　ううっ……。」

「先生，お兄ちゃんが気を失いました！」

「助詞」という文法用語にやられたってこと？　雰囲気に弱い子だな〜（笑）。まぁ，その気持ちはわかるけどね。でも，中学の「国語」では日本語のそういう「文法」も勉強するんだよ。いっておくけれど，国語の文法は英語のそれよりも，はるかに面倒だ。覚悟を決めておかないと痛い目にあうぞ。

「覚悟……わかりました！　頑張ります！」

ケンタくん，しっかりしなさい！　さっきもいったでしょう。わかってしまえば「な〜るほど」の，それほど難しくないことだって。

「難しくないんですか……？」

日本人でしょう？　日本語が話せる人にならわかることだと思うよ。先入観で「難しそう」と決めつけて，自分から壁を作っちゃいけない。さっきの例文で説明するよ。

「私は，　数学の　テストで　ひどい点を　とってしまいました。」

この文の助詞は「〜は」，「〜の」，「〜で」，「〜を」だ。**これらの助詞があるおかげでそれぞれの語のカタマリ（文節）の役割がわかるようになっている**ね。だから

「**数学の　テストで，　私は　ひどい点を　とってしまいました。**」

と，それぞれの語のカタマリの位置が変わっても，それぞれが表す意味は同じままだ。

「**例えば，『は』がつけば最初になくても主語だとわかる**，ってこと？」

素晴らしい。気を失って目覚めたと思ったら，調子よくなったね（笑）。

「パワーアップしました！」

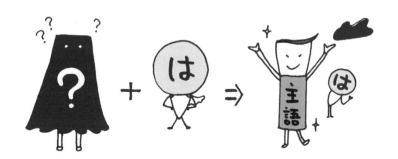

くわしいことは国語で学んでもらうとして，ここからが本題。 英語 には，「〜が・は」，「〜を」，「〜に」などの助詞に当たる言葉がない んだ。例文で説明するよ。

I play tennis.　（私はテニスをします。）

「I」，「play」，「tennis」のそれぞれの単語がすべて独立していて，日本語の「～が・は」や「～を」に当たる言葉がないのがわかるね？　「私（I）」，「～をする（play）」，「テニス（tennis）」という語が，ただ並んでいるだけだ。

「本当だ。でもこれじゃ困るんじゃないですか？」

「そうだよ！　日本語に訳すときに『が・は』とか『を』をつけなきゃいけないんだから。」

それが困らない。実は 英語では，語順がそれぞれの語の役割を表している んだ。語順によって，訳すときに「が・は」をつけるのか「を」をつけるのかがわかるんだ。

「どういうこと？」

また実際に例文を使って説明しよう。

① **Tennis** is fun.　（テニスは楽しい。）

② I play **tennis**.　（私はテニスをします。）

「tennis」という単語に注目。1つめの文は「テニス**は**」，2つめの文は「テニス**を**」と訳しているね。基本的な英文では，「文の最初の語は主語で『～が・は』と訳され，play（動詞）のあとにある語は『～を』や『～に』と訳される」，というふうに**語順によって役割が決められている**わけだ。

「そうか！　語順で役割がわかるから，訳すとき『が・は』や『を』をつけて訳せばいいってことですね？」

　その通り。ちなみに，疑問文の場合も，日本語では文の最後に「〜か？」という語（実はこれも助詞）をつけて表すけど，英語では語順の変化で表す。だから，英語の語順はいい加減にしていてはいけない 。なんとなく決めたり，わからないから日本語と同じにしてみたりしていると，英語はわかるようにならないぞ！　それではまとめに入るよ。

Point

3　日本語と英語の文の作りの比較

日本語の語順

| 主語（〜が・は） | 述語 |。

　　特徴……最後に述語でしめくくるタイプの作り。
　　　　　おもに助詞のおかげで語順が比較的自由。

英語の語順

| 主語 | ＋ | 述語 |　　　　　　　　　　　.

　　特徴……文の中心を最初に述べ，あとは必要な語を必要な順に並
　　　　　べる。語順が語の役割やつながりを表すので，基本の要
　　　　　素（主語，述語，目的語など）の語順は勝手に変えられ
　　　　　ない。

　どうだい？　英語の文の作りのイメージができてきたかな？　ここで１つ注意。「語順が決まっている」ということを「ルールが厳しい」と受けとってしまう人がいる。

「そうそう，英語はルールがうるさすぎると思うな！」

　ほらいた。先生はそうは思わないぞ。だって，必ずルールで決まった通りになるなら，単純にそのルールにしたがってさえいれば誰でも正解が出せるんじゃない？

「そういえばそうですね。」

　これもアリ，それもアリでは，どうしていいか迷ってしまうだろう？きちんとルールが決まってくれているということは，単純でわかりやすいということだよ。
　まずは必要以上にビビって自分から壁を作ってしまわない！　前にもいったね。そしてその語順のルールは，暗記してほしいことではないんだ。**覚えておけばいいこと，ではなくて，英語に触れるときはいつでも意識すること！**　さらに，意識し続けて当たり前のことになるところまでいければ完ペキだ。無理して暗記するより気がラクだろ？

「え？　暗記しなくていいんだ？」

　まぁ「いつも意識する」だから，忘れないようにはしないといけないけどね。これからいよいよ本格的に英語を単元別に学んでいくわけだけど，キミたちがこのことを忘れないように，先生がポイントポイントで注意しながら教えていくから大丈夫。大事なことはわかっているんだ，という自信をもって，安心して先生についてきなさい！

「はい！　頑張ります！！」

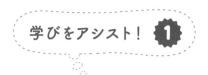
学びをアシスト！ **1**

0章

必殺！　単語暗記の極意

「単語暗記の極意」といっても，実はラクに覚えられる暗記法とかではないんだ。そういう期待をしてた人，ごめんね～。やっぱね，暗記はやってもらわなきゃいけないんだ。

「だまされた……。」

でも，やっただけのことが必ず身につく，学習をムダにしない方法を教えるよ。これは，少しも逃げずに真っ向から向き合って，本気で覚えるために必要なこと。これで本当の実力を身につけたら，単語を覚えることが苦ではなくなって，結果的にラクになるよ。

書く回数を決めない

「まずノートの左端に1つずつズラッと単語を書き出して，それぞれを『10回』とか『1行』とか決めて書く」，というようなことしている人，けっ

こういるんじゃない？　このやりかた，目的が「覚える」じゃなく，「決めた回数書く」になっていってしまうんだよね。だから，何回めかに書いたときにつづりを間違えても，そのあとずーっと気づかずに，同じつづりのミスをし続けたりする。要するに，前に書いた文字をマネして写しているだけなんだ。それは写生大会？　もしくは筋トレだ。いっぱい書いたら，腕がそうとう疲れるもの。

「オレ，回数決めて書いてたよ。」

　書く回数を決めない理由は，目的をはっきりさせるため。**覚えるのが目的なのだから，回数は決めずに「覚えた」と思ったらやめればいい。**でも，「覚えた」と思えないうちは何回でも書く。先生は「10回書いてもダメなら20回，100回書いてもダメなら200回，300回と書けぇーっ！　うがーっ！」とよくいってるよ。でも，本当に300回なんて絶対に書いちゃいけない。できれば5回くらい書くまでの間に「覚えた」と思って，やめてしまえるように頑張るんだ。そうできるために必要なことが次の2と3だ。

2　すべての「感覚」を注ぎこむ

　単に書くだけでなく，意味を考え，実際に発音して耳でその音を確認しながら。できるなら手ざわりやにおいも感じたいところだけど，英単語はさわれないし，においもないからね（笑）。「覚えたい」なら，テレビを見ながらやってなんていたら絶対に無理。目的をはっきり定め，その目的の達成のためにほかのことはすべて頭から追い出して，やっている間はそのことに集中する。**「集中力」というのは練習で身につけるもの**だ。好きなことになら何時間でもほかのことをすっかり忘れて集中できるだろう？　例えば，

ゲームとかマンガとか。そんなふうに集中できる力は誰にでもあるんだ。自分の好きなことでなくても，必要ならば「やるときはやる」が実行できる心の強さは，きっとこの先の人生のいろんな場面で，役に立つよ。

「集中力のある，カッコいい人間になるぞ！」

「ホントになれるかしら？」

3 前に書いたものを隠して，一度ずつ思い出して書く

　「覚える」というのは，いいかえれば「思い出せる」こと。見ないで思い出して書く練習をすることが必要だよ。こうすれば，覚えようとしなければ次を書くときにすぐに困るから，自然と覚えようという気持ちになるはず。まぁ，書いたばかりで次を書くわけだからそんなに大変ではないの，わかるよね？　でも，この練習方法で十分に「覚える」につながるんだ。覚えたい単語が出てきたら，すぐにノートのすみにでも2・3回隠しながら書いてみるクセをつけられたらバッチリ。こうやって**ふだんから「単語を覚えよう」という意識をもつ**だけで，テスト前に単語を覚える時間をとらなくてすむようにもなっていくよ。

「なるほど！」

「意識が大事ってことね。」

4　自己テストをして確認，覚えていないものをくり返す

　単語を覚えたら，少し時間が経ったところで自分でテストをしよう。テストといっても覚えているかどうかが確認できれば，形式はどうでもいい。そしてテストをして書けなかった単語は，また練習しよう。何度かくり返していると，そのうち覚えられてしまっている。「覚えたい」という意識と，その目的を達成するために必要な正しい方法，このどちらが欠けてもうまくいかない。

　それともう1つ。**新しい単語をいくつか習ったときに，「どれを練習するか」というのを選ぶことが大事**だ。教科書に出てきた新しい単語を覚えようと，そのページにあるすべての単語を単純に書き出し，人名や地名，「※（こめじるし）」のつくような難しい単語まで練習しても意味がないね？最初から，練習が必要な単語かどうかを自分で判断する。こういうムダを省こうとする気持ちがまた，「できるようになる」につながっていくんだ。

「効率よく単語を覚えて，英語を得意にしてやる！」

be動詞

「もう，『be動詞』なんて聞いただけでイヤになっちゃう。」

「え，そう？　そんなことないと思うけど……。」

2人の違いは実はたいしたことではないんだ。それほど多くない「覚えること」を，なまけないでしっかり練習したかどうか。当たり前だけど，本気になって，しっかりやらなきゃできるようにならない。練習してみればとっても簡単だよ！

be動詞とは？

なんでbe動詞っていうの？　ということはとりあえず気にしないで，覚えることをしっかり覚えよう！　最初が大事だよ。頑張ろう！

　まず最初に勉強するのは，「be動詞」という動詞の仲間について。動詞は「述語」になるんだ。つまり，主語に続いて動詞がくるんだ。

「**英語は『最初に〈主語＋述語〉』**ですもんね。」

　そうだ。　be動詞の意味は「〜だ・です」と「〜がいる・ある」　なんだけど，まずは「〜だ・です」を中心に勉強していこう。

「『**〜だ・です**』？　これって動詞なんですか？」

　たしかに日本語では「動詞」じゃない。でも英語では「動詞」として使う。日本語の感覚で考えていると大変なことになるぞ。それじゃ具体的に文を作って確認しよう。主語に主，述語に述と，印をしておくよ。

例1　I **am** Kenta.　　　（ぼくは，ケンタだ。）
　　　主　述　　　　　　　　　主　　　　　述

例2　You **are** students.　（あなたたちは，生徒です。）
　　　主　　述　　　　　　　　主　　　　　　述

例3　He **is** busy.　　　（彼は，忙しいです。）
　　　主　述　　　　　　　主　　　　　述

　主語のすぐあとに置かれている，amやareなどが「be動詞」で述語だ。「〜だ」や「〜です」というふうに日本語にするよ。

1
章

「述語が主語のすぐあとにくるのが英語の作りですね。」

　そうだ。am, are, is の３種類出てきたけど, これがぜんぶ同じ「be動詞」なんだ。使い分けは次の単元でくわしく説明するよ。**まずは文の作りを確認してほしい。be動詞の後ろにくるのは,「何だ」か,「どんなだ」になっている。**be動詞の前が主語で, あとが「何だ」,「どんなだ」になっているから, まるで be動詞が数学の「＝（イコール）」のような役割になっている ね。これを覚えれば,「主語は, ～です。」のパターンの文なら単語さえ知っていればどんな文でも作れるぞ。ラクショーだろう？例題で確認しよう。

> **Ex.** 次の日本文に合うように（　　）内の語句を使って英文を作りなさい。
>
> (1) 私はタロウです。　（am, I [私は], Taro）.
> (2) あなたは先生です。
> 　　（are, a teacher [先生], you [あなたは]）.
> (3) マイクは背が高いです。
> 　　（is, Mike [マイク], tall [背が高い]）.

　サクラさん, 答えてみて。

「主語が最初で, 述語が次だから……。
　Ans. (1) **I am Taro.**
　　　(2) **You are a teacher.**
　　　(3) **Mike is tall.**」

　OK。それでいい。be動詞がイコールの役割をしているね。問題として
は簡単だけど，この簡単なことが英語の基本なんだ。

☑ **CHECK 1**　　　　　　　　　　　　　　➡ 解答は別冊 p.35

次の日本文に合うように（　）内の語句を使って英文を作りなさい。

（1）私はケンです。　（Ken, am, I）.
（2）あなたは生徒です。　（are, a student, you）.
（3）アンディは背が高いです。
　　　（tall, is, Andy［アンディ］）.

ココで出てきた覚えなきゃいけない単語・熟語	
つづり	意味
<small>アイ</small> I	私は
<small>ユー</small> you	あなたは，あなたたちは
<small>ステューデント</small> student	学生，生徒
<small>ビズィ</small> busy	忙しい
<small>ティーチァ</small> teacher	先生
<small>トール</small> tall	背が高い

1-2 be 動詞の 3 つの形

be 動詞はほかの動詞と違い，形が 3 つもある変なヤツだ。3 つの形をどう使い分けるのか，はっきりさせよう。

be 動詞には 3 つの形がある。どれも同じ be 動詞で，意味も使いかたもまったく同じなのに，使い分けなければならない。

「そう！　それが意味わかんない。」

「覚えちゃえば簡単よ。お兄ちゃんサボってるから困るのよ。」

そうだね。面倒だ。だいたいなんで 3 つもあるのか，意味がわからないね。でも，それが英語なんだ。「主語の種類によって形が変わる」のだけど，これ，英語を学んでいくうえでとても重要。日本語にはまったくない考えかただからね。まずは大事なことを宣言しておこう。

Point

4 動詞の形は 1 つじゃない

動詞は，**主語の種類**によって形が変わる。

いいかい？　be 動詞を含む動詞全般は，主語の種類によって形が変わるんだ。英語の大切なルールだよ。それじゃここで，動詞の形を変えてしまう，「主語の種類」について勉強していこう。「人称」って言葉を聞いたことがあるかい？

「1人称，2人称，3人称，ですね？」

　そう。この「人称」ってヤツが主語の種類分けの1つだ。「人称」なんて言葉を使われると難しそうだけど，たいしたことはない。さっさとまとめてしまうよ。

Point 5　主語の種類分け，その①　「人称」

1人称……自分，話し手　I（私）と we（私たち）
2人称……相手，聞き手　you（あなた，あなたたち）
3人称……その他の，会話に参加していない人やもの
　　　　　she（彼女），he（彼），it（それ），
　　　　　they（彼ら，それら）など

　1人称で使う語はIとwe，2人称はyouしかない。ほかはぜんぶ3人称，覚えやすいね。日本語では自分のことを指す語（1人称）は「ぼく，私，オレ」など，相手を指す語（2人称）は「キミ，あなた，お前」など，いろいろあるだろう？　英語ではね，これしかないんだ。

「え？　『私』も『ぼく』も『オレ』も，ぜんぶIってこと？」

　そう，その通り。今まで日本語をしゃべっていて"人称"なんて考えたことなかったかもしれないけど，英語では主語

の人称によって，動詞の形が変わるから，人称に気をつけなければならないんだ。すぐにはなじめないかもしれないね。でも，そんなに難しくないんだ。主語の人称は簡単にいえば，Ｉなのかweなのかyouなのかその他なのかを，区別するだけなんだ。

「それだけなら簡単，簡単！」

ちょっと待った！　主語の種類分けには，人称のほかに，もう1つ大切なポイントがあるんだ。これも日本語ではふだん意識しないものだから，要注意だぞ。

Point

6　主語の種類分け，その②　単数？　複数？

主語が**単数なのか，複数なのか**で動詞の形が変わる。

Point⑤の「人称」，Point⑥の「単数か，複数か」が，主語の種類を分ける2つの点なんだ。

さて，be動詞に話を戻すぞ。ここまでの話でいくと，どの人称かだけでなく，主語が「単数」のときと主語が「複数」のときで，be動詞を変えなきゃいけないってことだ。

「『人称』が3通り，『単数か，複数か』で2通りだから3×2＝6（通り）の主語があるはずだけど，be動詞って3つだけよね……？」

いいところに気がついたね，サクラさん，その通り。be動詞は結局3つの使い分けだから，それほど面倒ではないんだ。簡単な覚えかたを教えてあげるから安心して。

　それより，**人称や単数・複数は，英語を勉強していく限りこれからもずっと意識すべき考えかた**だから，少しずつ気をつけられるようにしよう。くり返すけど，日本語を使っていて，意識する必要のなかった考えかたは，私たち日本人にとって簡単にはなじめないものが多い。でも，日本人なんだから当たり前じゃないか！　英語の決まりを「意味不明」と思うのは当たり前なんだよ。だから，英語を勉強するときだけは「英語人」にならないとね。

　さて，「be動詞の使い分け」を具体的に覚えていこう。

Point

7　be動詞の使い分け

主語			be動詞
1人称 （私）	単数	I	アム am
	複数	we	アー are
2人称 （あなた）	単数	you	are
	複数		
3人称 （その他）	単数	she, he, it, Ken など	イズ is
	複数	they, Ken and Kumi など	are

　こういう表はよく見るね。この通りなんだけど少し覚えにくいかも。先生は，こうやって考えるといいと思う。

コツ9　be動詞の使い分けの極意

I am 〜，you are 〜以外は，
単数なら is，複数なら are。

Iのときam, youのときareはいくらなんでも間違えないだろう？　だったら**あと気にしなければならないのは「単数か，複数か」だけでいい**ってことだ。数だけ気にしていればいいならラクだろう？

　人称の説明もしたけど，わからない人は「単数か，複数か」というところだけには注意をはらうこと！

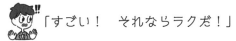「すごい！　それならラクだ！」

　しかも，こんなことを気にしていなければならないのは最初だけ。慣れてしまえば，気にしていなくても勝手に正しい形が使えるようになる。ちゃんと英語に向き合っていれば，絶対にそうなる。最初だけは少し面倒でも，主語をもとに，しっかり考えて，どのbe動詞を使うか判断してほしい。

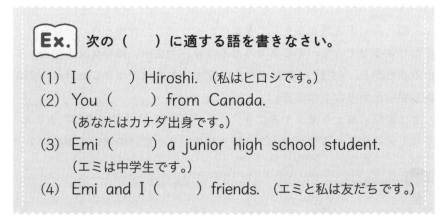

Ex. 次の（　　）に適する語を書きなさい。

(1) I （　　　） Hiroshi.（私はヒロシです。）

(2) You （　　　） from Canada.
（あなたはカナダ出身です。）

(3) Emi （　　　） a junior high school student.
（エミは中学生です。）

(4) Emi and I （　　　） friends.（エミと私は友だちです。）

　まず問題を解くときに大切にしてほしいのは，ずっと伝えてきた英文の基本，**「〈主語＋述語〉を中心に文を読む」ってことだ。ただカッコの中に何が入るか，答えだけに注目しないこと。**意味のある「言葉」なんだからね。問題として出てくる英文でも，それは同じなんだ。これはこれからもずっと覚えておいてほしい大切なことだよ！

コツ 10　**英文に触れるときの注意**

いつでも，〈主語＋述語〉を中心に文を読むこと！
問題として出る英文も，答えだけに注目しない！

　「カッコの前と後ろだけを見て，なんとなく答えを選んじゃってるかも。」

　このくらいの問題ならそうでもないだろうけど，わからない単語が出てきたりするとそうなってしまうんだろうね。大丈夫。簡単な文を勉強しているうちから，〈主語＋述語〉を中心に文を読むクセをつけておけば，これからずっと困らなくなるぞ。
　では実際に答えを考えてみよう。まずどの問題も，主語が最初にあるね。そしてその次にくる語がカッコで隠されている。主語の次にくるのは？

　「述語です！」

その通り。で，各文の日本語訳では，述語はどんな意味になっている？

「『～です』です。」

いいぞ，ケンタくん。述語が「～です」ということは，使うのは be 動詞だね。

「先生，be 動詞の問題なんだから，be 動詞が入るのはわかってますよ。」

いや，そういう考えかたはダメだよ！　今この章で勉強しているのはたしかに be 動詞だ。でも考えてごらん？　「問題になるのが be 動詞なのはわかっている」なんてこと，単元テストくらいでしかないだろう？

「たしかにそうだわ！」

実は**英語は，単元別に勉強しているときにはちゃんとわかっていたのに，実際のテストになるとまったくできなくなることがよくある教科**なんだ。「何を使うかわかっている」状態でなら，その中から答えを選ぶことはけっこう簡単だ。でも，何を使うかわからなくなると困るよね？

「そうなんだ。で，なんとなく選んで，間違える……。」

そうでしょ？　英語ができるように，いやもっとはっきりいえば**「点がとれる」ようになるために最も必要なのが，ただ「選べる」だけではない，「何を使うかを自分で判断できる力」**なんだ。

「なるほどー。だから『be 動詞』を使う，ということから判断する練習を，ふだんからするんですね？」

　はい，その通り。これからどの単元でもこういう考えかたで練習問題を解いていくから覚えておいてね。

　さぁ，話をもとに戻すよ。 Ex. は述語（be動詞）を主語に合わせて適する形で入れなさい，という問題だということが確認できた。ここまでくれば，あとは覚えたbe動詞の使いかたを思い出しながら，正しい形を選べばいい。

　　　(1)　I (　　) Hiroshi.
　　　(2)　You (　　) from Canada.
　　　(3)　Emi (　　) a junior high school student.
　　　(4)　Emi and I (　　) friends.

「(1)は主語が I だから am，(2)は You だから are です！」

「主語が I と You のとき以外は単数か複数かだけで判断できるから，(3)の Emi は単数なので is ね。」

「(4)は Emi and I ってことは2人だから複数か。答えは are だ！」

　そう。それでいい。あとはそれを，考えなくても当たり前にできるようになるまで気をつけていけば OK。いちばん注意したいのは，主語が複数のとき。特に(4)のように and で2語がまとめられていると，それぞれの語は単数だったりするから間違えやすい。**カッコの直前が I なので am としてしまう間違いをよく見る**ぞ。気をつけよう。

Ans.　(1)　I (　**am**　) Hiroshi.
　　　(2)　You (　**are**　) from Canada.
　　　(3)　Emi (　**is**　) a junior high school student.
　　　(4)　Emi and I (　**are**　) friends.
　　　　　　　　↖am にしないように注意！

☑CHECK 2

➡ 解答は別冊 p.35

次の日本文に合うように，（　　）に適語を書きなさい。

(1) I（　　）Ken.　（私はケンです。）
(2) You（　　）from India.　（あなたはインド出身です。）
(3) You and Jiro（　　）friends.

　　　　　　　　　　（あなたとジローは友だちです。）

ココで出てきた覚えなきゃいけない単語・熟語	
つづり	意味
ウィ we	私たちは
シ she	彼女は
ヒ he	彼は
イト it	それは
ゼイ they	彼らは，それらは
フロム from ～	～から，～出身の
キャナダ Canada	カナダ
スクール school	学校
フレンド friend	友だち
インディア India	インド

1
章

be動詞の否定文 「〜ではありません」

しっかりルールを覚えて問題を解いて慣れる，これが英語の学びかた。覚えてしまえば簡単さ。

　次は否定文だ。否定文というのは「〜ではない」と打ち消しをする文のこと。ふつうの文のことは肯定文というよ。否定文は作りかたがいつも決まって同じだから，しっかり覚えよう。まずはルールをまとめるぞ。

Point

be動詞の文を否定文にする

be動詞のあとにnotをつける。

$$ 主語 + \begin{Bmatrix} am \\ are \\ is \end{Bmatrix} + not \sim. $$

「ルールはわかってるつもりなんだけど，間違えるんだよな〜。」

　教えられたり，読んだりしたことを，そのままマネしているだけで，自分で判断していないんじゃない？　このくらいのことは「わからない」ってことはないはず。それでもなぜか間違えてしまうのは，本気で頭を使って自分のモノにしてないからだ。わかったことは「自分の知識」として，積極的にどんどん使う！　いいね？　それじゃ例題で確認だ。

Ex. 次の文を否定文にしなさい。

(1) I am Hiroshi.
(2) You are from Canada.
(3) Emi is a junior high school student.
(4) Emi and I are friends.

まずは，〈主語＋述語〉を中心に文を読むと，be動詞の文とわかるね。be動詞の否定文を作っていこう。

「ということは am, are, is のあとに not をつけるだけなんですよね？　これじゃ簡単すぎませんか？」

そうだよ。この段階で学んでいることは，そのくらいのことなんだ。「be動詞の文を否定文にする」のだとわかっていれば，とても簡単なこと。まずは，なんの問題なのか見やぶれるようになろう。あとは，覚えたことをあてはめるだけだよ。

Ans. (1) **I am not Hiroshi.**
(2) **You are not from Canada.**
(3) **Emi is not a junior high school student.**
(4) **Emi and I are not friends.**

✓CHECK 3　　　　　　　　　➡ 解答は別冊 p.35

次の文を否定文にしなさい。

(1) I am Ken.
(2) You are from India.
(3) You and Jiro are friends.

be動詞の疑問文と答えかた「〜ですか?」

さぁ, 英文がイッキに会話らしくなってきた。覚えたら, 勇気を出して ALT の先生に話しかけて質問してみたら?

　今度は疑問文。「〜ですか」と質問する文だ。これもいつでも作りかたは同じだからしっかり覚えよう。まずはルールをまとめるぞ。

━Point━

9 be動詞の文を疑問文にする

be動詞を主語の前に移動させ, 文の最後に「?」をつける。

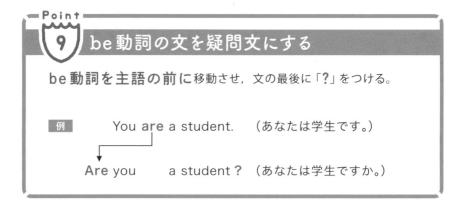

例　You are a student.　（あなたは学生です。）

Are you　a student ?　（あなたは学生ですか。）

「これだけのことなのになぁ。なんでたまに間違えるんだろう……?」

　ケンタくん, 単純に２番めの単語を前にもってきたりしていない?　主語と述語をちゃんと確認して, 意味も考えながら知っているルール通りにやれば必ずできるはずだぞ。次の例題で確認してみよう。

Ex.　次の文を疑問文にしなさい。

(1) I am Hiroshi.
(2) You are from Canada.
(3) Emi is a junior high school student.
(4) That tall boy is Ken.

1
章

「主語と述語をちゃんと確認して，意味も考えながら，ですね？」

そうだ。まず各文の主語と述語を答えてごらん。

「(1)，(2)は I am，You are だから簡単。私は〜です，あなた
は〜です，という意味だ。
　　(3)は主語が Emi，述語が is だから，エミは〜です，という意味だな。
　　(4)はアレ？　主語は That かな？」

「主語は 1 語じゃないよ，お兄ちゃん。」

そうだね，サクラさんはわかっているみたい。3 語がカタマリになって
1 つの意味を表している。

　　That tall boy **is** Ken.
　　　　主　　　　　述

「ということは，あの背の高い男の子，が主語か！　疑問文にす
るなら is を 3 つ語を飛び越えさせていちばん前にもってくる！」

　そう。**主語はいつでも最初の 1 語とは限らない。いくつかの語がまとまっ
ていることも多い**んだ。カタマリを作るのは主語のときだけではない。こ
れは英語を理解していくのに大切な，いつでも意識してほしいことだよ。

コツ11 英語上達の心得

「1つのまとまった意味を表す**語のカタマリ**」を意識すること！

　「**Ex.**(3)の is の後ろにある，a junior high school student も
カタマリですね。これで『中学生』っていう意味になります。」

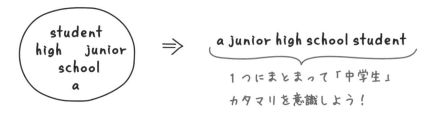

その通り。語のカタマリにいつでも注意しようね。

それと注意点がもう1つ。疑問文では最後に「？」をつけるのを忘れず
に！　では**Ex.**の答えを見ていこう。主語のところに赤い下線を引いてお
くよ。

Ans. (1)　**Am I Hiroshi ?**　（私はヒロシですか？）

(2)　**Are you from Canada ?**　（あなたはカナダ出身ですか？）

(3)　**Is Emi a junior high school student ?**
（エミは中学生ですか？）

(4)　**Is that tall boy Ken ?**　（あの背の高い男の子は，ケンですか？）

　「〈主語＋述語〉と『語のカタマリ』に注意すれば，簡単ですね！」

その通り。先生が今までずーっといちばん大切にしてきた **「〈主語＋
述語〉から始まる文の作り」** と，この **「語のカタマリ」を必ず意識しな
がら勉強すること** が，英語をできるようになるいちばんの近道だと考

えているんだ。実際，先生の塾の生徒たちはこのことを基本に勉強して，どんどん力をつけているよ。キミたちもこれからはこの2つをいつも意識して英語にとり組んだら，間違いなくできるようになるぞ〜。

「大丈夫かなぁ？　オレ，忘れちゃいそうだよ。」

ケンタくん，そんなキミに今までの「コツ」をまとめながら，これからの勉強への心構えの極意を授けよう。

① 日本語とは違うところ，それがポイントだ。
② 日本語と違うのだから覚えないと使えない。
③ 最初からはできなくて当たり前。キミたちは日本人なんだから。
④ でも，できるようになりたいから，「英語のルールが当たり前」になるまで精いっぱい意識する。
⑤ 最初は忘れてしまうもの。間違えることもある。でも大丈夫。失敗したら次には同じ失敗をしなくてすむように，もう少し気をつける。それでも失敗したら，今度はもっと気をつける。頑張ればできるようになる！
⑥ 英語のルールが当たり前，になってしまえばいただきだ。もう，英語で困ることはない，と断言しよう。

どうだい，ケンタくん。目指すのは「英語で困ることはない」ことだぞ？そうなったらいいと思わないかい？

「想像したらヨダレが出ました……。」

さて話をbe動詞の疑問文に戻そう。この単元ではもう1つ学ぶことがある。質問に対しての「答えかた」だ。さっそくポイントをまとめよう。

Point

10 be動詞の疑問文への答えかた

Yes, 主語 ＋ be動詞.
No, 主語 ＋ be動詞 ＋ not.

例 Are you a student？ （あなたは生徒ですか？）

→ Yes, I am. （はい，そうです。）
主語 be動詞

No, I am not. （いいえ，違います。）
主語 be動詞

さて，ここでちょっと注意！ **Point** **10** では「あなたは生徒ですか？」とい
う **you が主語の疑問文に対して，答えの文の主語が I になっている**ね。「あ
なたは？」と聞かれた質問に対する答えは，「私は（I）」だから，be動詞
はそれに合わせて am を使って答えている。ちょっと考えれば当たり前の
ことなんだけど，間違える人も多いので，「なんとなく」で答えないように！
では，例題を解いてみよう。

Ex. 次の疑問文に（　　）内の語を使って答えなさい。

(1) Am I Hiroshi？（Yes）
(2) Are you busy？（No）
(3) Is Emi a junior high school student？（Yes）
(4) Is that tall boy Ken？（No）
(5) Is your dog black？（Yes）
(6) Are you and Judy friends？（No）
(7) Are Tom and Mary from America？（Yes）

まず(1)と(2)を，サクラさん。

「はい。(1)は『私はヒロシですか？』という意味なので，答えるのは質問している相手のことになるから

Ans. (1)　**Yes, you are.**

(2)は『あなたは忙しいですか？』に対して，主語は『私は』で，(No)を使って答えるから

Ans. (2)　**No, I am not.**」

正解。これは簡単だね。「私↔あなた」の変換には気をつけよう。

で，次だけど，その前にまた教えておくことがあるんだ。これも日本語と違う，注意すべきことだ。

代名詞のルール

前に話に出てきた人やモノを次に使うときは，**代名詞**（代わりの名詞）に置きかえる。

人称代名詞（主語になるときの形）		
1人称 （私）	単数	**I**（私）
	複数	**we**（私たち）
2人称 （あなた）	単数	**you**（あなた，あなたたち）
	複数	
3人称 （その他）	単数	**she**（彼女），**he**（彼），**it**（それ）
	複数	**they**（彼ら，それら）

「7 で習ったものとほぼ同じですね。」

そう。別に新しい単語を覚えるわけじゃなく，「代名詞を使う」という新しいルールを紹介しているだけだ。このルールは今後もずっと使っていくよ。

質問 　　　　　　　　　　　　　　答え

「クミコは〜？」 ⟹ 「彼女は〜」 ⇒ she

「エミとユウタは〜？」 ⟹ 「彼らは〜」 ⇒ they

「あなたとユミは〜？」 ⟹ 「私たちは〜」⇒ we

答えでは代名詞を使う！

実際に **Ex.** の答えを考えながら確認していこう。

(3)　Is Emi a junior high school student？（Yes）
（エミは中学生ですか？）

「エミは〜？」と聞かれたのだから，答えも当然エミについてだ。**だが英語ではもう一度「エミ」，と名前を使わない。** 代名詞に置きかえなければならないんだ。だから，代名詞はとってもよく使うよ。早く覚えてしまおう。この場合エミは女の子だろうから，「彼女」という意味の she を使って

Ans. (3)　**Yes, she is.**

「be 動詞は is のままなんですね。」

そうだ。私・あなた以外は，単数の主語にはぜんぶ is だからね。じゃあ次の問題だ。これはケンタくんに答えてもらおう。

(4)　Is that tall boy Ken？（No）
（あの背の高い男の子はケンですか？）

「『that tall boy』，『あの背の高い男の子』のことを答えるんだな。ということは，使うのは he で，be 動詞はそのままでいいから

Ans. (4)　**No, he is not.**」

よし，できたね。それでいい。(5)，(6)，(7)についてはまずヒントとして主語をはっきりさせてからにしよう。

(5)　Is <u>your dog</u> black？（Yes）
(6)　Are <u>you and Judy</u> friends？（No）
(7)　Are <u>Tom and Mary</u> from America？（Yes）

（5）の your 〜 は「あなたの〜」という意味で，必ず名詞にくっつく語。主語は「あなたの犬は」ということになる。

（6）と（7）はどちらも and を使って前後の語がつながれている。（6）の主語は「あなたとジュディは」，（7）の主語は「トムとメアリーは」，となる。それじゃ，答えの文の主語を代名詞に置きかえてみよう。サクラさん，やってみて。

「（5）の犬は彼でも彼女でもなくて1匹（びき）だから it ね。
　（6）は『あなたとジュディは』だから……。」

「あなた，ともう1人で複数だから，『あなたたち』じゃん？
　ということは，you で決まりだ！」

（6）は you ではダメ！　やっぱり，ケンタくんならそういうと思った！ありがちな間違いなんだけど，だからこそそれを注意しておきたかったんだ。

「えぇ！　違ってるんだ……。しょぼーん。」

いや，いいんだ。そうやって間違えて，何が間違っているかが理解できたら覚えられるんだよ。あとでできるようになって，自分の成長を実感すればいい。間違えてイジけるなんて，ナンセンスだよ。ケンタくん，ナイス間違い！

「あれ，間違えてほめられたぞ……？　変なの。
でも，(6)の主語，**you and Judy** を答えるときの代名詞にするとどうなるんだ？」

「これは we ね。『あなたたちは？』と聞かれて答えるのは『私たち』のことだもの。」

「あ，さっき『あなたは？』と聞かれた質問に『私は』って答えた！　あれと一緒か。」

　ほら。理解できちゃった。いいぞ，ケンタくん。その調子だ。間違えても大丈夫。「失敗は成功のもと」っていうだろう？　あれはこういう意味なんだ。失敗から学ぶことができれば，その失敗には価値があったということになる。さぁ前を向いて，どんどん進もう！

「まかせてください！　復活の早さには自信があります！」

「気にしてないだけなんじゃないの？」

　あはは。大丈夫だよ，サクラさん。同じことを何度かやればいくら英語が苦手なケンタくんでも，そのうちわかるから。じゃあ(7)はケンタくんに答えてもらおう。(7)の主語，**Tom and Mary** を代名詞にするとどうなる？

「よ～し，『トムとメアリーは』だな。答えるのは『私』でも『あなた』でもない，トムとメアリーのこと。『彼ら』かな？　男子と女子がまざっちゃってもいいんですか？」

それも気になるところだね。実はね，３人称で複数の代名詞は they しかないんだ。単数の場合は男性が he，女性は she，人以外のモノや動物やことがらは it になる。使い分けないといけない。でも，**「私たち」と「あなたたち」以外の複数は，代名詞にするとすべて they。人だろうが動物だろうがモノだろうが，男だろうが女だろうが，いろいろまざっていようが，すべて they。**ラクチンだね。でも，日本語にするときは，「彼ら」だったり「彼女たち」だったり，「それら」だったりするから，状況をよく見て使い分けよう。あとは知っていることを正しく使えるように，問題を解いて練習すること。わかっているだけでは使いものにならないぞ。

「よ〜し，この調子でどんどん間違えるぞ〜！」

何か少し違う気がするけど，大丈夫かな……？　それでは，答えをまとめておくよ。代名詞と be 動詞，そして⑩の答えかたの形になっていることを確認してね。

Ans. (1)　Am I Hiroshi？　（Yes）

　　→　**Yes, you are.**

(2)　Are you busy？　（No）

　　→　**No, I am not.**

(3)　Is Emi a junior high school student？　（Yes）

　　→　**Yes, she is.**

(4)　Is that tall boy Ken？　（No）

　　→　**No, he is not.**

(5)　Is your dog black？　（Yes）

　　→　**Yes, it is.**

(6)　Are you and Judy friends？　（No）

　　→　**No, we are not.**

(7)　Are Tom and Mary from America？　（Yes）

　　→　**Yes, they are.**

　ここでは，be 動詞の疑問文の作りかた，be 動詞の疑問文への答えかたを中心に勉強したけど，[コツ11] で説明した「語のカタマリ」を強く意識することや，(11)の代名詞への置きかえも重要だよ。よく復習しておいてね。

☑**CHECK 4**　　　　　　　　　　　　　➡ 解答は別冊 p.35

次の文を疑問文にし，（　　）の語を使って答えなさい。

(1) Mr. Brown is your friend. （ Yes ）
(2) You are a teacher. （ No ）
(3) You and Hiroshi are students. （ Yes ）

ココで出てきた覚えなきゃいけない単語・熟語	
つづり	意味
ザト that	あれ，あの
ボイ boy	男の子，少年
ユア your	あなたの
ド(ー)グ dog	犬
ブラック black	黒い
アメリカ America	アメリカ

be動詞の表現の短縮形

今までやってきたbe動詞の文には，短縮の形が何通りかあるんだ。それを説明していくよ。

1章

　ここまででbe動詞の文をひと通り教えたよ。ふつうの文（肯定文），否定文，疑問文とその答えかた，理解できたかな？

　ここでは，文の作りについての新しいことは教えない。be動詞を使った表現の短縮形を教えていくよ。

　「I am を I'm とかにするやつですね。」

　さすがサクラさん！　そういうものをここでまとめておくよ。慣れれば当たり前になるけど，一応説明しておこうかなと思ってさ。

　「ありがたいです。」

　では，まず〈主語＋be動詞〉の短縮形からだ。

Point 12 〈主語＋be動詞〉の短縮形

〈主語＋be動詞〉は次のように短縮でき，1語としてカウントする。

I am ～.　⟶　I'm ～.
We are ～.　⟶　We're ～.
You are ～.　⟶　You're ～.
They are ～.　⟶　They're ～.
She is ～.　⟶　She's ～.
He is ～.　⟶　He's ～.
It is ～.　⟶　It's ～.

「ぜんぶbe動詞のアタマの文字が消えて『'』がついていますね。」

その通り！　いい覚えかただ。センスいいぞ。ルールを自分で理解できればすぐにマスターできるからね。とてもいい心がけだ。

「ほめられた！　嬉しい!!
　先生，質問なんですけど，Ken is ～.とかの文は短縮してKen's ～.とはならないんですか？」

ならないよ。〈主語＋be動詞〉で短縮できるのは上の7個の代名詞が主語のときだけと覚えておこう。

さて次は〈be動詞＋not〉の短縮形を教えよう。

— Point —

13 〈be動詞＋not〉の短縮形

〈be動詞＋not〉は次のように短縮でき，1語としてカウントする。

アーント
are not ⟶ aren't

イズント
is not ⟶ isn't

「これも難しくないな。**くっつけて o をなくして n't にすればい
いんだ。**」

ケンタくん，いい調子！　この〈be動詞＋not〉の短縮形は，否定文で
も使うし，疑問文への答えが No の場合でも使うよ。No, he isn't. みたい
な感じでね。

「例えば『彼は〜ではない』という場合，『He isn't 〜.』と『He's
not 〜.』のどっちを使えばいいの？」

どっちも同じ意味だからどっちを使ってもいいんだけど，問題に合わせ
て使うんだ。例えば穴埋め問題で次のような文が与えられたとしよう。

①　(　　　　) not busy.　（彼は忙しくない。）
②　He (　　　　) busy.　（彼は忙しくない。）
③　(　　　) (　　　　) busy.　（彼は忙しくない。）

どれも同じ意味の文だけど，①には He's を入れて，②には isn't を入れ
ないと正しい文にはならないよね。③のような場合は He's not でも He
isn't でもどちらでもいいんだ。

「状況に合わせて使えばいいんですね。」

今は『He isn't ~.』と『He's not ~.』で説明したけど，これは

『She isn't ~.』と『She's not ~.』，

『It isn't ~.』と『It's not ~.』，

『We aren't ~.』と『We're not ~.』，

『You aren't ~.』と『You're not ~.』，

『They aren't ~.』と『They're not ~.』，

のどれでもあてはまるからね。

 「am not は短縮しないんですよね。」

そう。am は主語が I のときしか使わないから，短縮するときは『I'm not ~ .』としよう。それでは次の例題で練習だ！

Ex. 次の日本文に合うように（　　）を埋めなさい。

(1) （　　）friends.（彼らは友だちです。）
(2) Are you from Canada？（あなたはカナダ出身ですか？）
　　－ No, （　　）（　　）.（いいえ，違います。）
(3) Are you and Hiroshi students？
　　（あなたとヒロシは学生ですか？）
　　－ No, （　　）（　　）.（いいえ，違います。）

さぁ，これらは述語が「～です」とか「～ですか」の文だから……。

 「be 動詞の文です！」

そう，いつでも主語と述語は意識してね。では解いてみよう。

「(1)は『彼らは～です』を１語で表すから

Ans. (1)　(**They're**) friends.

(2)は『あなたは』と聞かれているから『私は』のIで，No の答えだから

Ans. (2)　No, (**I'm**) (**not**).」

いいね。(3)はケンタくんどうなる？　まず主語は何かな？

「**you and Hiroshi** が主語です。」

答えでは代名詞に変えるよね。**you and Hiroshi** は何に変わる？

「さっき間違えたヤツだ。『私たちは』で答えるから代名詞は we だ。」

OK！　同じ間違いをしないで，成長しているね。じゃあ答えてごらん。

「答えは２種類ありますね。

Ans. (3)　No, (**we're**) (**not**).

　　　　No, (**we**) (**aren't**).」

よし！　完ペキだ。短縮形もどんどん使っていこうね。

✔ CHECK 5　　　　　　　　　　　➡ 解答は別冊 p.35

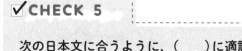

次の日本文に合うように，（　　）に適語を書きなさい。

(1) （　　）tall. （彼女は背が高い。）

(2) You （　　）busy. （あなたは忙しくない。）

(3) （　　）Kumi and Ken friends ?

（クミとケンは友だちですか？）

－ No, （　　）（　　）. （いいえ，違います。）

1-6 存在を表すbe動詞 「(…に)〜がいる・ある」

be動詞はいつでも「〜です」じゃない。注意してね。

1-1 で少しだけ話したけど,実はbe動詞にはもう1つ,「〜がいる・ある」という訳しかたがあるんだ。

「え〜!?　今度は違うヤツを,また最初から?」

いや,使いかたや文の作りなどは,今までのbe動詞とまったく一緒だから,そんなに大変じゃないよ。安心していい。少しだけ違うのは,be動詞のあとに続く言葉だ。最初にまとめておこう。

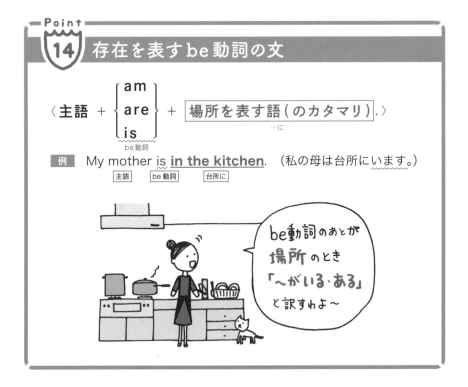

Point

14 存在を表すbe動詞の文

〈主語 + { am / are / is } + 場所を表す語(のカタマリ).〉
be動詞　　　　　　…に

例 My mother is **in the kitchen**. (私の母は台所にいます。)
主語　be動詞　　台所に

be動詞のあとが **場所** のとき 「〜がいる・ある」と訳すよ〜

ほら，この文も最初に〈主語＋述語(の be 動詞)〉。これまで見てきた be 動詞の文と同じだね。疑問文や否定文も形が変わるわけじゃない。

新しいのは be 動詞のあとに続くモノだ。「…に」と，どこなのかを表す語のカタマリがきているね。

「そこで見分けて訳すんですね。」

そうだ。**be 動詞のあとに続くのが「何か・どんなか」であれば「～だ・です」と訳し，「どこなのか」であれば「～がいる・ある」と訳す**んだ。

「な～るほど。be 動詞のあとの語に注目するだけなら簡単だ。」

ではケンタくん，次の文章を訳してみてくれ。

Ex.　次の英文を日本語にしなさい。

(1) My brother is <u>in his room</u>.
(2) This is <u>his room</u>.

「(1) は，主語が『私の兄』，be 動詞の後ろに『彼の部屋に』だから，『いる』と訳すんですね。
Ans. (1)　**私の兄は彼の部屋にいます。**」

正解！　いいぞー。my brother は「私の弟」としてもいいね。では，(2) も頼むよ。

「(2)は，主語が This だから『これ』，be 動詞の後ろに……，あれ，『彼の部屋』？　同じだ。これ場所だよな……？」

　ちょっとイジワルだったかな。ケンタくん，be 動詞の後ろの「彼の部屋」だけど，(1)とは少し違うよね？

「はい，(1)には前に **in** という語があります。」

　それは前置詞といって，後ろにくる語句とくっついて語のカタマリを作る語 なんだ。これだけじゃ使えず，**ほかの語の前に置く語，だから前置詞**。前置詞については，くわしく勉強するときがまたあとでくるけど，今は in ～にしぼって進めるよ。これがつくと後ろの語句とまとまって，語のカタマリができて，「～(の中)に」という意味になる。

「それが(1)の **in his room** で，『彼の部屋(の中)に』という意味ですね？」

　そうだ。対して(2)の **his room** は『彼の部屋』だね。部屋は場所でもあるけれど，この場合「どこなのか」ではなく，「これは～です。」という「何なのか」を表している。大事なのはここだ。be 動詞のあとが「どこなのか」と「何なのか」のどちらを表しているのか，ということなんだ。

Ans. (2)　**これは彼の部屋です。**

「in ～があったら『～に』になるから，『いる・ある』と訳すんですね。」

　そうだよ。in ～と同じように使って「～に」のように場所を表す語はほかにもけっこうあるんだ。これから勉強が進んでいく中で「in ～の仲間」はたくさん出てくる。文中で同じ使いかたをしていれば前置詞という名前

の「in ～の仲間」だと判断できると素晴らしい。いくつか使って例題を
出そう。ここで出てくる「in ～の仲間」は次の通りだ。

on ～ ： ～ (の上) に
near ～ ： ～の近くに
under ～ ： ～の下に

1
章

Ex. 次の英文を日本語にしなさい。

(1) Your cup is not on the table.
(2) Are you near the station?
(3) My cat is under the tree.

「今度は私がやりまーす。

Ans. (1) あなたのカップはテーブルの上にはありません。
(2) あなたは駅の近くにいるのですか?
(3) 私の猫は木の下にいます。

主語が人や動物なら『いる』, ものだったら『ある』ですね。」

その通り。よくできました。(1) は on the table で「テーブルの上に」, (2)
は near the station で「駅の近くに」, (3) は under the tree で「木の下に」
という意味だ。場所を示しているから, be 動詞は「いる, ある」の意味
になるよ。

これで be 動詞については終了! be 動詞の 2 つの意味, 「～だ・です」
と「～がいる・ある」, をはっきり区別して使い分けられるようにね!

➡ 解答は別冊 p.35

✔CHECK 6

次の英文を日本語にしなさい。

(1) Your sister is in the park.

(2) Is your house near the station ?

ココで出てきた覚えなきゃいけない単語・熟語	
つづり	意味
マザァ mother	お母さん
キチン kitchen	キッチン，台所
ブラザァ brother	兄，弟
イン in ～	～に，～の中に
ヒズ his	彼の
ル(ー)ム room	部屋
ズィス this	これ，この
オン on ～	～（の上）に
ニア near ～	～の近くに
アンダァ under ～	～の下に
カップ cup	カップ
テイブル table	テーブル
ステイション station	駅
キャット cat	猫
トゥリー tree	木
スィスタァ sister	姉，妹
パーク park	公園
ハウス house	家

一般動詞

一般動詞の文の作りはbe動詞とはぜんぜん違う，と思っている人が多いと思うけど，そうではない。実は基本の考えかたは同じなんだ。

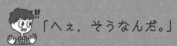

「へぇ，そうなんだ。」

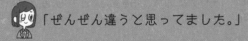

「ぜんぜん違うと思ってました。」

きちんと区別しなきゃいけないから，たしかに違う。でも基本は同じ。さぁタネあかしをしていこう。

一般動詞とは？

be 動詞に続いて，「述語」になる動詞の学習だ。英語のキモとなる大事なところだよ。

　今度は一般動詞を学ぼう。**「動詞」だから「述語」になる**のはもうわかるね。

「先生，『一般』ってどういうことですか？」

　この場合の「一般」は，「ふつうの」と考えていい。反意語は「特殊な」ということになる。実は，**1章**で勉強した，**「be 動詞」が特殊**なんだ。同じ動詞なのに，「特殊」と「ふつう」に分けるほど，はっきり区別しなければならないんだよ。

「be 動詞は変わりモノってことですか……？」

　ん〜，ちょっとかわいそうだけど，ここは「そうです！」と断言してしまおう。なんたって be 動詞以外の動詞，つまり一般動詞については，すべて使いかたのルールが同じなんだから。

「へぇ〜。前の章で習った be 動詞は，ルールが違うものだったんですね。」

「一般動詞は，be 動詞とどう違うんですか？」

　主語の違いによる形の変化や疑問文や否定文の作りかただね。いろんな意味のいろんな動詞があるから単語として覚えることは必要だけど，覚えてしまえば，変化のしかたも疑問文も否定文も同じルールで作れる。ラクショーだって。

「じゃ，一般動詞は be 動詞とは別モノとして意識しておきます。」

そうだね。でも 英文の基本構造である「〈主語＋述語〉が最初にくる」 というのは変わらない。 そこは be 動詞の文でも一般動詞の文でも同じだ。さぁ，例題をやってみよう！

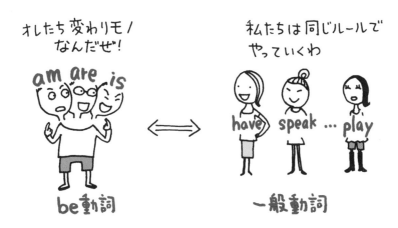

> ### Ex.
> 次の日本文に合うように（　　）内の語句を使って英文を作りなさい。
>
> (1) 私は犬を飼っています。（have, I, a dog）.
> (2) あなたは英語を話します。（speak, English, you）.
> (3) 彼らは公園で遊びます。（play, they, in the park）.

have（〜を飼っている），speak（〜を話す），play（遊ぶ）が一般動詞だ。**これらは，日本語の文で述語になっている**のはわかるね？　じゃあケンタくん，やってみて。

「もう大丈夫です。**主語が最初で，述語が次。**あとは1つしか残ってないからこれは簡単。be動詞のときとたいして変わらないよ。」

Ans. (1) **I have a dog.**
主語　述語

(2) **You speak English.**
主語　　述語

(3) **They play in the park.**
主語　　述語

ケンタくん，文の作りの基本，**〈主語＋述語〉**はバッチリだね。その調子でいこう！

✓ **CHECK 7**　　　　　　　　　　　➡ 解答は別冊 p.35

次の日本文に合うように（　）内の語句を使って英文を作りなさい。

(1) 私は日本語を話します。（Japanese, speak, I）.
(2) あなたは犬が好きです。（like, you, dogs）.

ココで出てきた覚えなきゃいけない単語・熟語	
つづり	意味
ハヴ have	～を飼っている，持っている
スピーク speak	～を話す，しゃべる
プレイ play	遊ぶ，（楽器）を演奏する， （スポーツ・ゲームなど）をする
イングリッシュ English	英語，英語の
ヂャパニーズ Japanese	日本語，日本の，日本人
ライク like	～を好む，～が好き

2-2　一般動詞の文の作り

be動詞以外はすべて一般動詞。動詞は大事だぞ。頑張ってたくさん使えるようになろう!

さて,「最初に〈主語＋述語〉がくる」ということについては,だいぶ定着してきたようだね。述語は英語でいうと動詞なので,まず〈主語＋動詞〉が最初にくるってことだ。

今度は一歩踏みこんで一般動詞のあとの作りについて学んでいこう。

Point

15 〈主語＋述語〉のあとの作り

〈主語＋述語〉のあとには「**〜を・に**」という意味の単語がきて,そのあとに「**その他の説明など**」の順番だ。覚えるのではなく慣れていくものだから,まずは例題をやってみよう。今度は〈主語＋述語〉のあとの語が「1つ」じゃないぞ。

Ex. 次の日本文に合うように（　　）内の語句を使って英文を作りなさい。

(1) 彼らは公園でテニスをする。
（play, they, in the park, tennis）.

(2) 私は一生懸命英語を勉強します。
（hard［一生懸命］, study, English, I）.

「
Point
①英語の文の作り」で 〈主語＋述語〉を文の最初に置き，あとはその 述語の意味に自然とつながる，必要な言葉をそのまま順に置いていく と学んだのを覚えているかな？　このことを意識して，サクラさん答えて ごらん。

「(1)は〈主語＋述語〉が〈They play〉となって，『play，～をする』 といわれたら『何を？』とまず聞きたいから

Ans. (1)　**They play tennis in the park.**
　　　　　　　主語　　述語　～～～～～　～～～～～～～～

(2)は〈主語＋述語〉が〈I study〉となって，『study，～を勉強 する』といわれたら『何を？』と聞きたいから

Ans. (2)　**I study English hard.**」
　　　　　　　主語　述語　～～～～～～　～～～～

よくできた。正解だよ。「～を(テニスを，英語を)」を表す語，これを **目的語**と呼ぶんだけど，これが動詞のすぐあとにくるのが自然だろうね。 「どこでなのか」や「どのようになのか」といった説明はそのあとに続くよ。

「そんなところまで語の順番が決まっているんですね。」

ケンタくん，不安になる必要はないよ。〈主語＋述語〉のあとを自然な順 に並べるだけだ。「私は食べます」なら「何を？」というのが次にくる。 当たり前のことでしょ？

「そうか。じゃあ，あんまり気にせずにやるぞー！」

ただし，英文に慣れるために練習することは必要だぞ！

ではさっそくいろいろな英文を見て「慣れて」いくことにしよう。

	～は・が	一般動詞	～を・に	その他の説明など		
例1	I	have	a dog			.
例2	I	run		in the park		.
例3	You	speak	English	very well		.
例4	They	play		in the room	together	.
例5	They	play	tennis	in the park		.
	主語	述語	目的語	副詞	副詞	

英文の作り　確認表①

例1 （私は犬を飼っている。）

例2 （私は公園で走る。）

例3 （あなたは英語をとても上手に話す。）

例4 （彼らはその部屋で一緒に遊ぶ。）

例5 （彼らは公園でテニスをする。）

「いきなり表が出てきましたけど，覚えなくていいですよね……？」

　そうだ。こんな表が出てきてびっくりしたかい？　これはね，英文の作りがどのようになっているのか，わかりやすいようにと思って作ったんだ。この表について説明するよ。まず，〈主語＋述語〉が最初にある。これはもう説明はいらないだろう。次に「目的語」と呼ばれる，「～を・に」という意味になる部分があるね。

「先生，目的語がある文とない文がありますよ。」

　そうなんだ。目的語は必ずあるものではなくて，必要のない文もある。この**目的語というのは，「～する」という意味の動詞の動作を受ける，「～されるもの」**だ。 例1 でいうと「have, ～を飼っている」という動作には，飼われているものが必要だよね。

　しかし， 例2 の動詞「run, 走る」という動作には受け手はいないよね。走られるものなんておかしいでしょ？　このように「～される」に当たる

語がない動詞もある。だから，｜目的語はあったりなかったりし，それを決めているのは，動詞なんだ。｜

「動作（動詞）によって，目的語はあったりなかったりするものなんですね。」

そう。そういうこと。

「play の文は，目的語があるのとないのと，両方ありますよ!?」

例4 と 例5 だね。いいところに気づいた。間違えているわけじゃなく，こういうこともある。一般動詞 play は，例4 では「遊ぶ」，例5 では「（スポーツなど）をする」というそれぞれ違った意味で使っているんだよ。同じ単語でも意味が違えば目的語があったりなかったりするんだ。

「逆にいえば，目的語がないから『遊ぶ』，テニスがあるから『〜をする』だとわかりますね。」

　そう！　そうやって文全体の意味を受けとっていくんだ。いい感じだぞ。それともう１つ大事なことをいっておくよ。英語は〈主語＋述語〉のあとに自然な順番に単語を並べていくわけだけど，述語である動詞のあとには，「〜されるもの」をすぐあとに置くのが自然なんだ。「食べる」ときたら「何を？」という「食べられるもの」，「しかる」ときたら「誰を？」という「しかられるもの（人）」がくるのが自然でしょ。

　だから，「されるもの」を動詞のあとに置くのが英語の語順なんだ。ちなみに，「される もの 」といっているくらいだから，目的語はモノや人の名前などを表す，名詞だということになるぞ。

「あの〜，目的語が後ろにくる動詞と，目的語が後ろにこない動詞は，覚えないとダメですか？」

　いや，それは覚えなくていいよ。そういった 動詞の使いかたは英文に触れながら「慣れて」いくべき なんだ。前に使ったときにどういう語が後ろにきたか覚えていれば同じ使いかたができるはず。

　もちろん， 動詞の意味は覚えなきゃダメ だけどね。

「とにかく英文にいっぱい触れて感覚を養う。そして単語の意味を覚えるのをサボっちゃダメってことよ，お兄ちゃん。」

「はーい。って，先生みたいだな，サクラ！」

　いや，サクラさんのいう通りだよ。それじゃ学校でもよく出てくる身近な動詞を使って，もう少し例を挙げて文の作りを見ておこう。文の作りを確認するのが目的だから，文を丸暗記しようとしなくていいからね。ただ，それぞれの単語の意味は覚えよう。

	英文の作り　確認表②					
	～は・が	一般動詞	～を・に		その他の説明など	
例1	I	like ～を好む	music 音楽	very much とても		.
例2	I	come 来る		to school 学校に	by bike 自転車で	.
例3	I	write ～を書く	a letter 手紙	to Mary メアリーに	every month 毎月	.
例4	We	read ～を読む	books 本	quietly 静かに	in the library 図書館で	.
例5	We	live 住む		in Japan 日本に		.
例6	We	know ～を知っている	Jim ジム	very well とてもよく		.
例7	We	walk 歩く		in the park 公園で	in spring 春に	.
例8	You	wash ～を洗う	dishes お皿	after dinner 夕食後		.
例9	You	talk 話す		with Lucy ルーシーと	in English 英語で	.
例10	You	watch ～を見る	TV テレビ	too much あまりにたくさん		.
例11	They	eat ～を食べる	bread パン	for breakfast 朝食に		.
例12	They	practice ～を練習する	soccer サッカー	after school 放課後	every day 毎日	.
例13	They	study ～を勉強する	English 英語	hard 一生懸命	at home 家で	.
例14	They	study 勉強する		hard 一生懸命	at home 家で	.
	主語	述語	目的語	副詞	副詞	

　〈主語＋述語〉の後ろにくる目的語以外の部分は，**どのように，どうやって，いつ，どこで**などの意味の，述語や文全体への説明だ。こういうはたらきをする語や語のカタマリを**副詞**というんだけど，今のところは，「こんな感じのものが続くのか」，くらいに受けとっておけばいい。今はとにかく文の作りに慣れることを大切にしよう。

「study は 例13 では目的語があるけど，例14 では目的語がない
んですね。」

　study は「〜を勉強する」という意味で使うと目的語がくるし，ただ「勉
強する」という意味で使うと目的語がこない。あまり深く考えるとイヤに
なっちゃうから，なんとなく「study の文はこんな感じなんだな〜」と思っ
ておけばいいよ。

「なんだか，こうやって英文を読むと簡単に感じますね。」

　意味が書いてあることと，「作り」が項目別でわかりやすくなっている
ことがその理由だ。だったらそれを自分で判断できるようにしてしまえば
いい。**単語はなるべく頑張って覚え，英語を勉強するときは英文の作りを
確認してごらん。**そう心がけると，英語の力はグングン伸びるよ。

「おおっ！　ほかにどんなことをするといいですか？」

　そうだな〜，あとは音読。音読は英文の作りに慣れるのに，すごく効果
的だから**なるべく声に出して読んでみるといい。**クドいようだけど，意味
や作りを意識しながらね。すぐに慣れて，暗記しなくても使えるようにな
るよ。

コツ12 英文に慣れるためには

① 　問題を解いているときでもただ答えだけを出そうとせず，いつ
でも**文の作り〈主語＋述語＋〜〉を確認する**こと。
② 　意味や作りを意識しながら，なるべく**声に出して読んでみ
る**こと。

✓CHECK 8

➡ 解答は別冊 p.35

次の日本文に合うように（　）内の語句を使って英文を作りなさい。

(1) 私は歩いて学校に行きます。
　　(go, on foot [歩いて], I, to school).
(2) あなたは上手にギターを弾きます。
　　(well, the guitar [ギター], play, you).
(3) 彼らはかばんの中に本をもっています。
　　(books, they, in their bags, have).

ココで出てきた覚えなきゃいけない単語・熟語	
つづり	意味
テニス tennis	テニス
ラン run	走る
ヴェリィ very	とても
ウェル well	上手に，よく
トゥゲザァ together	一緒に
ゴゥ go	行く
ゼア their	彼らの，それらの
バッグ bag	かばん

2-3 一般動詞の形の変化

一般動詞の形の変化，「3単現のs（es）」。英語が苦手になっている人は，これでつまずいたことがきっかけになっていることが多いんだ。

　文の作りが理解できてきたところで，動詞の「形の変化」について勉強しよう。be動詞のところで，be動詞は主語の種類によって形が変わると教えたのを覚えているかい？　⑦でbe動詞の使い分けは勉強したよね。

「はい。be動詞はam，are，isと形が変わりました。」

　そうだ。be動詞は主語によって形が3つにも変化するんだったね。

「でもbe動詞の使い分けならもう大丈夫ですよ！　だいたい，am，are，isの3つしかないんだから。」

　ケンタくん，すごいじゃないか。3つしかないと思えるようになったら，もういただきだよ。で，申し訳ないんだが一般動詞も主語によって形が変化するんだ。それをこれから勉強するんだけど……。

「えっ！　なんかすごくイヤな予感……。」

　いや，一般動詞はbe動詞と違って，変化するのは主語が3人称で単数のときだけ，しかもつづりだって少し変わるだけなんだ。

「be動詞のときのようにまったく違うつづりになったり，それが何パターンもあったりするわけじゃないんですね？」

　そうだ。まずはルールをまとめておこう。

Point 16 一般動詞の変化

一般動詞は，**主語が3人称で単数**のとき，**動詞**に-(e)sをつける。

例1　I speak English.　→　He speaks English.
　　　　　　　　　　　　　　3人称　　　　　動詞にsがついた

例2　They watch TV.　→　Emi watches TV.
　　　　　　　　　　　　　　3人称　　　　　動詞にesがついた

　人称という考えかたは理解できているかい？　復習しておこうか。1人称は「私」と「私たち」（Iとwe），2人称は「あなた」と「あなたたち」（you），それ以外の人やモノはすべて3人称だ。だから，3人称で単数というと，she，he，itとかKen，Yumiとかのことだね。

　　「そうやっていわれると難しくないけど，主語を見たときに-(e)
　　sをつけるかどうか，自分でわかるかな……。」

　自信のない人は**主語が単数かどうか**というところに着目して，次のように考えると間違えないぞ。

コツ13 一般動詞に-(e)sがつく主語の覚えかた

主語が<u>単数</u>（I, you以外）だったら，**一般動詞に**
-(e)sをつける！

　Iとyouじゃない単数が主語のとき，-(e)sをつける。be動詞のisを使うときの判断と同じだよ。

「本当だ！　-(e)sをつける判断ってちょっと面倒だと思っていたけど，これならたいしたことないわ。」

そう。結局ちゃんと判断しなきゃいけないのは主語が単数か複数か，ということさ。be動詞のときにも同じことをいったね。

「ん～，それを忘れて間違えるんだよなー。」

なんだ，わかってるんじゃないか。だったらそれを最初から注意していたら間違えないですむだろう？　**なぜ間違えるのかを忘れずに，気をつければできるようになるはずだ。**あれこれいろんなことをいっぺんに直そうとしないで，それだけにしぼって注意してごらん。すぐ間違えなくなるよ。

「おー！　イケそうな気が，すごくする！」

よし。「主語がI，you以外の単数のときの一般動詞に-(e)sをつける」というのはわかっただろうから，次は-(e)sのつけかたを教えよう。

Point 17　一般動詞の-(e)sのつけかた

	どういう動詞？	つけかた	例
❶	下の❷,❸,❹以外のたいていの動詞	-sをつける	plays, likes, reads, eats
❷	s, o, x, sh, chで終わる動詞	-esをつける	goes, washes, watches
❸	子音字＋yで終わる動詞	最後のyをiに変えて-esをつける	study → studies cry → cries （泣く，叫ぶ）
❹	have	不規則変化	has

　ルールでまとめるとこんな感じになるけど，❶の「そのまま -s をつける」以外は，⓱の表に出てくる動詞だけちゃんと覚えておけば，しばらくは困らないよ。実はそんなにたくさんあるわけじゃないんだ。新しく習ったらそのとき覚えたらいい。一応説明を加えておくと，❷の s, o, x, sh, ch で終わる動詞は，そのまま -s をつけると発音しにくいから -es をつけるんだ。s, o, x, sh, ch だから「ソックスシチュー」とでも覚えておくといいよ。

　「変なの。s, o, x, sh, ch で『ソックスシチュー』(笑)。」

　「覚えやすいけど，まずそう。」

　これはただの語呂だから！　s, o, x, sh, ch で終わる動詞は -es をつける！　忘れないでね。

　次は❸について。子音字というのは，母音字以外のもの。母音って「アイウエオ」，つまり a, i, u, e, o だから〈a, i, u, e, o 以外の文字＋ y〉で終わる動詞は，y を i にして -es をつける。play は，〈母音字の a ＋ y〉で終わっているから，plaies ではなく plays となるよ。カン違いしないように！

　❹は have → has だけだから大丈夫だよね！

「はーい，覚えま〜す。」

最後にもう1つ。-(e)sの発音について。とにかくルールをまとめるよ。

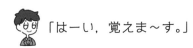

一般動詞の-(e)sの発音

-(e)sの発音	例	どういうとき？
「ズ」という にごる音	plays goes studies reads	-(e)sをつける前の動詞が **母音（アイウエオ）や濁音など**で 終わるとき
「ス」という にごらない音	likes eats writes	-(e)sをつける前の動詞が 「声」ではなくて**息をふき出すような** **音（トゥ，クゥ，プゥ）**で終わるとき
「ィズ」という 小さいイが入る音	washes watches practices	-(e)sをつける前の動詞が **「シ」，「チ」や「ス」**などの音で終わる とき（そのままsの「ス」や「ズ」を続ける と発音しにくいため）

※本来，英語の発音はカタカナで表すのは不適切ですが，理解しやすくするためにカタカナを使っ
てあります。

-(e)sの発音に関しては，3種類の発音「ズ」，「ス」，「ィズ」がある。
実際にどの音で発音するかは「慣れて」覚えていくようにしよう。

「表のいちばん右にある『どういうとき？』のルールは覚えなく
ていいんですか？」

　せっかくだからルールはまとめておいたけど，これについては，ちょっと中学英語の範囲ではやりすぎなんだ。くわしく説明していくとみんな英語がキライになっちゃう。学校の授業で，**先生の発音をよく聞いて，自分でも声に出して慣れていくようにしよう。**面倒くさがったりカッコつけたりして，発音するのをサボっちゃダメだぞ，ケンタくん。**英語は慣れるのが大事**なんだ!!

「ちゃんとやりますって（汗）。」

　ここで，ちょっと厳密に -(e)s の音について [z]（「ズ」というにごる音），[s]（「ス」というにごらない音）のどちらで発音するのか，説明していこう。
　例えば desk という単語の "s" や最後の "k" は，ローマ字のように読もうとしたら困ってしまう。desuku でなくて desk だからだ。desk の s，k は日本語の「す(su)」「く(ku)」という音ではなく，[u] の音のつかない "s" や "k" だけの音を出さなきゃいけない。要するに，後ろに母音の音がついていない子音は，子音だけの音で発音することになる。これは無声音という日本語にはない音だ。反対に声を出して発音する音を有声音という。
　ここで -(e)s の発音に話を戻そう。-(e)s をつける前の動詞の最後の音が有声音のとき，-(e)s も有声音の [z]，動詞の最後の音が無声音のときは -(e)s も無声音の [s] で発音する。
　この話はとても難しいので，理解できなくてもいいが，英語を仕事にしたいという人は頭の片すみにでも置いておくとよいだろう。

✓CHECK 9

➡ 解答は別冊 p.35

次の（　）内の語を適する形に直しなさい。ただし，直さなくてよいものもある。

(1) They (have) a black dog.
(2) Your sister (speak) English well.
(3) You and Mike (come) to school together.
(4) Paul (study) Japanese very hard.

2-4 一般動詞の否定文 「～しません」

一般動詞の否定文は，be動詞の文のルールとどこが違うのか。しっかり覚えてしまえば
たいしたことない。でもいい加減に覚えているとどっちもわからなくなっちゃうぞ。

今度は一般動詞の文の否定文の作りかただ。まず復習だが，be動詞の
文を否定文にするときのルールは，ケンタくん，覚えているかな？

「えーと，not を使うんだったよな。
be動詞の前だったっけ，後ろだったっけ？」

やれやれ。いいかい，ケンタくん。ルール自体を思い出すより，実際の
文でルールを確認するんだ。例えば，**He is a teacher.** を否定文にして
ごらん？ できるだろう？

「あ，できる。**He is not a teacher.** です。
だから not は be動詞の後ろだ！」

そう。 ルールはそれ自体を覚えるものじゃない。 「not を be動詞の
後ろにつける」なんて，言葉で理解して覚えるものじゃないんだ。実際の
英文で使えるようになれば自然と定着しちゃう。そうすればルール自体
だって答えられるようにもなる。そうなったら完ペキだ。もう間違えるこ
とはないだろう。 ルールの丸暗記をしてちゃダメだ！ わかったね？

「はーい。」

では一般動詞の文はどのように否定文にするか。先にルールをまとめて
いくよ。

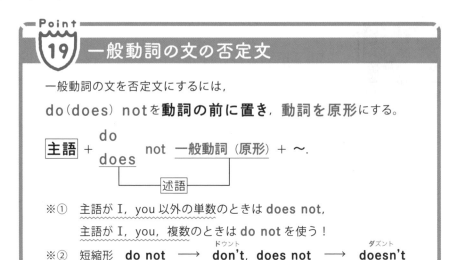

Point
19　一般動詞の文の否定文

一般動詞の文を否定文にするには,

do（does）notを**動詞の前に置き**,動詞を原形にする。

$$\boxed{主語} + \begin{matrix} do \\ does \end{matrix}\ not\ 一般動詞（原形）+ ～.$$

述語

※①　主語が I, you 以外の単数のときは **does not**,

　　　主語が I, you, 複数のときは **do not** を使う！

※②　短縮形　**do not** ⟶ **don't**, **does not** ⟶ **doesn't**

「be 動詞のときは, be 動詞のあとに not がきましたけど, 今度は not が動詞の前ですね？」

　そうなんだけど実はこれ,「否定文は動詞の後ろに not」という英語の基本ルール通り, とも見ることができる。ポイントは do/does だ。

「え？　どう見ても not が動詞の前ですよ。」

　実は do/does は一般動詞の本来の位置を表しているんだ。本当は一般動詞自体がその位置にいて後ろに not をとるべきなんだけど, それを do/does に代わりにやらせておいて, 自分は後ろに引っこんじゃったんだ。do/does は一般動詞が切り離した自分自身の一部みたいなもの。だから Point 19 では, **do/does と一般動詞の2語で述語**, と表したんだ。

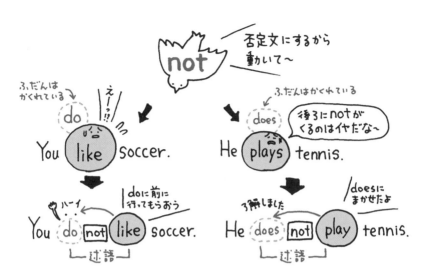

「なんでこんなことをするんですか？」

　一般動詞はいろいろな種類があるだろう？　そのどの動詞でも後ろに not を置いて否定文にするようにしたら読みにくい。do や does を出して否定文にすると，一般動詞が出てくるまではどの文もすべて同じ形〈主語＋ do/does not 〜〉になる。**文に一定のリズムができて言葉としてとてもスムーズ**だ。会話もはずむ，ってもんだよ。

「へー。面倒なようだけど，一般動詞が出てくるまではどの動詞を使っても文章はまるで一緒，ってことはラクなんだね。」

　そう。まさにそのためにこうなったんだと思うよ。そこまでわかったら注意することはあと1点だ。 動詞を原形に戻すのを忘れないこと。 これは，ものすごく大事。とっても間違えやすいところだから気をつけてね。

「ただ動詞の前に do not か does not を置けばいいわけじゃないんですね。」

「なーんだがっかり。なんで原形に戻さなきゃいけないんです
か？　オレ，間違えちゃいそうですよ。」

　さっきいっただろ，do/does は動詞が切り離した自分自身の一部みたい
なものだ，って。もう一般動詞はもとの通りの動詞ではなくなっているん
だ。だから原形にするの。
　それに does のほうに -es がついているんだから，2回つける必要ない
じゃないか。

「あ，そうか！　そりゃそうだ。」

納得してくれてよかったよ。それじゃあ例題を解いて確認してみよう。

Ex. 次の英文を否定文にしなさい。

(1) They live in Japan.
(2) Bob watches TV too much.

(1)は主語が複数だから動詞には -(e)s がついていなくて, (2)は3人称単数の Bob が主語だから -es がついている。ケンタくん, やってみよう。

「はい。えーっと, 動詞の前に do not [don't] か does not [doesn't] だから

Ans. (1) **They do not [don't] live in Japan.**

(2) **Bob does not [doesn't] watch TV too much.**」

おー, (2)の watch, ちゃんと -es を消すのを忘れなかったね?

「いくらなんでもいわれたばっかりですから。」

その調子でいつでも正解できるよう気をつけてくれよ!

✔ **CHECK 10** ➡ 解答は別冊 p.35

次の英文を否定文にしなさい。

(1) They have a black dog.
(2) Your sister speaks English well.
(3) You and Mike come to school together.
(4) Paul studies Japanese very hard.

一般動詞の疑問文と答えかた　「〜しますか？」

疑問文も否定文と同様に，ルールをいい加減に覚えていると困ることになる。でも逆にちゃんと意識していればこれから英語の勉強が，とってもラクになるぞ〜。

　最後に疑問文と答えかただ。また be 動詞のおさらいからいこう。ケンタくん，be 動詞の文を疑問文にするにはどうしたっけ？

「やっぱオレか……。今度は大丈夫ですよ。『be 動詞を前に』ですよね？」

　うーん，だいたい合ってるんだけど，ここは正確に「be 動詞を主語の前にもっていき，最後に……」。

「あ，クエスチョンマーク忘れてた！」

　そうだね。せっかく正しい語順で文を作れても，最後に「？」を忘れたら台なしだ。例えば，**He is a teacher.** なら？

「**Is he a teacher ?** です。」

　そうだ。この，「動詞を主語の前に出す」というのが英語の「疑問文の作りかたの基本ルール」なんだ。一般動詞の場合でも，その考えかたが基本になっている。

一般動詞の文の疑問文と答えかた

一般動詞の文を疑問文にするには，

Do［Does］を**主語の前に置き**，**動詞を原形**にして，最後に

「**?**」をつける。

$$\begin{array}{c}\text{Do}\\\text{Does}\end{array} + \boxed{主語} + \underline{一般動詞（原形）} + 〜 ?$$

述語

答えかた

Yes, 主語（代名詞） do / does .

No, 主語（代名詞） do / does not ［don't / doesn't］.

「また do/does ですね。」

　そうだよ。否定文のときと一緒。「動詞を主語の前に出す」が疑問文の
基本ルールだとさっきいったよね？　また一般動詞は，本当は自分がしな
きゃいけない**主語の前に出るという仕事を，do/does に代わりにやらせ
ておいて，自分はもとの位置に居座ってる。**だから否定文のときと同じよ
うに，**do/does と一般動詞（原形）の2語で述語**だ。

「さっきから，一般動詞ってずいぶんものぐさだな。自分の仕事
　をほかの人にやらせてばかりで。」

否定文のときにもいったけど，**do/does は一般動詞の一部**みたいなもんで，「他人」じゃないけどね。

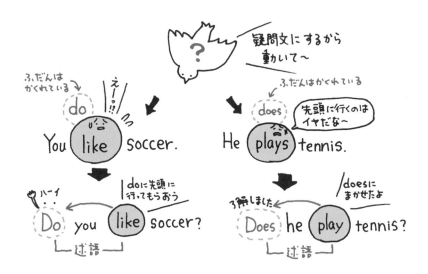

たぶん，シャイなんじゃないかな。先頭に立って目立つことが苦手なタイプなんだよ，きっと。

「お兄ちゃんとは正反対ね。」

「なにぃ!?」

まぁまぁ。それじゃここまでわかれば，否定文のときと同じくとっても大事なことを注意しておこう。すごく間違えやすいから気をつけなきゃいけないことは……。

「 一般動詞を原形に戻す ，ですね？」

その通り。それと疑問文だから「？」も忘れないように。忘れたらすべて台なしにしてしまうからね。それじゃ例題を解いて確認してみよう。

次の英文を疑問文にし，Yes と No でそれぞれ答え
の文も作りなさい。

(1) They live in Japan.
(2) Bob watches TV too much.

否定文のときの と同じ文だよ。(1)は主語が複数で動詞には -(e)s はついてなくて，(2)は3人称単数の Bob が主語だから -es がついている。今度はサクラさん，お願い。

 「はい。(1)は do，(2)は does を使えばいいから

Ans. (1) **Do they live in Japan ?**

(2) **Does Bob watch TV too much ?**」

正解。それじゃそのままその疑問文への答えの文を考えてみよう。気をつけなきゃいけないのは，主語を代名詞に置きかえることと，do/does を使って答えることだ。**「一度出てきた名詞は代名詞に置きかえる」**は，ルールだからね。

 「答えも do/does を使うんですか。」

そう。do/does はしっかり使い分けてくれ。それじゃケンタくん，答えの文を作ってみよう。

 「はい。疑問文のときと同じで(1)は do，(2)は does だな。
No の答えには don't か doesn't を使えばいいんだ。

Ans. (1) **Yes, they do. / No, they don't.**

(2) **Yes, he does. / No, he doesn't.**」

　よし，OK だ。あとは間違えなくなるまで，しっかり練習すること。くり返しておくけど，英語は「習って慣れよ」だからね。ルールだけ丸暗記しても使いモノにならないぞ。

✓**CHECK 11**

➡ 解答は別冊 p.35

次の英文を疑問文にし，（　）の語を使って答えなさい。

(1) They have a black dog.（Yes）
(2) Your sister speaks English well.（No）
(3) You and Mike come to school together.（Yes）
(4) Paul studies Japanese very hard.（No）

名詞の使いかた
～名詞・代名詞・形容詞～

「名詞」とか「動詞」というのは，「品詞」と
いって，単語を意味やはたらきなどで分類
するものだよ。今までの〈主語＋述語〉の
勉強で，名詞と動詞についてはだいぶ慣れ
てきたんじゃないか？

 「うーん，『～詞』とかいわれちゃう
とやっぱ難しい感じ。」

 「それはあたしもそうかなー。」

気持ちはわかる。でもあまり怖がっちゃダ
メだよ。使いかたに慣れていけばいいだけ
だからね。

名詞の意味・役割

名詞ってなんだ？　どんなふうに使う？　英語の文の作りに合わせて学んでいこう。

　ほかの品詞の語よりもわかりやすいかと思って，今まで何も説明しないで使ってきたけど，名詞ってどんな語なのかはわかる？

　「**人やモノなどの名前を表すもの**，というので合ってますか？」

　そうだね。細かくいえばいろんな種類があるけど，それで十分だよ。

　「名詞，っていうくらいだもんね。」

　その通り。特別難しく考えることはない。ただ，ここでは一歩踏みこんで，**文中で名詞がどんなふうに使われていくか**を学んでいこう。名詞は文のいろいろな部分に使われるけど，必ず使われるのがわかっているところがある。まずはまとめよう。

─Point─

21　名詞の文中での役割は？

主語（**～は・が**）や**目的語**（**～を・に**）になるのは，
必ず**名詞**かその仲間。

　まず質問するよ。「～語」という文中での役割を表す用語があったね？まず文章でいちばん大切な中心部分，先生が何度も大事だとくり返してきた，〈□語＋述語〉といえば？

「主語？　あ，そうか。主語になるのは名詞だよ！　ふつう人とかモノだもん。」

　そう！　「～は・が」という意味の主語になるのは，必ず名詞だね。そしてもう1つ。述語のあとに「～を・に」という意味でくっつく語があっただろう？　例えば，I play …ときたら後ろには「何を？(tennis とか)」が続いたでしょ。これは　語といった。覚えてるかな？

「目的語です。さっき教わったばっかりだし。」

　よし！　ついでにこの「目的語」という言葉，ちゃんと覚えちゃったほうがいいよ。英語の勉強がラクになる。**〈主語＋述語〉のあとに続く，「～を・に」を表す語，それが「目的語」だ。**「何を」という意味なんだから，**目的語も必ず名詞。**ケンタくん大丈夫だよね？

「ん～，『～詞』とか『～語』とか，なんだかわかんなくなっちゃうんだよなぁ。」

　まぁ気持ちはわかる。一応まとめておこう。

コツ14 「～詞」，「～語」について

　　品詞（名詞・動詞・形容詞など）

　　　　…意味や性質による「単語」自体の分類。

　　主語・述語・目的語

　　　　…文の中での役割を表す。

　　品詞は覚えなくてよい。

　　覚えるべきなのは，**主語・述語・目的語**！

3章

　これから，名詞や形容詞，副詞といった同じ種類の語のグループの名前である，「品詞」が出てくることはたまにあるけど，それは覚えなくてもいい。先生も「こういう名前だよ」，と紹介するだけだ。でもね，**文の中でどんな役割をしているかを表す「主語・述語・目的語」は，文を理解して日本語に直すときにどうしても必要**だから，何がなんでもわかってもらう。

　「げっ！　何がなんでも？　大丈夫かな……？」

　そうやって「きっと難しいぞ，ダメなんじゃないか」と勝手に思いこんでしまうのがいちばんいけない！　ケンタくん，〈主語＋述語〉についてはもう大丈夫だったじゃないか。そんなに意味不明じゃなかっただろう？

　「はい……。〈主語＋述語〉は，大丈夫だと思いますケド……。」

　そしたらあとは，その後ろに続く「目的語」だけわかって使えるようになれば終わりだよ。何をビビってるの？

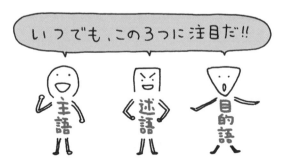

　「へ？　それだけでいいんですか？」

　さっきからそういってるじゃないか！　まったく，「難しそうなことにはとりあえずビビっておく」って，なんかカッコ悪くない？　もっとクールにいこうよ。だいたい，覚えなくていい「品詞」のほうだって，名詞・動詞はなんとなく慣れてきたでしょ。ビビっていると，できるものもできなくなる。自分から壁を作ったらダメだって，前にもいわなかった？

「お兄ちゃんが『助詞』って聞いて気を失ったときです。」

　あー，そんなこともあったねぇ。ケンタくん，大丈夫だからもう少し自信をもちなさい！　「一般動詞の文の作り」で学んだことの復習みたいなものなんだから。どうしても不安だったら，ここまでを読み直したらいい。例文をたくさん挙げたけど，**目的語「〜を・に」になっている語はぜーんぶ名詞**だったんだよ。

「なんか大丈夫な気がしてきたけど，やっぱりもう１回読んでおきます。」

3
章

　そうしたらいいよ。何度でも読んで，そのたびにだんだん深くわかっていったらいいんだから。
　最後に名詞についてもう１つ。主語や目的語は必ず名詞だと説明したけど，名詞は主語や目的語にしかならないわけじゃない。前に学んだ in や on などの前置詞の後ろにきたり，be 動詞のすぐあとにきたりもするよ。

✔CHECK 12

➡ 解答は別冊 p.35

次の文の目的語を（　）に書きなさい。目的語がない場合は×を書きなさい。

(1) I study English hard.　　　　　（　　　）
(2) They live in Canada.　　　　　（　　　）
(3) We read books in the library.　（　　　）

名詞を使い分ける
〜数えられないもの・複数形〜

日本語ではしないことだけど，英語では「数」によって名詞を使い分ける。まずは区別のしかた，形を勉強しよう。

1 名詞の種別

　文の中で名詞が主語や目的語として使われるというのはわかったね。今度は名詞の使いかたを細かく教えよう。これは，日本語にはない感覚なんだけど，実は 英語には数えられる名詞と数えられない名詞がある んだ。

「数えられる名詞と数えられない名詞？　どういうことですか？」

　例えば，pen は数えられる名詞で，1本のペンなら "a pen"，2本のペンなら "two pens" などと，pen の前に a をつけたり，〜s の形にすることで複数形にしたりする。

「それはわかります。じゃ，数えられない名詞ってなんですか？」

　例えば，water（水）は数えられない名詞なんだけど，**数えられないから（×）a water とか，（×）two waters なんていう英語を書いたらダメ**なんだ。a もつかなければ，複数形もない。こういう名詞もあるんだよ。

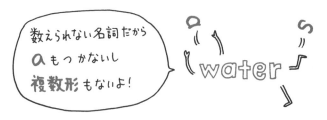

「数えられる名詞と数えられない名詞があるなんて，面倒だな。」

でもそれが英語なんだ。日本語だって，「なんでこうなの？」っていうところは，いっぱいあるよ。自分たちの言葉と違うのは当然なんだってば。

2　数えられない名詞

数えられない名詞にはどんなものがあるか，見ていこう。

Point

22　数えられない名詞

数えられない名詞には，次のようなものがある。

◎形が定まっていないもの

例1　**water**(水)， **bread**(パン)， **paper**(紙)， **rain**(雨)　など

◎1つひとつではなく全体を指すもの

例2　**money**(お金)， **hair**(髪の毛)， **rice**(米)　など

◎「モノ」ではないもの

例3　**light**(光)， **love**(愛)， **homework**(宿題)，
tennis(テニス)， **fun**(楽しみ)， **music**(音楽)　など

◎人名・地名など（固有名詞）

例4　**Japan**(日本)， **Mike**(マイク［人名］)　など

3
章

数えられない名詞は，「本当に数えることができない」ものと，「ふつうは数えないでしょ」というもの。hair(髪の毛)や rice(米)なんかは１本・１粒ずつ数えることもできるけど，ひとまとまりの全体のことを指すのがふつうだから数えないよね。人名や地名は最初から１つしかないし。

「お金が数えられないのはどうしてですか？」

「数えるほどもってないとか？」

　ケンタくん，面白いけどもっている人はいーっぱいもってるぞ。たしかに money（お金）はわかりにくいから，よく質問されるよ。それじゃ「お金」という言葉をよく考えてごらん？　1万円札でも百円玉でも，お金はお金だね。例えば1万円札を1つのお金とすると，両替したら百円玉が100個になる。1つのものを分けたら100個になってしまうなんて，「1つ」がはっきりしていないってことだろう？　「お金」は，お金1つずつではなくてお金全体を指して使う言葉なんだ。1万円でも1円でも，お金。そうでしょ？　ちなみに「お金」は数えられないけど，1万円札や百円玉など，硬貨や紙幣は1枚・2枚……，1つ・2つ……，と数えられるよ。

「なるほどー。『お金』という意味では数えられないですね。」

　そう。言葉の意味を考えるとわかることが多いよ。で，数えられないものについてはこれくらいにしよう。数えられない名詞があることを理解し，22 を見て「こんな感じの単語は数えられないんだな」と覚えておこう。慣れていけば判断もできるようになるし，money のような注意すべきものだけ覚えていけばいい。

3　数えられる名詞（複数形の作りかた）

　次は数えられる名詞だ。数えられる名詞は，単数と複数を区別しないといけない。「1つの場合＝単数形」，「2つ以上の場合＝複数形」だよ。

「名詞も形が変わるんですね。」

そう。単数形は単語を覚えるときの形のままだから，特に難しくはない
けど，問題なのは複数形だ。複数形の作りかたをまとめておくよ。

Point

23 名詞の複数形

	どういうとき？	複数形の作りかた	例
❶	下の❷〜❺以外の たいていの名詞	–s をつける	students tables rooms　など
❷	s, o, x, sh, ch で終わる名詞	–es をつける	potatoes(ジャガイモ) classes(クラス・授業) boxes(箱) dishes(皿)　など
❸	子音字＋y で終わる名詞	最後の y を i に変え て –es をつける	city(都市)→cities baby(赤ちゃん)→babies dictionary(辞書) →dictionaries 　など
❹	-f(fe) で終わる名詞	-f(fe) → -ves	leaf(葉)→leaves knife(ナイフ)→knives 　など
❺	不規則変化		man(男の人)→men woman(女の人)→women child(子ども)→children foot(足)→feet Japanese(日本人)→Japanese fish(魚)→fish　など

3
章

「❷，❸は主語が3人称で単数のときの，一般動詞の -(e)s のつけかたと同じですね。」

「s, o, x, sh, ch は -es, ソックスシチューだ。」

そうだね。-f(fe) で終わる名詞は -ves にするというルールが新しいのと，不規則に変化するのも多い。

複数形のルールをまとめると Point 23 のようになるけど，実はコレ，例外がけっこう多いルールなんだ。今例外をぜんぶ挙げても覚えきれないし，まずはこの基本ルールを中心に複数形を使う練習をしていこう。きっとだんだん覚えていけるはず。「形」を覚えるよりも，今は**「単数形と複数形を使い分けなければ！」という意識をもつことがずっと大切**だ。

コツ15 名詞に関する大事なこと

複数形の作りかたも大事だが，もっと大事なのは

単数形と複数形の使い分けを意識すること！

（何も考えずに名詞を使うな！）

日本語にはない，「単数と複数を区別する」という英語の考えかたを，常に意識しないとダメだよ。英語では「1つのボール」なら a ball，「2つのボール」なら two balls というように ball と balls を使い分ける。コレは意識をしないと定着しないんだ。だって日本語では「1つのボール」も「2つのボール」もどちらも「ボール」という名詞は変わらないでしょ。

「たしかに！　日本語にはない考えかただ。」

「英語を使うときは，『名詞は単数と複数を区別する』という英語のルールを頭に入れておかないといけませんね。」

その通り。ただ「単語を書けばいい」と思っていると，複数形にしなきゃいけないところで単数形を書いて間違えてしまうぞ。

　次の日本語に合うように英文を書きなさい。

(1)　私はペンを2本もっています。
(2)　彼はたくさんのタマゴを食べる。（「たくさんの」は many）
(3)　彼らはお金をもっている。

3章

では(1)と(2)をサクラさんやってみよう。〈主語＋述語〉に注意しながらね。

「(1)の〈主語＋述語〉は『私はもっています』だから
Ans. (1)　**I have two pens.**
(2)の〈主語＋述語〉は『彼は食べる』で，主語が I, you 以外の単数だから
Ans. (2)　**He eats many eggs.**」

よくできました。ちゃんと名詞を複数形にしているね。今は名詞についての勉強をしているからできて当然だけど，これから英語を書くときはいつでも「名詞は単数なのか複数なのか」を意識しないとダメだぞ。
それでは(3)をケンタくん，やってみよう。

「『彼らはもっている』で『お金を』だから
Ans. (3)　**They have money.**

money は複数形にしなくていいんですよね。」

money には単数形も複数形もないよ。だって数えられない名詞だから。
さっき教えたようにaもつかなければ複数形にもならない。

 「あ，そうだった！」

名詞は「数えられるか数えられないか」，数えられる名詞のときは「単数か複数か」，この2段階の意識が大事だよ。

☑CHECK 13

➡ 解答は別冊 p.35

数えられる名詞は複数形に直し，数えられない名詞には×を書きなさい。

(1) desk　　　（　　　　）(2) Canada　（　　　　）
(3) library　（　　　　）(4) milk　　（　　　　）
(5) homework（　　　　）(6) watch　（　　　　）

ココで出てきた覚えなきゃいけない単語・熟語	
つづり	意味
_{ペン}pen	ペン
ボール ball	ボール
メニィ many	たくさんの（数えられる名詞に）
エッグ egg	タマゴ
デスク desk	机
ミルク milk	牛乳，ミルク
ウォッチ watch	腕時計

3-3 文の中での名詞の使いかた

日本語と英語で，大きな違いのある名詞の扱い。意味がわかるだけでは使えない！？

3章

さて，今度は実際に名詞を文中で使うときのルールを教えていこう。

「え？　複数形を覚えれば終わりじゃないの？」

それで終わりじゃないんだ。名詞は文の中での使いかたに決まりがあって，これまた日本語にはない考えかただ。だから，最初はかなり意識して気をつけないといけない。

ケンタくん，突然だけど「私は本を読みます。」という英文を書いてみて。

「I read book. ですよね。」

不正解！　正解は I read <u>a</u> book. だ。単数形には a をつけるんだ。

「なんだ！　そんなことか。」

「そんなこと」じゃない！　これがとても大事な英語のルールなんだよ。
英語では文の中で，数えられる名詞を単数形でそのまま使うことはない！
複数形は OK なんだけどね。

（×）I read book.
（○）I read a book.
（○）I read books.

「へぇ。意識したことなかったです。」

　たしかに，意識しなくても問題を解くことはできるかもしれない。でもこういうことを知っておいたほうが，英語は絶対に得意になるよ。ルールをちゃんと知っておくことは，言葉を学ぶときには大事なんだ。

Point
24 文の中での名詞の使いかた　①

数えられる名詞の単数形は，**単独では文の中で使われない。必ず a [an] や the などが前につく。**

「名詞って a や the などがいないと単数形で文中にいられないなんて，さびしがり屋ですね。」

　いい覚えかただ。英文を読むときはこういう部分にも注意しよう。
　後ろにくる名詞の最初の音が母音（アイウエオ）のときは，a ではなく an を使うよ。an apple みたいにね。the は発音が変わるから気をつけよう。後ろにくる名詞の最初の音が母音のときは the（ジ）と発音する。the apple ということだ。
　さて，もう1つレベルアップして文の中での名詞の使いかたを説明しよう。今，〈a 〜〉というのは「1つの〜」という意味で名詞についていると理解しているかもしれないけれど，実はそれだけではないんだ。日本語にはない考えかただからこれも知っておこう。

Point 25　文の中での名詞の使いかた　②

英語では名詞を文中で使うとき，**その名詞が特定できるものか不特定のものかを区別している。**

◎**どれなのかがはっきりしている（特定できる）ものは**

  the 〜　　（その〜）

  this 〜　　（この〜）

  that 〜　　（あの〜）

  my 〜　　（私の〜）

  your 〜　（あなたの〜）　**など**を名詞につける。

◎**どれなのかがはっきりしない（不特定の）ものは**

  a［an］〜（「**〜というもの**」という意味）

　　　　　　　　を名詞の単数形につける。

　※発音が母音で始まる語の前のときは**an**。

「特定？　不特定？　どういうことですか？」

　たしかにすぐにはわかんないよね。どういうことなのか，例題を使って確認していこう。

Ex.　次の日本文を英文に直しなさい。

（1）　マイクはカメラを使います。

（2）　彼は英語の先生です。

（3）　私は犬を飼っています。その犬はとてもかわいいです。

（4）　彼女は図書館にいます。

　いきなり解いてもらわずに，考えかたを解説してくぞ。まずは(1)だ。「マイクは～を使います。」が〈主語＋述語〉，ということで一般動詞 use を使おう。前の章で勉強したからさっそく動詞の語尾に -(e)s をつけるパターンを出してみたぞ。そしてここでの問題は「カメラ」。camera という単語はそのままでは使えないんだ。**ここでいう「カメラ」は，「カメラという道具」という意味**で，まだ「どういうカメラなのか」は気にしていないはずだ。というわけで，正解はこうなる。

Ans. (1)　**Mike uses <u>a camera</u>.**

　次は(2)だ。「彼は～です。」が〈主語＋述語〉，be 動詞の文だ。この文も(1)と同じように，世の中にいっぱいいる英語の先生の 1 人だといっているね。ただし，a の後ろにくる English teacher は発音が母音から始まっているので，正解はこうだ。

Ans. (2)　**He is <u>an English teacher</u>.**

　「a とか an ってつけるの忘れちゃうんだよなー。」

　それは，名詞への意識が低いからだ。 コツ15 でいった通り，使い分けをしなければならないということを必ず意識しておこう。その意識さえあれば，あとは a をつけるのか an をつけるのかは難しいことではないんだ。授業でよくいうんだけど，「名詞には単数形と複数形がある」のではなくて，「単数形か複数形のどちらかしかない」と受けとっておくべき。何も考えずに名詞を使っていたら正解は出せないと心得なさい！

　「単数形か複数形しかない，ですね。」

それじゃ，（3）は2人にやってもらおう。文がちょうど2つあるからね。まずは「私は犬を飼っています。」を，ケンタくん。

「飼っている，はたしか have を使ったよな。最初に〈主語＋述語〉で，そのあとの『犬を』は目的語ってヤツだ！　これも（1）と同じで『犬という動物を』，だな。どの犬とかいってない。
Ans. （3）　**I have a dog.**」

よし，いいぞ。それじゃ後半の文「その犬はとてもかわいいです。」を，サクラさん。「かわいい」は pretty を使おう。

「これ，前の文の続きね。『（私が飼っている）その犬は』が主語だわ。これはどれなのかはっきりしている特定のものだから，the を使えばいいんじゃないかしら。
Ans. （3）　**The dog is very pretty.**」

そう。こういうのが特定できるもの。前の文で話しているんだからね。前に話に出たものを指すときはもちろん特定できている。でもこういう使いかたは実は少ない。⑪でいった通り，名詞自体が代名詞に置きかわってしまうからだ。実際によく使われる the が（4）に出てくるから見てみよう。

Ans. （4）　**She is in the library.**
　　　　（彼女は<u>図書館</u>にいます。）

〈主語＋述語〉は大丈夫だね？　本題にいくよ。日本語の「図書館」には「その」はついていない。前に話に出ているわけでもない。なのに英語では the をつけているね？　これはどういうことかというと，この会話では「図書館」が，いうまでもなく話をしている人たちの間ではどの図書館かわかっているだろう，という判断なんだ。

「いわなくてもわかってる？」

　そうだ。だって何も説明せず，ただ，「図書館にいる」だよ？　この会話をしている２人にはわざわざ説明なんかしなくても，「あの図書館だな」とわかってしまう図書館なんだよ。こうやって，**日本語に「その」がなくても「どれなのかわかっている＝特定」の場合は the をつける**んだ。

「そういうときは日本語をそのまま英語に直すだけじゃダメってこと？」

　そう。でもこれは英語を「言葉」として意識していればそれほど難しいものじゃない。ちょっとケンタくん，手を見せて。

「手？　あ，はい，どうぞ。」

　ほら。先生が「見せて」といったのが「ケンタくんの手」なのはいわなくてもわかるでしょ？　ただ「手を」といっただけなのに。ほかの誰かの手を見せて，とケンタくんには頼まないもんね。今のは英語でいえば your hand だったわけ。このように，日本語には表されないけど，状況を考えたら名詞が特定されていることも多い。その場合は状況に合う言葉，the や my や your などを名詞につけよう。

「考えてみればわかりそうですね。」

　その通り！　大事なのは名詞を使うときは，使いかたを強く意識することと。「名詞の単数形には，何かつけなきゃいけない」というのを意識していれば，「a かな？　the かな？　my かな？」というのは，そのうち慣れる。とにかくそういった名詞の使いかたを意識するのを当たり前にすること。少しくらい間違えるのは問題ない。そのとき直せばいいだけだ。

　3-2 や **3-3** で教えたことは，高校生や大人でもわかっていない人も多い。すぐには理解できなくてもいいから，何度も読み直して確認しよう。

☑ **CHECK 14**　　　　　　　　➡ 解答は別冊 p.35

　次の日本文に合うように，（　）内から適するものを選びなさい。

（1）私たちは音楽が好きです。
　　　We like (music, a music).

（2）あなたは図書館で本を読みます。
　　　You read (book, books) in (the library, library).

（3）私はかばんの中に手紙をもっています。
　　　I have (letter, letters) in (a bag, my bag).

ココで出てきた覚えなきゃいけない単語・熟語	
つづり	意味
the（ザ）	その（訳さない場合もある）
use（ユーズ）	～を使う
camera（キャメラ）	カメラ
pretty（プリティ）	かわいい
hand（ハンド）	手

代名詞

ここでは今までと違って，無条件で覚えなければならないことが，けっこうあるぞ。頑張れ！

　ここまでにも何度か登場してきた代名詞。人称や単数か複数かによって I, we, you, she, he, it, they を使い分けたね。実はそれらの代名詞，文中での意味や使いかたによって，それぞれ形が変化するんだ。つまり I はいつでも I という形じゃないってこと。

　「アイ・マイ・ミー，ってやつだ。」

　そうそう。そんなふうに呪文のように覚えるのもいいと思うよ。ただ，響きを覚えただけで，意味や使いかたがわかっていないと，ムダな努力になっちゃうから，**代名詞については**

　①　**どういうときにどれを使うのか**
　②　**つづり（＝アルファベットの並び）**

の２点をちゃんと覚えるように。

　「はい！」

　では，㉖に代名詞についてまとめておくよ。

Point 26 代名詞の形と使いかた

代名詞は文中での意味や使いかたで形が変わる。

◎**主格** …**主語になるとき**に使う

◎**所有格**…名詞の前につき，**「誰の●●なのか」**を表すとき
に使う

◎**目的格**…① 動詞の**目的語になるとき**に使う

② **in ～，on ～，with ～，from ～**など前置
詞の後ろにくるときに使う

3章

人称	数	主格	所有格	目的格
1人称	単	I （私は）	マイ my ●● （私の●●）	ミー me （私を・に）
	複	we （私たちは）	アウア our ●● （私たちの●●）	アス us （私たちを・に）
2人称	単・複	you （あなたは， あなたたちは）	ユア your ●● （あなたの●●， あなたたちの●●）	you （あなたを・に， あなたたちを・に）
3人称	単	she （彼女は）	ハー her ●● （彼女の●●）	her （彼女を・に）
	単	he （彼は）	ヒズ his ●● （彼の●●）	ヒム him （彼を・に）
	単	it （それは）	イツ its ●● （それの●●）	it （それを・に）
	複	they （彼らは， それらは）	ゼア their ●● （彼らの●●， それらの●●）	ゼム them （彼らを・に， それらを・に）
名詞		Tom （トムは）	Tom's ●● （トムの●●）	Tom （トムを・に）

「形が変わった，というレベルとは思えないほど，つづりが違う
　ものもありますね。」

「そうそう。複数のヤツなんて，つづりがわかんなくなりそう。」

これはもう覚えてもらうしかない。「慣れて」いこうなんてノンビリし
たこといってられない。なんでもそうだけど，覚えてしまえばラクショー
で，大変なのは最初だけだ。いつまでもいい加減にしておいてずーっと困
り続けるか，さっさと覚えてしまってラクをするか，好きなほうを選んだ
らいいさ。

「うー。わかりました。ちゃんと覚えます……。」

　それじゃ注意点を挙げておくよ。まずは主格。主語になるときは必ずこ
の形だ。これはもう大丈夫だろう。

「はい！」

「わかっていることのときは元気なんだから。」

　所有格も，これまでにいくつか出てきたね。my pen で「私のペン」と
いうように，「誰の●●」という持ち主を表すものだ。しっかりおさえて
おきたいのは， 所有格は必ず名詞につけて使うもの だということ。
後ろの名詞とくっついて語のカタマリを作る んだ。所有格だけでは使
えないよ。

「語のカタマリ，ですか？」

　そう。これまでも何度か「語のカタマリ」という言葉は使ってきた。ちょっ

と説明しておくと,「カタマリ」になるのは意味のうえでひと区切りとなる語の集まりだ。my pen のように 2 語だけの小さなカタマリもあるし,もっとたくさんの語がカタマリを作る場合もある。

 「**1-2** の **Ex.** で a junior high school student という 5 語のカタマリがありましたね。」

うん。よく覚えてたね。**この本では〈主語＋述語〜〉を基本とする文の作りがわかってきたら,次はこの,「語のカタマリ」を意識することをテーマに学習していく。** この 2 つが英語を理解していく大きなカギとなるんだ。機会があるたびに説明していくから,だんだんと慣れて,理解していけるように頑張ろうね。

3章

コツ 16 英語上達のための2大テーマ

〈主語＋述語〉を基本とする文の作りに慣れ,

「語のカタマリ」を意識することで,

英語は絶対理解できるようになる!

このことを大切にしてさえくれれば,ほかのことは少しくらいあと回しだっていいくらいだ。

さ,話をもとに戻そう。次は目的格。これが最も注意しなければならないヤツだ。とはいっても **Point 26** に挙げた①,②の 2 つしか使いかたはない。動詞の後ろに置かれて目的語になるとき,in や on や with などの前置詞の後ろにくるときだ。もう,目的語については大丈夫でしょ?

 「〈主語＋述語〉のあとにくる『〜を・に』の語ですよね。」

「動詞の後ろのときは絶対に目的格でいいんですか？」

いや，絶対とはいえないぞ。例題で見ていこう！

 次の（　　）内の語から適するものを選びなさい。

(1) We know （him, he, his） well.
(2) We know （him, he, his） sister well.

　サクラさんのいうように「動詞のあとは必ず目的格」と考えると，どちらの問題も答えは目的格のhimということになるね？　(1)は正解だけど，(2)はhimでは不正解だ。さぁ，なぜだか考えてみよう。

「え!?　himじゃダメなの？　だって動詞の後ろだよ？」

「私，himじゃダメな理由わかるわ！」

　ケンタくん，以前にも「カッコの前とか後ろだけ見て思いついた答えを書いてしまってないか？」って注意されただろう。**前だけとか，後ろだけとか，中途半端なヒントを探さないで，文全体の意味を確認してごらん。**ここまでくれば，もうそんな解きかたや考えかたをしなくてもいいくらい，英語がわかってきているはずだぞ。

「〈主語＋述語〉は〈We know〉で，『知っています』ときたら『誰を？』とか『何を？』と聞きたいから，後ろに目的語がきて……。」

「お兄ちゃん，カッコの後ろの単語は見てる？」

「カッコの後ろ？　sister はお姉ちゃんか妹だよな？」

　そう。(2)は，もし him が正解なら，「私たちは<u>彼を姉(妹)を</u>よく知っています。」のようになって，変な表現になってしまうじゃないか。

「あ，わかったぞ。さっきの所有格だ！　his を選んで『<u>彼の姉(妹)を</u>よく知っています。』にすればいいんだ！」

　そういうこと。いいね。文全体の意味をとらえようとすることはとても大事なことだ。「答えだけなんとか出せればいい」，みたいな考えかたで正解になることなんて多くないだろう？　まず，ちゃんと「わかって答えを出す」気になって問題に向き合いなさい。

「はーい。今度からちゃんと考えるようにしよう。」

Ans. (1)　We know (**him**) well.
　　(2)　We know (**his**) sister well.

　頑張れよ，ケンタくん。今までずっとそうしてきたクセみたいなものは，そう簡単にはとれないこともある。あわてずに，だんだんに，だぞ。
　さて，目的格にはもう1つ用法があったね。in ～，on ～，with ～，from ～などの仲間(前置詞)の後ろに使うとき，だ。これはまだはっきり覚えなくていい。この前置詞っていうヤツの仲間はまだまだたくさんあるし，今，無理に覚えても意味がない。しばらくは先生が教えてあげるから，あと回しにしよう。

「これで使いかたの説明はぜんぶ終わりですね。あとは覚えなきゃ！」

　ごめん！　ちょっと待って。もう1つだけ**所有代名詞**というのがあるんだ。

Point

27　所有代名詞

所有代名詞は〈**所有格＋名詞**〉**に置きかわる代名詞。**

例　my book → mine, his pen → his

人称	数	主格	所有格	目的格	所有代名詞
1人称	単	I	my ●●	me	マイン mine （私のもの）
	複	we	our ●●	us	アウアズ ours （私たちのもの）
2人称	単・複	you	your ●●	you	ユアズ yours （あなたのもの， 　　あなたたちのもの）
3人称	単	she	her ●●	her	ハーズ hers （彼女のもの）
		he	his ●●	him	his （彼のもの）
		it	its ●●	it	―
	複	they	their ●●	them	ゼアズ theirs （彼らのもの， 　　それらのもの）
名詞		Tom	Tom's ●●	Tom	Tom's （トムのもの）

この表は所有代名詞までをセットにして覚えること!!

3章

「最後につけ足さないでよ～。」

　ごめんごめん。イッキにぜんぶ説明すると，わかりにくくなっちゃうと思ったからさ。

　最後の所有代名詞は，「～のもの」の意味を表す代名詞。注意点は所有格との違いをはっきりさせておく，くらいかな。所有格は後ろに必ず……。

「名詞があって，カタマリになる！」

　そうだ。**所有代名詞は**，それ1語で「～の<u>もの</u>」の意味で名詞のはたらきをするから，**後ろに名詞はこない！**　my book とはいうけど，（✗）mine book とはいわないからね!!

$$\times \fbox{book}$$

This is <u>my book</u>. = This book is <u>mine</u>.

mine の後ろには
名詞はつかない。

（これは<u>私の本</u>です。）　（この本は<u>私のもの</u>です。）

「はい，わかりました。」

じゃ，[所有代名詞までを含めてしっかり覚える]んだぞ，ケンタくん。

「やっぱオレか……。わかりましたよー。」

☑CHECK 15

➡ 解答は別冊 p.35

次の（　）内の語を，例にならって適切な代名詞に変えなさい。

　　例　I know (Ken).→I know <u>him</u>.
(1) I like (my mother).
(2) (My father) plays tennis with (my father's) friends.
(3) (You and your brother) are students.

3-5 名詞を修飾するもの
～形容詞～

英語では「形容詞」というのは，はたらきとして「名詞の修飾をするもの」と考えてOK。日本語とは考えかたが違うけど，英語のほうが単純だよ。

　この章の最後に，名詞を修飾するものを勉強しよう。「修飾」というのは「くわしく説明する」と考えればいい。ちなみに名詞を修飾する語の仲間は**形容詞**という品詞だ。例を挙げよう。

3
章

　　「どんな」を表すもの
　　　good(よい)，**kind**(親切な)，**busy**(忙しい)，
　　　interesting(面白い・興味深い)，**big**(大きい)，
　　　white(白い)　など
　　「どれくらい」を表すもの
　　　many，**much**(たくさんの)や**one**，**two**，**three**，…といった
　　　数など

　使いかたをまとめておくよ。

─Point─
28 形容詞の2つの使いかた

① **名詞の前につけて直接修飾する** →(a[an])+形容詞+名詞

　　例1 He has an **old** car.　（彼は**古い**車をもっています。）

② **be動詞などの述語のあと**

　　例2 His car is **old**.　（彼の車は**古い**です。）

「 例1 の使いかたは日本語と同じみたい。」

　そう。 例1 は「彼は 古い車 をもっています。」という意味だけど，日本語でも名詞のすぐ前に置くね。同じ使いかただ。

「ヘー。英語と日本語で同じルール，なんてこともあるんだ。」

　そうだよ，ケンタくん。何もかも違う，ってわけでもないんだ。でも，その前に an がついていることに注目してほしい。**説明の語・形容詞がついても a(an) は消えてない。**ここはやっぱり英語だね。後ろの名詞が a をつけなきゃいけないもののときは忘れないようにしないと。**それと，a じゃなくて an が使われていることも注意しておいてほしい。a は，とにかくすぐあとの発音が母音なら an だ。**

「はい，a を忘れて間違えたことあります……。」

　間違えやすいところだから気をつけようね。
　次に 28 の②の述語のあとに形容詞が続くときだけど，このパターンで使う述語の動詞は，しばらくは be 動詞しか出てこない。だから使いかたはマスターしやすいはずだ。

「例文はどちらもほとんど同じ意味ですね。」

おー，気づいたか。「同じ意味で書きかえなさい」なんていう問題になりそうなところだね。

「でも 例2 の文には a がないぞ？」

そりゃそうだよ，ケンタくん。a は名詞につくものだろう？　例2 の文の old（古い）のあとに名詞があるかい？

「ないですね〜。」

名詞が続かないならば a(an) はなくて当然だね。
例2 の文では car は主語になっていて，「彼の」がもうついているから a はつかない。（✕）his a car なんていいかたはしないからね。そういうところも確認しておこう。それじゃ例題だ。

 次の日本文に合うように，（　　）内の語を使って英文を作りなさい。ただし1語不要なものがあります。

（1）私は面白い本をもっています。
（ book, an, have, interesting, a, I ）.
（2）この本は面白いです。
（ interesting, an, book, is, this ）.

> ココに注意　interesting の「面白い」は，興味を引かれるという意味で，笑える「おかしい」の意味ではありません。その場合は funny が適切です。

まず(1)を，サクラさん。

「はい。『私は〜をもっています。』という文で，interesting（面白い）の前は a じゃなくて an だから
Ans. (1) **I have an interesting book.** （a が不要）」

その通り。あえて解説はせずに，(2)にいこう。ケンタくん。

(2)　この本は面白いです。
　　　(interesting, an, book, is, this)。

「はい。えーっと，まずは This is で……。できたぞ！
This is an interesting book. です。」

ケンタくん，1語使わないのがあるんじゃなかった？　ぜんぶ使っちゃったよ？

「あれ？　あ，本当だ。じゃ，an がいらないのかな～，ん？
なんか違うかな？」

ケンタくん，最初に大きなミスをしているよ。先生がずーっといちばん大切だと，くり返しいってきたこと。**英語の文の基本は〈主語＋述語〉**だよね？　ちゃんと確認した？

「お兄ちゃん，問題ちゃんと読んでないでしょ？」

「ギクッ。たしかに読んでないかも。えーっと，『この本は面白いです。』だな。え～，何が違うの？」

おそらく最初から This is ～ という作りを決めてしまっていたね？
This ときたら次には is としたくなる。これ，すごくよくある間違いだよ。たしかに This is で始まる文はとても多い。でも，いつでもそうなるわけじゃない。**日本語の文があるときはその日本語の文の〈主語＋述語〉に合わせるのが基本だから，まずはしっかり問題を読んで確認しなきゃ。**

「はーい。じゃあ〈主語＋述語〉の確認からやってみよう。『この本は〜です。』だな。あ，主語は『これは』じゃない！　『この本は』だ。ということは，This じゃなくて This book ということか。」

そうそう。主語に「本」は出てきているのだから，そのあとは……？

「はい，もう後ろに名詞はないから an はいらなくて

　Ans. (2)　**This book is interesting.**　（an が不要）」

よし，できたね。この問題に限らず，問題を解くときに大切なことは前の単元の **3-4** で出てきているぞ。おさらいしておこう。

コツ16　英語上達のための2大テーマ（復習）

〈主語＋述語〉を基本とする文の作りに慣れ，

「語のカタマリ」を意識することで，

英語は絶対理解できるようになる！

実はこの章までは，「英文の基本の作り・〈主語＋述語〉」と「語のカタマリ」になじむ練習をしながら，基本の作りの「幹」となる主要な語の使いかたを学んできたんだ。要するに基本はここまで。次の章から応用編の始まりだ。でもね，この先どんなに新しい内容を勉強しても，難しい内容が出てきても，この コツ16 がいつでもいちばん大切な基本。覚えておいてほしい。

☑CHECK 16

➡ 解答は別冊 p.36

次の日本文に合うように，（　）内の語を使って英文を作りなさい。

（1）彼らは親切です。　（ are, kind, they).

（2）あれは面白い本です。
　　（ is, book, that, interesting, an).

（3）彼女はテニスが上手です。（彼女は上手なテニスプレーヤーです。）
　　（ tennis, she, player, a, is, good).

ココで出てきた覚えなきゃいけない単語・熟語	
つづり	意味
グッド good	よい，上手な
カインド kind	親切な
インタレスティング interesting	面白い，興味深い
ビッグ big	大きい
(フ)ワイト white	白い
メニィ many	たくさんの（数えられる名詞に）
マッチ much	たくさんの（数えられない名詞に）
オウルド old	古い，年とった
カー car	自動車，車

述語を修飾するもの
～修飾語のはたらき～

今度は「副詞」などの，述語を修飾するものを勉強するよ。副詞は学校ではあまり触れないだろうし，ほかの品詞に比べると聞き慣れないんじゃない？

「フクシ？　出てきたっけ？」

「関係ないけど私，将来は福祉関係の仕事をしたいと思っています。」

その福祉じゃないけどね（笑）。でも，将来の夢をはっきりもっているなんて，尊敬しちゃう。先生なんか中学生のときは何も考えてなかったよ。じゃ，夢の実現のためにも頑張ろうか！

修飾語とは？

副詞は文中で修飾語のはたらきをする。修飾語がどういうものか見ていこう。

　名詞を修飾するものを形容詞というと 3-5 で説明したね。英語では名詞以外（動詞・形容詞・副詞）を修飾するものを「副詞」と呼ぶんだ。
　ここでは，「副詞」について勉強しよう。

「一般動詞のところでも出てきた修飾語の役割をするものですね。」

　そうだ。ちょっと復習しようか。副詞は 2-2 の Point 15 で勉強した，文の終わりのほうに出てくる修飾語のはたらきをするものだよ。

Point
15　〈主語＋述語〉のあとの作り（復習）

主語	＋	一般動詞	＋	～を・に	＋	その他の説明など
		述語		目的語		修飾語（副詞など）

ここでは〈主語＋述語＋（目的語）〉という文の作りのあとにつけ足されている，**「どんなふうに・どうやって・いつ・どこで」** などを表す修飾語**（副詞）** にしぼって勉強しよう。まず例題を解きながら確認するぞ。

Ex. 次の英文を日本語にしなさい。

(1) I like music │very much│.
(2) You read books │in the library│.
(3) He studies English │hard│ │every day│.

一般動詞の章で出てきた例文をちょっぴり変えたものだから簡単だよね。さっそくケンタくん，（1）をお願い。

「これなら簡単。
　Ans. （1）　**私は音楽がとても好きです。**」

よし，OK！　修飾語「とても」は，私が音楽を **「どのくらい」好きなのか**，を表しているね。いいかえれば「好き」という気持ちを，「強いものだ」と説明している。述語を修飾しているということだ。
　次はサクラさん，（2）をよろしく。

「はい。
　Ans. （2）　**あなたは図書館で本を読みます。**
　『どこで』読むのか，をいっているから，また述語にかかっています。」

その通り。説明することなくなっちゃったな（笑）。
　（3）は先生がやろう。この文は修飾語が２つあるね。「一生懸命」と「毎日」だ。こういうこともよくあるぞ。もっとたくさん修飾語が出てくる文

だってめずらしくない。こういう英文を日本語にするときは**もとの英語の順番なんて気にせず，とにかく日本語らしくなるよう心がける**んだ。

Ans. (3)　**彼は毎日，一生懸命英語を勉強します。**

「いつ」，「どんなふうに」勉強しているのか，ということで，また述語を修飾しているね。

Ex. では，very much や in the library のように，複数の単語で意味をなす場合は，「語のカタマリ」がわかるように囲っておいた。これがなくても自分で「語のカタマリ」がわかるようになれば問題なく日本語にできるはずだ。これを自分の頭の中でできるようにしよう。慣れるまでは実際に「語のカタマリ」にカッコをつけたりして意味を受けとる練習をしたらいい。そのために，**4-2** からもう少し具体的に説明していくよ。

☑CHECK 17

➡ 解答は別冊 p.36

次の英文を下線部に注意して日本語にしなさい。

(1) I live in Japan.
(2) You wash the dishes <u>after dinner</u>.
(3) They eat bread <u>for breakfast</u> <u>every morning</u>.

ココで出てきた覚えなきゃいけない単語・熟語	
つづり	意味
morning （モーニング）	朝，午前中

4-2 カタマリの修飾語
〜前置詞と副詞〜

前置詞は日本語にはない品詞だよ。くれぐれも日本語とごちゃごちゃにしないように。

　　ここでは2つ以上の語がカタマリになって修飾語になる場合のうち，前置詞を使うパターンをくわしく勉強しよう。「いる・ある」を表す be 動詞を勉強したときに出てきた，in や on の仲間だ。名詞の前に置く語（詞）だから前置詞だったね。つまり前置詞は後ろに名詞がくっついているんだ。そして 〈前置詞＋名詞〉でカタマリとなって1つの修飾語としてはたらく んだ。

4章

Point 29 前置詞の使いかたと種類

〈**前置詞＋名詞**〉で**カタマリ**となり，**修飾語**としてはたらく!

◎**場所**を表す前置詞

　例1 in, at, on,
　　　 by （〜のそばに），
　　　 near （〜の近くに）, under （〜の下に） など

◎**時**（日時・曜日など）を表す前置詞

　例2 in, at, on など

◎**その他**の前置詞

　例3 about （〜について）, after （〜のあとで），
　　　 before （〜の前に）, between （〜の間に），
　　　 by （[手段]〜で）, for （〜のために, 〜の間），
　　　 from （〜から）, of （〜の・を）, to （〜へ），
　　　 with （〜と一緒に） など

前置詞＋名詞の例

to Tokyo（東京へ）

in the park（公園に, で）

with him（彼と）

「けっこう知ってる単語あるなー。」

「前置詞って，よく使っている語なんですね。」

　そうだねー。in, at, on になるともう，それこそしょっちゅう使っている感じだよね。これ以外にも前置詞はたくさんあって，表す意味もさまざまだけど，みんな同じ仲間なんだ。ここに挙げたのは基本的な前置詞だけ。新しいのが出てくるたびにだんだん覚えていけばいい。ただし，**〈前置詞＋名詞〉でカタマリとなって修飾語としてはたらく**というルールは今ちゃんと覚えておこう！

　さぁ例題だ。この例題は解きかたも解説するから，先生がやるよ。

Ex. 次の日本語に合うように，（　　）内の語句を使って英文を作りなさい。

(1) 私はメアリーと一緒に公園に行きます。

（go, Mary, to, I, park, with, the）.

(2) あなたは昼食の前に手を洗いますか？

（hands, do, lunch, wash, before, you, your）?

(3) 彼らは朝，サッカーを練習しません。

（in, soccer, don't, the, they, morning, practice）.

　並べかえの問題だ。英語では本当によく出る形式の問題だね。実際には1問ずつ考えることになるけど，ここでは3問まとめて解説していくよ。**どんな問題でもそうだけど，いつもの通り〈主語＋述語〉の基本の作りをまず最初に考えること**。そして，そのあとに文全体を理解しよう。ここではわかりやすいように日本語を／で区切っておくよ。

（1）　**私は**／メアリーと一緒に／公園に／**行きます**。

（2）　**あなたは**／昼食の前に／手を／**洗いますか？**

（3）　**彼らは**／朝，／サッカーを／**練習しません**。

　最初の太字が主語，最後の赤字が述語だ。まず，これを確認しよう。そのあとは残りの語も含めて理解していこう。＿＿＿が目的語，残りは修飾語になる。このように，〈主語＋述語〉の作りを中心に文を分解するのはとても大事だ。これはどんな並べかえ問題でも考えかたの基本となるからまとめておこう。

コツ17 並べかえ問題の解きかた

並べかえ（語順整序）問題は
❶　〈主語＋述語〉を確認し，文全体を理解する。
❷　**英語のカタマリ**を作っていく。

そして述語のあとは，述語にとって意味の大事なものから順に置いていく。

「先生，すごく考えやすいです。」

「ここまでわかってれば，オレだって間違えないぞ。」

こういうふうに，今度は自分で考えてほしいんだ。〈主語＋述語〉の確認をして，あとの残りを区切って小さいカタマリを作っていこう。そうすれば，並べかえの問題は，本当に簡単に解けるようになる。

「これからは，この解きかたでやってみようっと。」

Ex. の解答に戻るよ。 **コツ17** の❶まではやったね。次は❷だ。／の区切りに合わせて，小さい英語のカタマリを作っていくよ。作りかたを見ていこう。

> (1)　私は／メアリーと一緒に／公園に／行きます。
> 　　（go，Mary，to，I，park，with，the）.

(1)の〈主語＋述語〉は「私は行きます」で **I go** となるね。目的語はない。残りの「メアリーと一緒に」と「公園に」は修飾語だ。**I go** 以外の単語，**Mary**，**to**，**park**，**with**，**the** から，この2つの修飾語を作っていくと

> 「メアリーと一緒に」　→　with Mary
> 「公園に」→　to the park

となる。

「〈前置詞＋名詞〉でカタマリになって修飾語になっているんですね！」

そう。最後にこれを述語にとって大事な意味のものから順に並べると答えになるよ。

Ans. (1)　**I go to the park with Mary.**

「手順通りに考えれば難しくないですね！」

そうだよ。恐れることはない！　次に(2)をやってみよう。

(2)　あなたは／昼食の前に／手を／洗いますか？

　（hands, do, lunch, wash, before, you, your）？

〈主語＋述語〉は「あなたは洗いますか？」で，**Do you wash ~ ?** となる。目的語は「手を」で，残りの「昼食の前に」が修飾語だ。**hands, lunch, before, your** の4語で「手を」と「昼食の前に」を作ると

　　「手を」　→　**your hands** ←目的語

　　「昼食の前に」→　**before lunch**

となる。

　そして述語にとって大事な意味のものから順に並べると，まずは目的語が後ろにくるから

Ans. (2)　**Do you wash your hands before lunch ?**

最後に(3)を解いていこう。

(3)　彼らは／朝，／サッカーを／練習しません。

　（in, soccer, don't, the, they, morning, practice）.

〈主語＋述語〉は「彼らは練習しません」で，**They don't practice** となる。目的語は「サッカーを」で，「朝，」は修飾語だね。この「朝，」は「朝に」という意味だ。日本語にはこういう省略がよくあるから，意味を補って考えることが必要だよ。それぞれ，表したい意味によって前置詞を選び，名詞とセットにすればOKだ。

　　「サッカーを」　→　**soccer** ←目的語

　　「朝，（朝に）」　→　**in the morning**

　そして述語にとって大事な意味のものから順に並べると，まずは目的語が後ろにくるから

Ans. (3)　**They don't practice soccer in the morning.**

　ちなみに，修飾語となるカタマリが，いくつかあって置く順番に迷うと
きは，たいがいは日本語と同じにしておいて問題ないよ。だって言葉なん
だから，どれが大事なのかは話し手の気持ちしだいでしょ？　話し手の気
持ちがわからなきゃ，本当の正しい順なんてわからない。でも，問題文に
話し手はいないからね。

「順番にルールはないんですか？」

　go のあとは迷わず to 〜みたいなのはあるよ。そういう，ふつうに考え
て「次はこれでしょ」っていうの以外は，修飾語の順番は自由だよ。カタ
マリだけ正しく作れれば，あとはけっこう気軽に使えるのが修飾語なん
だ。あ，そうそう，**「どこで・いつ」は最後にあることが多い**ね。覚えて
おくといい。

「今使ったヤツならカタマリを作れそうだけど，ほかにもいろい
　　ろな前置詞があるんですよね……？」

　いろいろあるけど，とりあえず^{Point}㉙に出てきたレベルの前置詞について
はなるべく早く覚えてしまおう。これは前にもいったけど，ほかのものが
出てきたら，そのときに使いかたと意味を確認しながら，少しずつ覚えれ
ばいい。使いかたがしっかり理解できていれば，新しい前置詞がいくら出
てきても困らなくなっていくものなんだ。
　それより注意しなければならないのは 前置詞は，１つの語でいろん
な意味を表すものが多いということだ。同じ前置詞が違う意味で出てく
ることがよくある から，そっちのほうをより注意しよう。

「ちゃんと覚えなきゃダメよ！　お兄ちゃん。」

「まずはあわてずに１つずつ覚えていきます。」

〈前置詞＋名詞（のカタマリ）〉は，文の修飾語として述語を修飾するだけでなく，直前の名詞を修飾する用法もあるよ。

直前の名詞を修飾する〈前置詞＋名詞〉
This is a picture of my family.
名詞↑

（これは，私の家族の写真です。）
↑名詞

名詞を修飾しているのだから，はたらきとしては「形容詞」になる。of は特にこの使いかたをすることが多いので，覚えておくといいだろう。どんな前置詞もこの用法で使われる場合があるので，文全体の中ではたらきを考えて判断しよう。

His dog sleeps under the table.
述語↑

（彼の犬は，テーブルの下で眠ります。）
↑述語

The dog under the table is his.
名詞↑

（テーブルの下にいる犬は，彼の（犬）です。）
↑名詞

4
章

☑CHECK 18

➡ 解答は別冊 p.36

次の日本文に合うように，（　）内の語を使って英文を作りなさい。

(1) 私は自転車で学校に行きます。
（ go, bike, to, I, school, by ）.

(2) あなたは公園の近くに住んでいるのですか？
（ the, do, park, live, near, you ）?

(3) 彼らは毎朝，朝食にパンを食べます。
（ bread, every, have, for, morning, they, breakfast ）.

ココで出てきた覚えなきゃいけない単語・熟語	
つづり	意味
ランチ lunch	昼食
ピクチァ picture	絵，写真
ファミリィ family	家族
スリープ sleep	眠る

4-3　場所・時を表す in, at, on

何かといえば出てくるこの3つの前置詞。日本語からは判断できないことが多いから、意味をしっかり確認してほしい。

　前置詞の使いかたをマスターするためにも、ものすごくよく使う in, at, on の3つについてくわしく学んでおこう。3つとも「どこで」、「いつ」を表すのは知っているだろう？　でも使い分けが難しくないかい？

　「今まではこういうものの使いかた、よくわからなかったからなぁ……。なんとなく選んで使ってました。」

　ものすごく正直に白状したな。びっくりだ(笑)。でも、「わからないからなんとなく」選んでしまっている生徒がけっこういるのを、先生は知っているよ。ケンタくんが特別ってわけじゃない。でもここできちんと区別して、今日からは自分でちゃんと判断しよう。

　「先生、私はいい加減に、っていうつもりじゃないけど、やっぱり使い分けには自信がないです。」

　これねー、けっこうわかりにくいんだよ。だからわざわざここで説明するんだけどね。
　まずは、in と at について Point 30 にまとめよう。

Point

30 in, at の使い分け

範囲の in

◎場所「〜（の中）で」…広さをイメージして

例1 in the park, in Japan, in my class　など

◎時「〜に」…幅のある「期間」（年，季節，月など）の中で

例2 in the morning, in April, in 1967　など

点の at

◎場所「〜で」…地図上の一点のイメージで

例3 at home, at school, at the station　など

◎時「〜に」…時刻

例4 at five（5時に）, at noon（正午に）　など

4章

　場所についていえば，「in は広い場所，at は狭い場所」というのはだいたいは合っているんだけど，実は話し手がどうイメージしているかによるところが大きいんだ。例題を使って説明するよ。

Ex. 次の日本語に合うように，適する語を選びなさい。

（1） その店は羽田空港にあります。
　　The shop is（in, at）Haneda Airport.
（2） その飛行機は羽田空港に到着します。
　　The plane arrives（in, at）Haneda Airport.

　in, at のあとに続くのは同じ「羽田空港」。(1)は羽田空港という場所全体をイメージしてその中(のどこか)にある，ということだろうから in がちょうどいい。(2)は，「どこかの空港を飛び立った飛行機が，羽田空港に到着する」のだから，地図を広げて「ここに」といっているイメージだ。at がふさわしい。このようにただ面積の大きさでは選べないんだ。

Ans. (1)　その店は羽田空港にあります。
　　　　The shop is (**in**) Haneda Airport.
　　(2)　その飛行機は羽田空港に到着します。
　　　　The plane arrives (**at**) Haneda Airport.

　こういうイメージで in と at を使い分けているんだ，と知っていると覚えやすいと思うよ。

　「私，広いなら in，一点なら at みたいに覚えて使っていました。それでいいんですね？」

　それでいいよ。覚える，というより使いかたに慣れていく，といったほうが近い感じだけどね。

次は「時」を表すとき。何時何分のような ■時刻なら at■，時刻のような瞬間でなく ■時間的な幅がある語なら in■ だ。場所のようなイメージによる判断はいらない。単純な使い分けだからとっても簡単だ。

「時刻なら at，それ以外の幅のあるものは in と覚えます！」

ただし，**at night（夜に）のように例外もある**。こういうのは，そのつど覚えるしかないから気をつけて！

「先生，on は？　⛊30⛊にも出てこなかったよ？」

in と at は，使い分けが難しいところがあるからまとめたんだ。でもね，on はまったく別モノといっていいほど違うから ⛊30⛊ にのせなかったんだよ。on の意味は次のようになるよ。

━Point━
31　on が表す意味

◎場所「〜（の上）に」…表面に接触・広さは関係なし
　例1　on the desk, on the chair, on the wall　など
◎時「〜に」…曜日・日付など，特定の「時」
　例2　on Wednesday, on May 5　など

---

on は，広さや時間の長さにはまったく関係がない。場所の意味でいえば，on は「〜の上に」の意味だと考えられがちだけど， ■on が表しているのは「表面に触れている」こと。■ 「スイッチ・オン」っていうだろう？接触して通電したのさ。⛊31⛊の 例1 だと最後の，on the wall。「壁にポスターが貼ってある。」のような表現で使うけど，ポスターは壁の「上」にあるわけじゃない。壁の表面にピタッとくっついてるわけ。もっといえば，「天井にハエがとまっている。」の，「天井に」も on を使う。天井の表面って，

上下でいえば下側だよね？　このように，on は必ずしも「上」を意味するわけじゃないんだ。

「なるほどー。いつも『〜の上に』という意味だと思ってたら間違えるかも。」

時のほうは簡単。「特定の時」を表すわけで，　曜日か日付しかない。　これはちゃんと覚えよう。

☑ **CHECK 19**　　　　　　　　　　　　　➡ 解答は別冊 p.36

次の日本文に合うように，（　　）内から適語を選びなさい。

(1) 私たちは部屋で遊びます。
　　We play (in, at, on) our room.
(2) あなたは朝 6 時に起きます。
　　You get up (in, at, on) six (in, at, on) the morning.
(3) 私は木曜日に彼に会います。
　　I see him (in, at, on) Thursday.

ココで出てきた覚えなきゃいけない単語・熟語	
つづり	意味
<ruby>April<rt>エイプリル</rt></ruby>	4月
<ruby>five<rt>ファイヴ</rt></ruby>	5，5つの
<ruby>noon<rt>ヌーン</rt></ruby>	正午
<ruby>shop<rt>シャップ</rt></ruby>	店
<ruby>airport<rt>エアポート</rt></ruby>	空港
<ruby>plane<rt>プレイン</rt></ruby>	飛行機
<ruby>arrive at<rt>アライヴ アト</rt></ruby> 〜	〜に到着する
<ruby>night<rt>ナイト</rt></ruby>	夜
<ruby>chair<rt>チェア</rt></ruby>	イス
<ruby>wall<rt>ウォール</rt></ruby>	壁
<ruby>Wednesday<rt>ウェンズディ</rt></ruby>	水曜日
<ruby>May<rt>メイ</rt></ruby>	5月
<ruby>get up<rt>ゲット アップ</rt></ruby>	起きる
<ruby>six<rt>スィックス</rt></ruby>	6，6つの
<ruby>Thursday<rt>サーズディ</rt></ruby>	木曜日

4章

いつも，たいてい，よく，ときどき

ここで学ぶのは「頻度（ひんど）」を表す副詞。頻は「ひんぱんに」の「ひん」だ。

　最後に，使う位置がほかのものと違う特別な語を教えておこう。今まで述語を修飾するものは，〈主語＋述語＋（目的語）〉のあとに置いていたんだけど，ここで出てくる語は述語のすぐ近くに置かれるんだ。

Point

32 述語のすぐ近くに置く修飾語（副詞）

always（いつも），usually（ふつう，たいてい）
オールウェズ　　　　　　　ユージュアリィ

often（しばしば，よく），sometimes（ときどき）
オ(ー)フン　　　　　　　　　サムタイムズ

これらの語はbe動詞のあとか，一般動詞の前で使う！

例1 He [is] **always** kind to me.
　　　彼は**いつも**私に親切です。

例2 He **usually** [goes] to work by car.
　　　彼は**たいてい**車で仕事に行きます。

「be動詞のときと一般動詞のときで，置かれる位置が違うんですね。これは覚えないといけないんですよね……？」

　そうだよ。これは覚えておかないと正しく使えるはずがない。ちゃんと覚えてね。日本語でルールを覚えるんじゃなくて，例文で覚えるのがいいよ。**例1** の He [is] always ～.や **例2** の He usually [goes] ～.みたいな１つの文を，自分で発音しながらリズムで覚えておくといい。ルールは覚えるのが目的じゃなくて，使えるのが大事だ。

「それ，でもいってましたね。ルールは使えないと意味がないですもんね。」

それじゃ，これらの語を使うときに注意してほしいことを例題を使って説明しておくよ。

Ex. 次の日本語を英語に直しなさい。

(1) あなたはいつも忙しいのですか？
(2) 彼はときどきその公園に行きます。

4
章

とうとう英作文にチャレンジだ。いつも通り〈主語＋述語〉を中心に組み立てていこう。(1)をケンタくん。

「はい。『あなたは〜ですか？』だから be 動詞で疑問文を作ればいいな。always を be 動詞の後ろで……。あれ？　疑問文だから be 動詞が前にいっちゃうぞ。」

そう，そこに注意。**まずは be 動詞の後ろに always を置いてふつうの文を作って，それから疑問文にしてごらん。**

「ふつうの文なら，You are always busy. だから，be 動詞の are を you の前に出して，こうだ‼
Ans. (1) **Are** you always busy ?」

よし，OK。疑問文のときは always が be 動詞のあとにならないから注意しようね。次，(2)をサクラさん。

「はい。『彼は〜行きます。』だから go を使って,『ときどき』は一般動詞の前で, こうなります。

Ans. (2) **He sometimes** goes **to the park.**」

さすがサクラさん。落ち着いているねぇ。この問題, 主語が he だから動詞に -es がつくだろ？ **sometimes の使いかたに気をとられて go に -es をつけ忘れる間違いがすごーく多い**んだ。

「あ, 本当だ。オレなら絶対間違えてた……。」

こうやって間違えやすいところを知っていけば, 気をつけることができる。一生懸命やってみて, 間違えたらそこから学ぶ。いいね？

☑CHECK 20

➡ 解答は別冊 p.36

次の日本文に合うように,（　　）内の語を使って英文を作りなさい。

(1) 彼らはいつも親切です。
　　(are, kind, they, always).
(2) 私はよくルーシーと話をします。
　　(Lucy, often, talk, I, with).

ココで出てきた覚えなきゃいけない単語・熟語	
つづり	意味
work（ワーク）	仕事

疑問詞を使った疑問文

この章では今まで出てきた疑問文を疑問詞を使って進化させるよ。

「疑問詞って何？」

それはこの章で勉強すれば大丈夫。有名な格言に「疑問を抱くことは人を賢明にさせる」というのがあるんだけど，知ってるかな？ 「なんだろう，知りたいな」と疑問をもつことは学習の第一歩だよ。

「積極的に『知りたい』と思うことが大切なんですね？」

そう。その通り！

いろいろな疑問詞

まずここでは疑問詞を紹介していくよ。疑問詞にも単独で使う場合とカタマリで使う場合がある。気をつけて学んでいこう。

　be 動詞・一般動詞どちらの疑問文も，今までは「〜かどうか」をたずねて Yes か No で答えてもらうパターンだったけど，この章では**疑問詞を使って「何・誰・どこ・いつ・なぜ」などをたずねて，相手に具体的に答えてもらう疑問文**を勉強するぞ。

　「Yes とか No で答えられない疑問文ですね。」

　「what とかで『何を』ってたずねて，『はい』って答えたらおかしいもんね。」

　そうだね。たずねるときに使うのが疑問詞だ。what 以外にもいろんな疑問詞があるので，使いかたはとりあえずおいといて，まずは種類と意味をまとめておこう。

Point 33 単独で使う疑問詞の種類と意味

疑問詞	意味	疑問詞	意味
(フ)ワット what	何	(フ)ウィッチ which	どれ, どちら
フー who	誰	(フ)ワイ why	なぜ
フーズ whose	誰のもの	ハウ how	どんな, どのように
(フ)ウェン when	いつ		
(フ)ウェア where	どこで [に・へ]		

例1　**What** is this？ （これは**何**ですか？）

例2　**Who** are they？ （彼らは**誰**ですか？）

例3　**Whose** is this book？ （この本は**誰のもの**ですか？）

例4　**When** do you eat lunch？ （あなたは**いつ**昼食を食べますか？）

例5　**Where** are you？ （あなたは**どこに**いるの？）

例6　**Which** is your notebook？ （**どちら**があなたのノートですか？）

例7　**Why** do you study English？
　　（**なぜ**あなたは英語を勉強するのですか？）

例8　**How** do you go home？
　　（**どうやって**あなたは家に帰りますか？）

「これらの意味は覚えなきゃダメですよね？」

　これは基本だから意味は覚えて当然だよ。頑張ってくれ。次は，あとに続く語とカタマリを作って使われるものだ。

Point

34 カタマリで使う疑問詞の種類と意味

疑問詞	意味
what + 名詞	どんな〜，何の〜
whose + 名詞	誰の〜
which + 名詞	どの〜，どちらの〜
how + 修飾語	どのくらい〜
how many + 名詞(複数形)	どのくらいたくさんの〜 →いくつの〜
how old	どのくらい年をとっている →何歳
how tall	どのくらい背が高い
how much	いくら（金額をたずねる）

「疑問詞もカタマリを作るものがあるんだ!?」

　疑問詞はカタマリを作るものも作らないものもある。 いっぺんにぜんぶの使い分けを覚えようとしなくていいけど，知っておくのと知らないのとでは大違いだから，知っておこう。文の中で使いながら，よく使うものからだんだんと使い慣れていけばいい。

　くわしい文の作りについては **5-2** でやるよ。ここでは例文を挙げておくから疑問詞の意味に注目して読んでくれ。

例9　**What color** do you like？（あなたは**何色**が好きですか？）

例10　**Whose books** are those？　（それらは**誰の本**ですか？）

例11　**Which pen** is yours？（**どちらのペン**があなたのものですか？）

例12　**How many bags** do you have？
　　　（あなたは**いくつのバッグ**をもっていますか？）

例13　**How old** is his mother？　（彼のお母さんは**何歳**ですか？）

例14　**How tall** are you？　（あなたの**身長はいくつ**ですか？）

例15　**How much** is this computer？
（このコンピュータは**いくら**ですか？）

「いろいろな疑問詞があるな～。ぜんぶ覚えられるかな？」

　少しずつ覚えよう！　特にカタマリを作る疑問詞は正しく使えない人が多い。〈what ＋名詞〉で「どんな～，何の～」とする使いかたを忘れたり，〈how many ＋名詞(複数形)〉の名詞を単数形にしたり。そういう間違いは，最初のうちはしかたないけど，２回，３回とくり返さないように気をつけよう！

☑CHECK 21

➡ 解答は別冊 p.36

次の日本文に合うように，（　）内から適語を選びなさい。

(1)（When/Where）do they go？　（彼らはどこに行きますか？）
(2)（Why/How）are you angry？
（なぜあなたは怒っているのですか？）
(3)（Which/Whose）pen is his？
（どちらのペンが彼のものですか？）
(4)（How many/How much）balls does she have？
（彼女はボールを何個もっていますか？）

5
章

ココで出てきた覚えなきゃいけない単語・熟語	
つづり	意味
ノゥトゥブク notebook	ノート，手帳
カラァ color	色
ゾゥズ those	それらは，それらの
コンピュータァ computer	コンピュータ
アングリィ angry	怒って

5-2 疑問詞を使った疑問文のルール

疑問詞を使ったからといって，今までの疑問文のルールが変わるわけじゃない。あわてることはないぞ。

5-1 ではいろいろな疑問詞を紹介したね。ここではそれらを使った疑問文の作りについて勉強していこう。

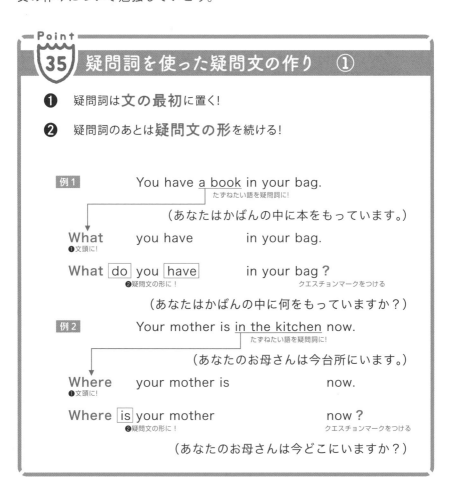

―Point―

35 疑問詞を使った疑問文の作り ①

❶ 疑問詞は**文の最初**に置く!

❷ 疑問詞のあとは**疑問文の形**を続ける!

例1　　You have a book in your bag.
　　　　　　　　　　　　たずねたい語を疑問詞に!

　　　（あなたはかばんの中に本をもっています。）

What　　you have　　　　in your bag.
❶文頭に!

What do you have　　　　in your bag ?
　　　❷疑問文の形に!　　　　　クエスチョンマークをつける

　　　（あなたはかばんの中に何をもっていますか？）

例2　　Your mother is in the kitchen now.
　　　　　　　　　　　　　　たずねたい語を疑問詞に!

　　　（あなたのお母さんは今台所にいます。）

Where　　your mother is　　　　now.
❶文頭に!

Where is your mother　　　　now ?
　　　❷疑問文の形に!　　　　　クエスチョンマークをつける

　　　（あなたのお母さんは今どこにいますか？）

もとの文の中のたずねたい語を疑問詞に置きかえて疑問文を作る，問題でもよく出るパターンを使って説明したよ。一般動詞の文とbe動詞の文を1つずつ例に挙げたけど，どちらも 疑問詞のあとは、今まで勉強してきた通りの疑問文の作り になっているところに注意しよう。

 「〈主語＋述語〉の作りはふつうの疑問文と変わらないんですね。」

そう。文頭に疑問詞を置いただけで疑問文ができてしまうとカン違いする人も多いけど，疑問詞のあとが疑問文の作りになっていないと，正しい形ではないからね。気をつけよう。

 「オレはクエスチョンマークも忘れないようにしないとな。」

よくわかってるねー。それも気をつけよう。それじゃ，例題で練習していくよ。

下線部をたずねる疑問文を作りなさい。

(1) That boy is <u>Mike</u>.
(2) They practice soccer <u>after school</u>.
(3) Ken comes to school <u>by bike</u>.
(4) This is <u>Mary's</u> bag.
(5) They have <u>two</u> brothers.
(6) He is <u>thirteen years old</u>.

まずケンタくん，(1)をやってもらおう。

「これは簡単。『あの少年はマイクです。』という文で，マイクについてたずねるから『あの少年は誰ですか？』だな。聞くのは『誰』で，be 動詞の文だから

Ans. (1)　**Who is that boy?**
　　　　　　　‿‿‿‿‿‿‿‿
　　　　　　　疑問文の作り

クエスチョンマークも忘れずにつけたぞ！」

OK。be 動詞を主語の前に出して疑問文の作りに，だね。**who（誰）**を使って正解。どんどんいこう。(2)をサクラさん。

「たずねるのは after school『放課後』のところね。『いつ』をたずねるから使うのは **when**，一般動詞の文だから

Ans. (2)　**When do they practice soccer?**」
　　　　　　　　‿‿‿‿‿‿‿‿‿‿‿‿‿
　　　　　　　　疑問文の作り

正解。下線部の意味をしっかり確認して，正しく疑問詞を選ぼうね。次，(3)をケンタくん。

「by bike って『自転車で』だったな。たずねるなら『何で』かな？」

　ケンタくん，「どうやって」の **how** を使おう。この場合は手段をたずねるわけだけど，how は使いかたのバリエーションが多い疑問詞なんだ。いっぺんにはぜんぶ覚えられないし，出てきた使いかたからだんだん覚えていけばいいからね。

「はい。えーっと，『ケンはどうやって学校に来ますか？』，になればいいってことだな。あ，動詞は -(e)s がついてるヤツだ！

Ans. (3)　**How does Ken come to school ?**
　　　　　　　_{疑問文の作り}

comes の s，ちゃんととりましたよ！」

　調子いいねー。-(e)s に気づくとはケンタくん成長したよ。気をつけなきゃいけないところだよね。それじゃ (4) を，サクラさん。

「今度は『メアリーの』，というところをたずねるんだから，『誰の』で，**whose** だわ。be 動詞の文だから，Whose is ……。」

　ちょっと待って。Mary's は所有格でしょ？　Mary's bag とカタマリになっていなかったかい？　置きかえたあとの whose も，同じ使いかたをすべきだよ。

「あ，そうか！　ということは **whose bag** となるわけだから

Ans. (4)　**Whose bag is this ?**
　　　　　　　_{疑問文の作り}

『これは**誰の**バッグですか？』，という意味になりますね。」

　よし，OK。〈主語＋述語〉の作りもそうだけど，**語のカタマリはいつも必ず意識すること**。次の (5) もカタマリになっているぞ。これはまず日本語にしてもらおうかな，ケンタくん。

(5)　They have <u>two</u> brothers.

「よかったー，実はどうしようかと思ってたんだ〜。日本語にな
らできそうだぞ。『彼らは<u>2人の</u>兄弟をもっています。』でいい
ですか？」

うーん，間違えてはいないんだけど，ちょっと日本語らしくないなー。「彼
らには<u>2人の</u>兄弟がいます。」にするといいんじゃないかな。で，下線部
のところを聞くのに，日本語ではどういう？

「『彼らには兄弟が何人いますか？』かな。」

正解。兄弟の数をたずねるわけだね。名詞の数をたずねるには，〈**how
many ＋名詞（複数形）**〉を使うぞ。two brothers の two を how many に置き
かえ，brothers とカタマリにして **how many brothers** とするわけだ。
many は後ろに複数形の名詞がつくからね。

「じゃあ疑問詞のカタマリを置いて，あとを疑問文にして……
Ans. (5)　**How many brothers do they have ?**」
　　　　　　　　　　　　　　　　　　　疑問文の作り

よーっし。how many は後ろに複数形の名詞を置かないで間違える生徒
が多いんだ。気をつけよう。**3語のカタマリで1つの疑問詞**だからね。最
後をサクラさん，解いてみよう！

(6)　He is <u>thirteen</u> years old.

「これはよく出てくる，『何歳ですか？』っていう文ですね。
Ans. (6)　**How old is he ?**」
　　　　　　　　　　　　　疑問文の作り

正解！ how をいっぱい使ったねー。単独で「どのように, どうやって」の意味で使い, あと体の調子をたずねるときにも使うね。How are you? で「元気ですか, 調子はどうですか?」という意味だ。

「あー, そうなんだ！ どうしてあれで『元気ですか?』になるのか不思議だったんだよな。」

さらに **how は (5)how many ～や (6)how old** のように後ろに形容詞または副詞を置いてカタマリになり, 「どのくらい～か」と, 程度をたずねる場合にも使う。後ろにつく語は, そりゃもういろいろあるからねー。要注意な疑問詞だよ。

「先生, Ex. の疑問文への答えかたはどうなるんですか?」

あれ, 気づいてないのかな？ 疑問文にする前のもとの文って, そのまま答えの文なんじゃない？ ただし答えの文だから, 代名詞にしなきゃいけない語を置きかえたり, 省略できるものは省略したりするけど。確認しておこうか。

[Ex. で作った疑問文の答えかた]
(1) He is <u>Mike</u>.
(2) They practice it <u>after school</u>.
(3) He comes to school <u>by bike</u>.
(4) It is <u>Mary's</u>. (Mary's bag → Mary's)
(5) They have <u>two</u>. (brothers を省略)
(6) He is <u>thirteen</u>. (years old を省略)

5 章

　どれもたずねた部分が答えの中心だから，読むときは下線部を強調して発音することになるぞ。それと，置きかえをしたものは赤い字で表した。省略も少ししたけど，なんでも省略できるわけじゃないから勝手に消さないでね。省略の考えかたもこの先何度か出てくるから，どういうときにどう省略できるのか，だんだん覚えていくといいよ。

☑**CHECK 22**　　　　　　　　　　　　　➡ 解答は別冊 p.36

次の会話が成り立つように，（　）に適する疑問詞を入れなさい。

(1) （　　）is your mother's job ?　－　She is a nurse.
(2) （　　）do you live ?　－　I live in Tokyo.
(3) （　　）tall is Tom ?　－　He is 160cm tall.
(4) （　　）does he go to work ?　－　He walks there.

ココで出てきた覚えなきゃいけない単語・熟語	
つづり	意味
サーティーン thirteen	13，13個の〜
ナース nurse	看護師

5-3 主語を疑問詞でたずねる文

疑問詞は疑問文の中で文の最初に置かれる。これは最優先のルールなんだ。

　疑問詞を使った疑問文の作りはわかってきたかな？　実は例外的に文の作りが違う場合がある。主語を疑問詞でたずねるときだ。最初にルールをまとめよう。

Point

36 疑問詞を使った疑問文の作り　②

疑問詞を使って主語をたずねるときは，

主語を疑問詞に置きかえるだけ！

例1　**Meg** plays the piano well.
　　↓疑問詞に
　　　　　　　　　　（メグは上手にピアノを弾きます。）
Who plays the piano well **?**
　　　　ふつうの文の語順のまま！
　　　　　　　　　　（ピアノを上手に弾くのは誰ですか？）

例2　**This book** is interesting.（この本は面白いです。）
　　↓疑問詞に
Which book is interesting **?**
　　　　　　ふつうの文の語順のまま！（どの本が面白いですか？）

「疑問詞にかえるだけ？　こっちのほうがずっと簡単ですね。」

　そうだね，ただかえるだけだからね。でもケンタくん，なんでこうなるかわかる？　ヒントは「疑問詞は絶対に，疑問文の最初に置かれる」ということだ。

「う～ん，なんでだろう？」

　この語順になるのは，主語が疑問詞になっちゃってるから。疑問文の語順にしようと思ったら，主語である疑問詞の前に do・does とか be 動詞をもってこなきゃいけないでしょ。でも，**疑問詞は必ず文の最初に置かれる**っていうルールだから……。

「そうか，（×）Does who play ～？だと疑問詞が最初じゃなくなっちゃうから，ルールに反するんだ。」

　そういうこと。だから，主語を疑問詞にかえるだけであとはそのまま。理由がわかるとスッキリだね。英語は覚えなきゃいけないことも多いけど，ルールを考えると「なるほど！」と納得できることも多い。そういう経験をしている人ほど英語が得意になりやすいんだ。

コツ18 英語が得意になる勉強のしかた

形ばかりの丸暗記より，「**なるほど～。**」と納得しておくと覚えやすくなるし，間違えにくい！

「わかんないまま，ただ覚えても役に立たない，ってことですね。」

　まず，「知りたい，わかりたい」という姿勢で勉強することだよ。そうすれば，丸暗記なんてしたくなくなるからね。それともう1点。Point36 例1 の疑問文，who が主語だよね？　who は3人称単数扱い なんだ。だから述語が一般動詞なら -(e)s が必ずつくことになる。

「who は 3 人称で，単数？」

　そう。**1 人称は I と we，2 人称は you しかない**って，教えたよね。**ほかの語はぜーんぶ 3 人称**だよ。**疑問詞でもそれは同じ**なんだ。数については，複数と判断できないものはみんな単数として扱う。

　数えられない名詞も，複数はないわけだから単数として扱う。主語になるときは要注意。

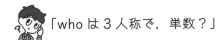「じゃあ，what が主語でも動詞には-(e)s がつくんですね？」

　そうだ。忘れやすいことだから気をつけてね。

　次に答えかたの注意点を教えよう。

「答えかたは，もとの文の通りですよね。」

　そうだ。**5-2** で勉強したね。でも**このパターンの疑問文の答えは答えの中心が主語だから，そのあとの述語から後ろは意味としてはいらない**ものになる。だから必ず置きかえや省略をすることになるんだ。**37** にまとめよう。

主語を疑問詞でたずねる文への答えかた

Point 37

答えの中心は主語。**最低限の〈主語＋述語〉で答える！**

◎一般動詞の文　⟶　**述語からあとを do/does にかえる**

◎be 動詞の文　⟶　**述語を be 動詞のみにする**

例1 **Who** plays the piano well？

（誰がピアノを上手に弾きますか？）

一般動詞以降は do/does に置きかえる

Meg **does**.（メグです。）

主語＋述語

例2 **Which book** is interesting？

（どの本が面白いですか？）

be 動詞の後ろを省略

This book **is**.（この本です。）

主語＋述語

do/does が，もとの文の述語からあとに置きかわっている。いわなくてもいい部分はくり返さず，「メグがします。」ですませている感じだね。be 動詞のほうはあとを省略しちゃうだけだからわかりやすいだろう。

「ずいぶんスッキリしちゃうんですね。」

意味のうえでどうしても必要なのは主語だけだから，なんなら主語以外はぜんぶ省略しちゃってもいいくらいだしね。でも残念ながら試験などの**問題では do/does や be 動詞を書かなきゃいけない形になっていることが多い**から，覚えておかないといけないよ。ここまでのことをふまえて，例題を解いてみよう。

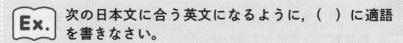

Ex. 次の日本文に合う英文になるように，（ ）に適語
を書きなさい。

(1) この机を使っているのは誰ですか？ － 私です。
（ ）（ ） this desk？ － I （ ）.

(2) その教室にいるのは誰ですか？ － タケシです。
（ ）（ ） in the classroom？
－ Takeshi （ ）.

(1)は日本語の主語が英語とズレているから，英語にしやすく直しておこう。「誰がこの机を使っていますか？」，これで主語が「誰」になったぞ。それじゃ，サクラさん。

「はい。主語の『誰が』は who，述語の『使う』は一般動詞で
use だから

Ans. (1) （**Who**）（**uses**） this desk ？
　　 － I （**do**）.

でも答えが『私』だから do だけど，疑問文は動詞に-s がついて
いていいのかしら？」

問題ないよ。たずねている人は答えが「私」なのか誰なのか，わからないから聞いてるんだよね？ **who が主語なら一般動詞に-(e)s は必ずつけよう。**

よし，(2)をケンタくん。「誰がその教室にいますか？」，ということだよ。

「えーっと，who はいいとして『いる』って何使うんだっけ？」

もう忘れちゃったの？ **「いる・ある」は be 動詞でしょ！**

「そうだ，そうだ。be 動詞だっけ。ということは，who は 3 人称単数として扱うから……

Ans. (2) （**Who**）（**is**）in the classroom ?
　　　　　　 － Takeshi（**is**）.

これでいいですか？」

よくできた。疑問文の作りかただけでなく，答えかたまでしっかりマスターするようにね。

☑**CHECK 23**　　　　　　　　　　　　　➡ 解答は別冊 p.36

次の日本文に合うように，（　）に適語を書きなさい。

(1) あなたの部屋を掃除するのは誰ですか？　 － 母です。
　　（　）（　）your room ? － My mother（　）.
(2) ドアのところにいるのは誰ですか？　 － ポールです。
　　（　）（　）at the door ? － Paul（　）.

ココで出てきた覚えなきゃいけない単語・熟語	
つづり	意味
ドー(ァ) door	ドア，戸

6章

命令文

次は「命令文」を勉強するぞ。

「命令文？　なんかイヤだなぁ。」

「お兄ちゃん，よく『勉強しなさい。』っていわれてるもんね。」

「命令」っていうと無理やりやらされる感じがするかい？　「やりなさい！」といわれてイヤなのは自分がやらなきゃいけないことを実はやっていないからだ。イヤな命令を受けたくないなら，やるべきことをやろう！

6-1 命令文の作り

命令文の作りは今まで勉強してきた「基本の文の作り」のちょっとした応用だ。これもあわてることはないぞ。

　この章では「〜しなさい，してください」という意味になる，「命令文」という種類の文の使いかたを勉強しよう。少し覚えることがあるけど，文の作りが大きく違うわけじゃないから難しくはないよ。さっそくルールをまとめておこう。

Point 38 命令文の作り

動詞の原形で文を始めると命令文になる。

例1　**Study** English every day.（毎日英語を勉強しなさい。）
　　　動詞の原形

例2　**Be** kind to old people.（お年寄りに親切にしなさい。）
　　　動詞の原形

「主語がないんですね？」

そうだ。「**命令文**」というのは目の前にいる人にいうものだからね。だからいってみれば主語は you なんだ。省略されていると思ってもいいね。

「いない人に『～しなさい』っていっても意味ないもんね。」

そういうこと。命令文は主語がないだけで，**述語になる原形の動詞からあとの作りは今までと何も変わらない。**今まで覚えてきた文の作りのルールの応用パターンだからね。

「**例2** の **Be** って，もしかして be 動詞の原形ですか？」

そうだ。よくわかったね，って見たままか。 **原形が be だから「be 動詞」という名前** なんだよ。ちなみに今まで出てきた am，are，is は be 動詞の現在形という形で，現在のことを表す述語になるときの形だ。わかったところで，例題をやってみよう。

 次の文を命令文にしなさい。

(1) You use this dictionary.
(2) You are a good boy.

(1)をサクラさん。日本語にもしてね。

「はい。主語をなくして動詞を原形に，この場合は動詞の形はそのままでいいから
　Ans. (1)　**Use** this dictionary.
　訳すと，『**この辞書を使いなさい。**』ですね。」

それでいい。簡単だね。(2)はケンタくん。be 動詞・are を使った文だぞ。

(2) You are a good boy.

「主語は<ruby>左<rt></rt></ruby>だとればいいんだよな。are を be にして……

Ans. (2) **Be a good boy.**

日本語にしたらなんだ？　もとの文は『あなたはよい少年です。』だから，えーっと，あれ？」

命令文は正解だね。それでいい。日本語にはたしかにちょっとしにくいかな。be 動詞はいろいろな訳しかたがあるけど，「〜である」だね？　命令文にすれば「〜であれ，ありなさい」といった意味になる。いい子であれ，だから「**いい子にしなさい。**」，と日本語らしくすればいいんじゃないかな。

「be 動詞なのに『〜しなさい』，って一般動詞みたいに訳していいんですか？」

そのままの訳ではわかりにくいから，しょうがないね。日本語らしくならなかったら意味が伝わらないもの。「いい子であれ」って日本語，あんまりピンとこないでしょ？　そのまま訳せるときは訳しかたを変えないほうがいいけど，このようにしかたないときは，日本語らしくなるように訳しかたを工夫するんだ。

コツ19 日本語に訳すときの注意点

英文を日本語に直すとき，**そのままでは日本語らしくならない場合は，訳しかたを工夫して日本語らしくしよう！**

　それには日本語がバッチリ使えていないと難しいかな。国語もしっかり勉強しないとね！

 「国語のほうが苦手かも。頑張ります。」

☑CHECK 24　　　　　　　　　　　　　　➡ 解答は別冊 p.36

次の文を命令文にしなさい。

(1) You wash your hands.
(2) You are careful.

ココで出てきた覚えなきゃいけない単語・熟語	
つづり	意味
ピープル people	人々
ケアフル careful	注意深い

6章

いろいろな命令文
～禁止・依頼・呼びかけ～

命令文を使ったいろいろな表現をまとめるよ。

　命令文では，「～してはいけない」と禁止することや，「～してください」とていねいに頼むこともある。命令文のいろんなパターンを教えるよ。

Point 39　いろいろな命令文の作り

◎**禁止の命令文**…「～してはいけない」

don'tを動詞の前につける。

※be動詞の文は**Don't be ～.**とする。

例1　**Don't** open the window. （窓を開けてはいけません。）
　　　Don't be lazy. （なまけてはいけません。）

◎**ていねいな命令文**（依頼）…「～してください」

命令文の前か後ろに**please**をつける。

※後ろにつける場合は**カンマを忘れずに**。

例2　{**Please** open the window. （窓を開けてください。）
　　　{Open the window, **please**. （〃）

　　　{**Please** don't open the window. （窓を開けないでください。）
　　　{Don't open the window, **please**. （〃）

◎**呼びかけ**がある命令文

文頭や，文が終わったあとに呼びかけがつく。

例3　**Mary,** don't open the window.
　　　（メアリー，窓を開けてはいけません。）
　　　Please open the window, **Mary**.
　　　（窓を開けてください，メアリー。）

「いろんなパターンがあるんだな～。面倒そう。」

「please と don't が両方ある文では please が先にきて
Please don't ～ . となるんですね。」

　そうだね。響きで「Please don't ～ .」と覚えてもいいし，理由をつけるなら，**大事な順番に動詞の近くにくる**，って感じかな。

「『大事なものが近くに』ですか。」

　それが英語の基本ルールだ。命令文の場合だと，命令文に対して，否定にするならまず don't を前につける。これがいちばん大事だ。ていねいな表現にするなら please をその前につける。そうすると Please don't ～ . の順番になるだろう。

　名前などの呼びかけは文の一部にはならないから，さらに遠いところにカンマで仕切られて置かれるわけだ。

「please も後ろに置くとカンマがつきますよ？」

　そうだね。後ろに置く場合は文が終わったあとに，つけ足すような感じだからそうなる。「～してね，お願い」，と独立した呼びかけのような感じだね。please に限らず，これからも**文の後ろにつけるものが出てきたらカンマで区切る**よ。

　それともう1つ，大事なことを注意しておきたい。それは，**be 動詞の命令文を否定にするのにも，don't を使うということ。Don't be ～ . となる。** 今までずっと be 動詞の文と一般動詞の文を区別するようにいってきたけど，これは例外だ。

「本当だ。いわれてみればおかしいな。気がつかなかった。」

　まぁいいさ。とにかく命令文の否定にはどんな文でも don't をつければ いいということだ。覚えておこう。それじゃ，例題だ。

Ex. 次の日本文に合う英文になるように，（　　）に適 語を書きなさい。

(1) マイク，テレビを見すぎてはいけませんよ。
　　Mike, (　　) (　　) TV too much.

(2) どうぞ悲しまないでください，ジョン。
　　(　　) (　　) (　　) sad, John.

（1）をケンタくん，答えて。

「はーい。否定はなんでも don't 〜で，『テレビを見る』に使う 動詞は watch だったな。
Ans. (1)　Mike, (**don't**) (**watch**) TV too much.」

　よし，OK だ。呼びかけが文頭についているパターンだね。この問題で は書いてあるからいいけど，作文をするときはカンマを忘れないように。 **命令文は主語がないから，カンマをつけないと呼びかけが文の主語になっ ちゃうぞ。** それじゃ，(2)はサクラさん。

「はい。これは否定のていねいな命令文で……,『悲しむ』はどう表せばいいのかしら。sad はあるし,（　　）が余っちゃう。」

サクラさん,**命令文を作るのに悩んだときはふつうの文を作ってみて使いかたを確認するといい**んだ。主語のある,ふつうの文では sad をどう使ったかな？

「ふつうの文ですか？ I am sad. とか, そういうことですね？ あ, be 動詞使うんだ！ ということは, こうだ！
Ans. (2) （**Please**）（**don't**）（**be**）sad, John.」

sad は動詞じゃなくて「どんな」を表す形容詞だから, be 動詞と一緒に用いないとね。これはとても間違えやすいところだ。命令文がわからなくなったらふつうの文にして考えてみるという確認方法は覚えておこう。

☑CHECK 25

➡ 解答は別冊 p.36

次の日本文に合うように,（　　）に適語を書きなさい。

(1) ピアノを弾いてください, ミキ。
　（　　）（　　）the piano, Miki.
(2) アンディ, 注意してください。
　Andy,（　　）（　　）careful.

6
章

ココで出てきた覚えなきゃいけない単語・熟語	
つづり	意味
オウプン open	～を開ける
ウィンドウ window	窓
レイズィ lazy	なまけた
プリーズ please	どうぞ（～してください）
サッド sad	悲しい

Let's ～. の文

Let's ～. の文も命令文の仲間。「命令する」から命令文，ってわけじゃないんだね。

最後は「～しよう」と誘ういいかたを勉強しよう。

「レッツ・ゴー，とかのヤツですよね？」

そう。おなじみの表現だね。これは慣用表現（よく使う決まったいいかた）として覚えてしまおう。

Point 40　Let's ～. の文

Let's ＋ 動詞の原形 ＋ ～ . （～しよう。）

答えかた　Yes, let's. ／ No, let's not.

「答えかたも決まっているんですね。」

O.K. (OK.) とか，**That's a good idea !**（いい考えだね。）とか，ほかにもいろんな答えかたがあるよ。ふつうの命令文に対しても **All right.**（いいよ。）と答えたりする。こういう会話でよく使う表現はだんだんと覚えていくといい。覚えやすいものが多いから大丈夫だよ。

「オッケー！」

まぁ，そんな感じだね。それじゃ，例題で練習しよう。

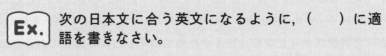

> **Ex.** 次の日本文に合う英文になるように，（　）に適
> 語を書きなさい。
>
> (1) 一緒に歌いましょう。 － ええ，そうしましょう。
>   （　）（　）together. － Yes,（　）.
> (2) 公園に行きましょう。 － いい考えね。
>   （　）（　）to the park. － That's a（　）（　）.

決まったいいかただから簡単だね。(1)の「歌う」は sing を使うぞ。ケ
ンタくん，答えて。

「ラクショーです。『一緒に』は前にも出てきたな。
Ans. (1)（**Let's**）（**sing**）together. － Yes,（**let's**）.」

正解。ケンタくん，**together** は覚えてた？ Let's ～. の文は「～しよう」
と誘う文だから，誘っている自分も「一緒に」するわけだ。**だから together
はよく使われるんだ。ついでに覚えて書けるようにもしてしまおう。**

6
章

together は
命令文と
『一緒に』
覚えようぜ

それじゃ(2)をサクラさん。これはノーヒントでいけるね。

「はい。答えの文はさっき先生が教えてくれた答えかたですね。
Ans. (2)（**Let's**）（**go**）to the park.
　　　 － That's a（**good**）（**idea**）.」

　そうだ。**idea** は「考え，アイデア」という意味。相手がいったことを that を使って「それは」と指していることにも注意だ。よく使う表現だよ。決まった表現ばかりだから，答えかたも含めてしっかり覚えておこうね。

☑CHECK 26

➡ 解答は別冊 p.36

次の文を「〜しよう」と誘う文にかえるとき，（　　）に適語を書きなさい。

(1) We play the piano.
　　（　　）（　　）the piano.
(2) We speak in English.
　　（　　）（　　）in English.

ココで出てきた覚えなきゃいけない単語・熟語	
つづり	意味
レッツ let's 〜	〜しよう，しましょう
アイ**ディ**(ー)ア idea	考え，アイデア
ス**イ**ング sing	歌う

時刻・日付・曜日の表しかた
〜 it の特別用法〜

"it" という単語は，前に出てきたものを指して「それ」と置きかえることができるけど，ほかにもさまざまな使いかたがある。英語では "it" はかなり重要な語なんだ。

「IT（アイティー）企業とか？」

「それはイットじゃないでしょ！」

うん，ケンタくんちょっとズレてるな。ここでは "it" を「それ」と訳さない使いかたを学んでいこう！

時刻を表す表現

「今〜時です。」と時刻を表す文を勉強するよ。日本語にはない考えかたをするので注意。

　この単元では「時刻」が出てくる表現を勉強するよ。文に時刻が出てくるのは大きく分けて

　①「…は**〜時に**○○する。」というふうにふつうの文に説明として出てくる場合

　②「今**〜時**です。」と時刻自体が話の中心になっている場合
の2通りだ。

「①の説明として出てくる場合は修飾語になりますね？」

　そうだ。前置詞**at**を使ってカタマリを作り，修飾語になる。まず復習もかねてこのタイプの文を確認しておこう。

　例1　I get up [at six] every morning.
　　　　（私は毎朝 [6時に] 起きます。）

　例2　**What time** do you eat lunch?
　　　　— （We eat it) [At noon].
　　　　（何時にお昼ご飯を食べますか？　—　[正午に] 食べます。）

「**at〜**で『**〜時に**』だったな。覚えておかなきゃ。」

　そうだ。いい心がけだぞ。いつかは絶対に覚えなきゃいけないんだからね。**覚えていく覚悟を決めれば，一度で覚えられなくても，例題などで何度か出てくるうちにいつの間にか覚えられるはずだ。**

「よし！　やるぞ～！！」

　それと「何時に」，と時刻をたずねる疑問詞 **what time** を使っているけど，疑問詞の使いかたは勉強したからわかるだろう？　新しいものが出てきても，使いかたは同じだからね。

「よ～し，これも覚えるぞ！」

　次に②の「今〜**時**です。」というタイプの文だけど，これがこの単元で新しく勉強する内容だ。

—Point—
41 時刻を表す文「〜時です。」

時刻を表す文の主語は， 訳さない"it"

例1　**It** is six in the morning.　（午前 6 時です。）

例2　**It**'s seven forty-five now.　（今 7 時 45 分です。）

7
章

「『それは〜です。』の文と同じだけど，そう訳したら変ね。」

「でもさ，it が日本語に表れていないよね？」

　そう。 このitは日本語には訳さない。 なぜかというと，この it は**意味のうえで主語がないと思われるような文で，それでも〈主語＋述語〉という文の形のルールを守るために置いたもの**なんだ。

「意味としてはいらないのに，形だけの主語を置くってこと？」

　その通り。形のうえでの主語だから，日本語にする必要はないよ。こんなことまでして〈主語＋述語〉の文の作りを守る。これが英語なんだ。**この特別な使いかたの it はこれからもいろいろなところで出てくる**から覚えておくといいぞ。それじゃ，例題で練習だ。

> **Ex.** 次の日本文に合う英文になるように，（　　）に適語を書きなさい。
>
> A：今何時ですか？
> 　　（　　）（　　）is（　　）now ?
> B：8時 15 分です。
> 　　（　　）eight　fifteen.

　会話形式の問題だね。現在時刻をたずねている。また疑問詞 what time を使おう。ケンタくん，Aの疑問文を答えて。

「疑問詞は最初に置くんだよな。そんで主語は it で疑問文にするんだから……。お，is は書いてある。こうですね。
　Ans. (A)　（**What**）（**time**）is（**it**）now ?」

いいぞ。疑問詞の使いかたは覚えていたようだね。正解だ。Bの答えの文を，サクラさん。

「はい。（　　）が1つしかないから，これは短縮形だわ。

Ans. (B) （**It's**）eight fifteen.」

よし，OK。覚えてしまえば特に難しくはない。あとは使いながら慣れていくこと。いいね？

☑ **CHECK 27**

➡ 解答は別冊 p.36

次の日本文に合う英文になるように，（　　）に適語を書きなさい。

A： 今何時ですか？
　　What （　　）is （　　）now ?
B： 7時です。
　　（　　）seven.

ココで出てきた覚えなきゃいけない単語・熟語	
つづり	意味
（フ）**ワッ**（ト）**タイム** what time	何時，何時に
セヴン seven	7，7つの
フォーティ **ファイ**ヴ forty-five	45，45の
ナウ now	今
エイト eight	8，8つの
フィフ**ティー**ン fifteen	15，15の

7
章

7-2 日付・曜日・天気などを表す文 ～ it の特別用法～

いろいろなことを表す文に使われる，「特別用法の it」をまとめるよ。

　　日本語には訳さない特別用法の it は時刻だけではなく，ほかにもいろいろな意味を表す文で使われる。ここでまとめておこう。

Point 42 特別用法の it

◎**日付・曜日**を表す文

> 例1　It's August 13 today.（今日は 8 月 13 日です。）
>
> 　　　　　　　　└──▶ thirteenth［～番めを表す形］

> 例2　Is it Wednesday today？（今日は水曜日ですか？）

◎**天気・明暗・寒暖**を表す文

> 例3　It's rainy and dark.（雨が降っていて暗いです。）

> 例4　It's very cold in this room.（この部屋はとても寒い。）

◎**距離**を表す文

> 例5　It's 3 kilometers from here to our school.
>
> 　　　（ここから私たちの学校まで 3 キロメートルです。）

どれもはっきりとした主語がない感じの文でしょ？

「本当だー。こういうときに it を主語にするのか。」

「英語は語順で『文の作り』が決まるから，主語がないと困っちゃうんだわ。」

　そうだね。主語がない文は **6**章 でやった命令文や，会話表現くらいだからね。

　それと，これらの it を主語にする文が答えになる疑問文があるんだけど，それらはよく使うから，決まったものとして覚えてしまおう。

Point

43 it を主語にして答える文の疑問文

① 今，何時ですか？

What time is it（now）?

② 今日は何曜日ですか？

What day is it today ?

③ 天気はどうですか？

How is the weather ?

④ ここから〜まで，どれくらい（の距離）ですか？

How far is it from here to 〜 ?

7章

---

　①〜④はとてもよく使う表現だ。赤くしてあるところは覚えてしまおう。穴埋め問題になりやすいぞ。

「ぜんぶ赤くなっているのは表現ごと覚えるってことですね。」

「②は **what day** だったら『何日』じゃないんですか？」

　それが違うんだ。日付は，**What is the date today？（今日は何日で
すか。）** と，it を使わない表現でたずねる。余力のある人は覚えておこう。

　④の **how far** だけど，これは「どのくらい〜」の how と，「遠い」と
いう意味の形容詞 far を組み合わせた，勉強した通りの作りかたでできた
疑問詞だ。

 「how old とか，how many 〜と同じですね。」

　そう！ で勉強したよね。『そんなの習ったっけな〜？』という人は
戻って復習しよう！

　それじゃ例題にいってみよう。

Ex. 次の文を，（　　）内の語を使って下線部をたずね
る疑問文にしなさい。

(1) It is <u>Tuesday</u> today. （what day）

(2) It's <u>3 kilometers</u> from here to our school.
（how far）

　ここまで説明してからだと簡単すぎるかな。ケンタくん，両方とも答え
てしまおう。

 「もうこのパターンは間違えません。まず疑問詞を置いて，is を
主語 it の前に出して，あとは『？』をつければできあがりさ！

Ans. (1)　**What day is it today？**

(2)　**How far is it from here to our school？**」

　よーし，正解。覚えることがけっこうあるけど，使いながら慣れてマス
ターしていこう。

☑CHECK 28

➡ 解答は別冊 p.36

次の日本文に合うように，（　）に適語を書きなさい。

(1) 今日は何曜日ですか？ ―　土曜日です。
　　（　）（　）is（　）today？ ―（　）Saturday.
(2) 天気はどうですか？ ―　今日はいい天気です。
　　（　）is the weather？ ―（　）fine today.
(3) 今日はとても暑いです。
　　（　）（　）very hot today.

ココで出てきた覚えなきゃいけない単語・熟語	
つづり	意味
オーガスト August	８月
トゥデイ today	今日
サーティーンス thirteenth	13 番めの，13 日
レイニィ rainy	雨降りの
ダーク dark	暗い
コウルド cold	寒い，冷たい
ヒア here	ここ，ここに・で
トゥ to ～	～へ，～まで
ウェザァ weather	天気
デイ day	日，１日
ファー far	遠い
デイト date	日付
テューズディ Tuesday	火曜日
サタディ Saturday	土曜日
ファイン fine	天気がよい，晴れの
ハット hot	暑い，熱い

7
章

数，序数，曜日，月を覚えよう！

　さて，ケンタくんは特に単語を覚えるのがキライなようだけど，どうしても単語は覚えないといけない。ここでは時刻・日付・曜日を表すときに必要な，「数」と「序数」と「曜日」と「月」の単語をまとめておくよ。ここでまとめた単語は学校の単語テストなどでもよく扱われるから，つづりも意味も正確に覚えようね。

数と序数

　序数というのは「〜番めの」という順序を表すヤツだ。Point 42 で日付の例文を扱ったんだけど，日にちを表すときはこの序数を使うんだ。4月1日なら April <u>first</u>，10月15日なら October <u>fifteenth</u> といった感じだ。序数は数と照らし合わせて覚えよう。

	数	序数		数	序数
1	ワン one	ファースト **first**	11	イレヴン eleven	イレヴンス eleventh
2	トゥー two	セカンド **second**	12	トゥウェルヴ twelve	トゥウェルフス **twelfth**
3	スリー three	サード third	13	サーティーン thirteen	サーティーンス thirteenth
4	フォー(ァ) four	フォース fourth	14	フォーティーン fourteen	フォーティーンス fourteenth
5	ファイヴ five	フィフス **fifth**	15	フィフティーン fifteen	フィフティーンス fifteenth
6	スィックス six	スィックスス sixth	16	スィクスティーン sixteen	スィクスティーンス sixteenth
7	セヴン seven	セヴンス seventh	17	セヴンティーン seventeen	セヴンティーンス seventeenth
8	エイト eight	エイトゥス **eighth**	18	エイティーン eighteen	エイティーンス eighteenth
9	ナイン nine	ナインス ninth	19	ナインティーン nineteen	ナインティーンス nineteenth
10	テン ten	テンス tenth	20	トゥウェンティ twenty	トゥウェンティエス **twentieth**

まずは数のつづりを完ペキにすること！ それから序数を覚えよう。数に-th をつけると序数になるものが多いんだけど，表で赤くなっているものはちょっと違うから気をつけよう。

「first, second, third は野球のベースと同じだね。」

「five と twelve は ve を f にして-th がついているわ。」

そうだね。eighth は eight が t で終わるから-h をつけただけ。nine は e をとって-th，twenty は y を i にして e を入れて-th をつけている。どれも正しく書けるように！

「21 以降はどうやって表すの？」

それも次にまとめておくよ。21 以降は「-」（ハイフン）をつけるんだ。

	数	序数		数
21	twenty-one	twenty-first	30	サーティ thirty
22	twenty-two	twenty-second	40	フォーティ **forty**
23	twenty-three	twenty-third	50	フィフティ fifty
24	twenty-four	twenty-fourth	60	スィクスティ sixty
25	twenty-five	twenty-fifth	70	セヴンティ seventy
26	twenty-six	twenty-sixth	80	エイティ eighty
27	twenty-seven	twenty-seventh	90	ナインティ ninety
28	twenty-eight	twenty-eighth	100	ハンドゥレド hundred
29	twenty-nine	twenty-ninth	1000	サウザンド thousand

「ハイフンがついて，1 語になるんですね。」

30 ～ 90 はそれぞれ 13 ～ 19 の teen のところを ty にすればいいんだけど，40 だけは注意！ （×）**fourty** ではなくて **forty** になる。

これで数と序数についてはおしまい。しっかり覚えてね。

2　曜日と月

続いては曜日と月をまとめるよ。

サンディ Sunday	日曜日
マンディ Monday	月曜日
テューズディ Tuesday	火曜日
ウェンズディ Wednesday	水曜日
サーズディ Thursday	木曜日
フライディ Friday	金曜日
サタディ Saturday	土曜日

ヂァニュエリィ January	1 月	ヂュライ July	7 月
フェブルエリィ February	2 月	オーガスト August	8 月
マーチ March	3 月	セプテンバァ September	9 月
エイプリル April	4 月	アクトゥバァ October	10 月
メイ May	5 月	ノ(ウ)ヴェンバァ November	11 月
ヂューン June	6 月	ディセンバァ December	12 月

気をつけなければいけないのは，[曜日も月もすべて大文字で始めなけ]
[ればいけない]ことだ。あとは，それぞれつづりを正しく書けるように
しなければいけないよ。

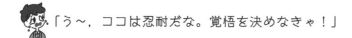「う〜，ココは忍耐だな。覚悟を決めなきゃ！」

そうだ。**7-1** でもいったよね。覚悟を決めて覚えようと心がければ，一
度で覚えられなくても，例題などで何度か出てくるうちに自然と身につい
てしまうよ。頑張ろうという意識はキミを成長させるよ。

現在進行形

今まで述語といえば現在形だけだったけど，実はほかにもたくさんあるぞ。現在形を使った〈主語＋述語〉の文の基本パターンにはだいぶ慣れてきただろうから，ほかの形の述語も教えていこう。最初は現在進行形だ。

「そりゃ『〜します・〜です』だけなわけないよな〜。」

「お兄ちゃん，始める前からそんなにガッカリしてちゃダメよ。」

頑張れ，ケンタくん。キミならできるぞ！

8-1 現在進行形の文

進行形は2語を組み合わせて作る述語のパターンの1つ。このタイプはこれからいくつか出てくるぞ。

　ここでは「～しているところです」という，今，している最中の動作を表す表現を勉強しよう。現在形の次に習う，新しい述語パターンだ。まずは形をしっかり覚えよう。

Point 44　進行形の形と，否定文・疑問文

◎形…〈**主語** ＋ $\boxed{\text{be 動詞 ＋ 一般動詞の～ ing 形}}$ ＋ ….〉
　　　　　　　　　述語（進行形）

基本はbe動詞の文なので，**否定文や疑問文のルールはbe動詞の文と同じ!!**

例1　I **am watching** TV now.
（私は今，テレビを**見ているところです**。）

例2　They **aren't reading** books.
（彼らは本を**読んでいるところではありません**。）

例3　**Is** he **playing** tennis now? ― Yes, he **is**.
（彼は今，**テニスをしているのですか**? ― はい, そうです。）

「be 動詞と一般動詞の～ing 形を一緒に使うのか～。」

「**2つの組み合わせで1つの述語になる**，ってことね。」

今, 2人がいったことが最初にしっかり覚えておいてほしいことなんだ。 be動詞は書いても動詞に〜ingをつけ忘れたり, 逆に〜ingをつけただけでbe動詞を忘れたり, どちらかが抜けてしまうミスが最初はすごく多いんだ。よくカン違いしている人がいるけど, 〜ing形＝進行形, じゃない からね。両方そろって初めて進行形という述語になるんだ。

「う……。オレやりそう。」

「やりそうだな」って思ったら, 気をつけることが大事だね。いつも通り, 当たり前になってしまうまでは意識して気をつけていこう。

そしてもう1つ, 現在進行形の文はbe動詞の文のルールと同じ ということに気をつけよう！ 一般動詞の〜ing形がついているだけで, 否定文も疑問文も作りかたはbe動詞の文と同じなんだよ。例えば

They are playing tennis. （彼らはテニスをしているところです。）

という文を否定文や疑問文にするときは

否定文 → **They are not playing tennis.**

notをbe動詞のあとに

疑問文 → **Are they playing tennis?**
be動詞を主語の前に

— **Yes, they are. / No, they aren't.**

となる。

「もう be 動詞の文は大丈夫ですよ！」

　よかった。「現在進行形は be 動詞に一般動詞の〜ing 形がくっついたようなもの」というようなイメージでとらえておいてね。

　それじゃ次に，動詞の〜ing 形の作りかたをまとめておこう。

Point
45　〜ing 形の作りかた

	どういうとき？	つけかた	例
❶	下の❷，❸以外の たいていの動詞	〜ing をつける	study － studying eat － eating　など
❷	〈子音字＋e〉 で終わる動詞	動詞の最後の e をとって〜ing をつける	have － having write － writing use － using　など
❸	〈アクセントのある 短母音＋子音字〉 で終わる動詞	動詞の最後の子 音字を重ねて （1つ増やして） 〜ing をつける	run － running swim － swimming sit － sitting get － getting cut － cutting　など

「❸は，なんだかルールが難しそう……。」

そうなんだ。ルールが少し細かくてわかりにくいよね。**②**の「動詞の最後の e をとって〜ing をつける」については例の動詞以外にもけっこうあるし、できれば覚えて使いたいところだけど、**〜ing 形についてはルールで覚えず、使っていくうちに覚えていく**のがいいと思う。**③**の子音字を重ねるパターンは覚えなきゃいけないものはそれほど多くないよ。

「でも、覚えなきゃいけないんですよね？」

まあ結局はぜんぶ覚えてほしいんだけどね〜。でも今いっぺんに覚える気にならずに、出てきたものから順に覚えるようにしていけばいいよ。「使っていくうちに慣れて」、でいい。これは今までも何度もいってるね。あわてずに1つずつ、だ。それじゃ例題で練習してみよう。

Ex. 次の文を進行形の文にしなさい。

(1) They swim in the river.
(2) You don't make breakfast.
(3) Does Mary speak Japanese? — Yes, she does.

最初だから〜ing 形は先に教えておくよ。(1)は ⁴⁵ にもあった通り、最後のmをもう1つ増やして **swimming**、(2)は子音字＋eで終わる語だからeをとって **making**、(3)はそのまま〜ing をつければいい。それじゃやってみよう。(1)をケンタくん。

「はい。be 動詞と〜ing を両方忘れないように、主語が they だから are を使って、mを1つ増やして……
　Ans. (1) **They are swimming in the river.**
　　　　（彼らは川で泳いでいるところです。）」

OK，それでいい。**be 動詞と動詞の〜ing 形，両方忘れずに**ね。次の (2) は否定文だ。進行形の否定文を作るんだぞ。サクラさん，答えて。

(2)　You don't make breakfast.

「はい。主語が you だから be 動詞は are ね。そして否定文だから aren't。don't はどうすればいいのかしら？」

don't は一般動詞の現在形の文を否定文にするために使われていたんだよね？　進行形なら当然，なくしてしまっていいんだよ。

「そうか！　一般動詞の文じゃなくなっているんだから当たり前ね。

<u>Ans.</u> (2)　**You aren't making breakfast.**
　　　（あなたは朝食を作っているところではありません。）」

よし，正解だ。(3) の疑問文も同じように考えれば簡単だろう。作るのは進行形の文だからね，ケンタくん。

(3)　Does Mary speak Japanese?
　　　 — Yes, she does.

「なんか不安だったけど，そうとわかればできそうだぞ。もとの文の Does は進行形では使わない，ってことだな。疑問文の進行形だから，be 動詞を主語の前に出して……

<u>Ans.</u> (3)　**Is Mary speaking Japanese?**
　　　 — **Yes, she is.**
　　　（メアリーは日本語を話しているところですか？
　　　　— はい，そうです。）
なんだ，できるじゃんオレ！　進行形ラクショー!!」

　よし，いいぞ。2人ともよくできた。〈be 動詞＋〜ing 形〉の文，つまり現在進行形の文で do や does を使う間違いをする人はとても多い。「do や does は進行形では使わない！　進行形は be 動詞の文だ！」というのをしっかり頭に入れておこう。

　さて，今やった通り，書きかえ問題では，もとの文にあった語をなんでもぜんぶ使おうとする必要はない。もとの文の語にこだわりすぎずに，**新たに作る文の作りを考える**のが大切だ。

　「わからなくて困ったときは，もとの文から大事そうな語を選んで，なんとなくそれらしく並べちゃったりしてたな……。」

　そうだろう？　そんな感じで作ったんだろうなぁっていう，間違いの文を本当によく見るよ。そういう**「なんとなくの答え」**じゃなく，自分で考えた**「自分の答え」**を書くには，文の作りをちゃんと覚えて自分のモノにすることだ。なーに，間違えたら「次こそは！」って頑張ればいい。どんな問題でもそうだぞ。**自分でちゃんと考えて答えを出して，合っていたら「嬉しい！」，間違えたら「くやしい！」って思えるように勉強しよう。**

　「それにはやっぱり，覚えるべきことは覚えなきゃいけませんね。」

　それはそうだね。それを最初から面倒がって何もしなかったらどうにもならない。でもいったけど，**覚えて使おうとする気持ち・姿勢はどうしても必要**なんだ。でも，なんでもいっぺんにぜんぶなんて覚えられないし，覚える必要もない。**覚えて使おうと頑張って，間違えながら少しずつ直して覚えていけばいい。**だんだんコツもつかめてくるさ。わからないことがあったら学校ででも塾ででも，先生に質問すればいいじゃないか。何度もいうが英語は……。

 「『習って，慣れよ！』，でしょ？」

わかってきたねー，ケンタくん。その通りだよ！

✔**CHECK 29**　　　　　　　　　　　➡ 解答は別冊 p.36

次の文を進行形の文にしなさい。

(1) I go to school.
(2) My father doesn't write a letter.
(3) Do they run to the park ？ － No, they don't.

ココで出てきた覚えなきゃいけない単語・熟語	
つづり	意味
スウィム swim	泳ぐ
スィット sit	座る
ゲット get	〜を手に入れる，受けとる
カット cut	〜を切る
リヴァ river	川

8-2 現在形と現在進行形

現在形と現在進行形，違いを理解してしっかり使い分けられるようにしよう。

いきなりだけどケンタくん，例題を出すからやってみて。

 Ex. 次の文を日本語にしなさい。

(1) I study English. （現在形の文）
(2) I am studying English now. （現在進行形の文）

 「はい。(1)は現在形で，(2)は現在進行形か。それくらいは，もうわかるぞ。

Ans. (1) **私は英語を勉強します。**

(2) **私は今，英語を勉強しているところです。**

今さら簡単すぎる。まさか何か"引っかけ"があるんですか？」

"引っかけ"はないけど，少しつっこませてもらうよ。(2)は現在進行形だから「今しているところ」だよね？ これはわかりやすい。じゃあ(1)はどんな意味？

 「英語を勉強します，でいいんですよね？」

日本語の訳はそれでいい。答えてほしいのは日本語の訳じゃなくて，意味だ。どんなときに，どんな状態のときに使う？

8章

「え，意味ですか？　『英語を勉強します。』って……，あれ？『これからする』みたいにも聞こえるぞ。でも現在形なんだよなぁ。今している，なら進行形だし……。なんだコレ，よくわからないぞ……。」

そうだねー。現在形が「これからする」ことを表すのはおかしいよね。でも「今勉強しているところ」なら進行形だ。じゃあ現在形が表す意味って，具体的にはいったいなんだろう？

「本当だ。考えてみたら現在形って，訳せるけどどういう状態なのか，よくわからないわ。」

そうだろう？　今まであまり深く掘り下げないで使ってきたけど，現在形というのは，実はなかなかやっかいなヤツなんだ。では，さっきの Ex. の(1)の文をこうしたらどうだろう，サクラさん。

(1)′　I study English every day.

「毎日，がついたのね。
(1)′を訳すと『私は毎日英語を勉強します。』
あ，これは『今』じゃないけど，たしかに現在のことだわ。」

「毎日」がつくとわかりやすいね。この日本語なら，勉強している最中でなくても使える。むしろ，「今勉強しているところ」ではないときの内容だ。現在形は「今」ではなくてこういう，「ふだんのこと」を表すんだ。

Point

46　現在形・現在進行形の表す意味

◎**現在形** …ふだんのこと，いつものこと

例1　I watch TV in my room.

（私は自分の部屋でテレビを見ます。）

→**ふだん**，テレビは自分の部屋で見る，ということ

◎**現在進行形** …今，していること

例2　I'm watching TV in my room now.

（私は今，自分の部屋でテレビを見ています。）

→**今**，自分の部屋でテレビを**見ているところだ**，ということ

現在形の表している意味がわかると，進行形との違いがはっきりしてくるね。**現在形は"ふだん形"とかいったほうが，わかりやすいかもね。**

「現在形って，そういう意味だったのか～。これで現在形と現在進行形の使い分けには困らないぞ。」

それじゃ，このことをふまえてもう1つ例題だ。

　次の文を英文にしなさい。

（1）私たちは毎週日曜日にその公園を掃除しています。

（2）彼は部屋で手紙を書いています。

　今度は日本語の文を英文にする問題だ。問題文はどちらも「〜していま
す」という終わりかたをしている。でもどっちもおかしくない日本語だよ。

「本当だ。こうやって問題出されたら，現在形を使うのか現在進
　　行形を使うのか，わからないよ。」

　**現在形か現在進行形かを判断するのに「〜します」「〜しているところ
です」という日本語の文字だけを頼りにしていたら，どっちにしていいか
わからない**ね。でも，意味がわかっていれば判断できるはずだよ。**ちゃん
と問題文の「日本語の意味」を理解しよう。**

「(1)は毎週日曜日だから『ふだんのこと』，現在形だわ！」

「(2)はどこを見て判断すればいいんだろう？」

　ケンタくん，答えを決めるための理由を探すんじゃなく，日本語の文を
よく読んで意味を考えてごらん。

「はい……。あ，これ文には出てこないけど『今』だ！　今書い
　　ているんだ。ということは進行形だな！」

　そう！　ね，ちゃんとわかるでしょ？　実はキミたちは大きなカン違い
をしがちなんだ。**日本語なら意味はちゃんとわかる**はずだろう？　英語に
するのが少しくらい難しいからといって，日本語をちゃんと読まなくてど
うする？　**日本語の意味もしっかりつかもうとしないで答えを出すことば
かりにあせっては，正解は出せないぞ！**

> ## コツ20 日本語を英語にするときの注意点
>
> 日本語が書いてある問題は，答えを出す「カギ」ばかり探そうとせず，
> **まずは日本語の文の意味をしっかり理解する**こと！

これはとっても大事なことだ。この問題はこのことに気づいてもらうための問題だったんだ。正解は次の通り。

Ans. (1) **We <u>clean</u> the park every Sunday.** （現在形）

(2) **He <u>is writing</u> a letter in his room.** （現在進行形）

進行形に限らず，形自体はそのうち慣れて覚えられるはずだ。それも大切なんだけど，いちばん重要なのはそこじゃない。きちんと意味を理解して使いこなすことなんだ。

☑CHECK 30

➡ 解答は別冊 p.36

次の日本文に合うように，（ ）内から適するものを選びなさい。

(1) 私はよく放課後サッカーを練習します。

I often (practice, am practicing) soccer after school.

(2) 彼は今お皿を洗っています。

He (washes, is washing) the dishes now.

8章

ココで出てきた覚えなきゃいけない単語・熟語	
つづり	意味
クリーン clean	～をきれいにする，掃除する

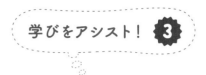

学びをアシスト！ ③

進行形にできない動詞

〈be 動詞＋〜ing〉で進行形「〜しているところです」という意味になるという話をしてきたけれど，進行形にできない動詞というのがあるんだ。

動作を表す動詞，例えば「走る」の run や「食べる」の eat などは進行形にできるんだけど，「好きである」の like や「持っている」の have，「知っている」の know，「見える」の see など，感情・心理や，状態や知覚を表すような動詞は進行形にできないんだ。

「たしかに『好きでいるところです』とか『知っているところです』とかって，ちょっとおかしいですもんね。」

そうだよね。そんな進行形にできない動詞を下にまとめておくよ。

進行形にできない動詞（感情・心理・状態・知覚を表す動詞）の例
have（持っている）, like（好きである）, love（愛している）, want（欲しがっている）, know（知っている）, live（住んでいる）, think（思う）, believe（信じている）, need（必要である）, see（見える）, understand（理解している） など

「これらの進行形にできない動詞は覚えておいたほうがいいですか？」

いや，「そういう動詞があったよな」という程度に認識しておくだけでいい。実は上に挙げたような動詞でも，例外的に進行形にできる場合があったりするし（それは高校で教わる話だから今は気にしなくてもいいよ）。

言語って完ペキにはルール化できないんだよね。そこが面白いところでもあるんだけどさ。

can

canという単語はこの章で勉強するように「～することができる」という意味の助動詞だけど，まったく同じつづりで「缶」という意味の単語でもあるって，知っていた？

「canで『缶』だなんて，冗談みたい。」

「偶然なんですか？」

偶然ならビックリだけど，実は「缶」は英語のcanに漢字を当てたもの。「缶」って外来語なんだね。長文で「缶」の意味でcanが出てくることがたまにあるぞ。注意しよう。

canを使った文

canと組み合わせる動詞は原形でいいんだけど，問題を解くときには，それがかえって間違えやすいポイントになる。気をつけよう！

　ここでは「〜することができる」という表現を勉強しよう。現在形・進行形に続く，新しい述語パターンだ。まずは形をしっかり覚えよう。

Point 47　「〜することができる」の文

◎形…〈 **主語** ＋ | **can ＋ 動詞の原形** | ＋ **〜** .〉
　　　　　　　　　述語

◎訳…「**〜することができる。**」，「**〜してもよい。**」

> **例1**　Ken **can speak** English.
> （ケンは英語を**話すことができます**。）
>
> **例2**　You **can use** this dictionary.
> （この辞書を**使ってもいいですよ**。）

「動詞はもとの形のままでいいんですね。形を変えなくていいならラクショーだな。」

　それがそうもいかないんだ。あとで **Ex.** で確認してもらうけど，それが落とし穴になることもある。ラクそうに見えて，実は気をつけなくちゃいけないポイントなんだよ。

「意味が2つあるんですね？　ぜんぜん違う意味に思えるけど。」

実は２つあるわけじゃないんだけどね。それも気をつけておきたいところだ。その２点に注意して，さっそく例題をやってみよう。

> ## Ex. 次の文を can を使った文に書きかえなさい。
>
> (1) My father drives a bus. （父はバスを運転します。）
> (2) You sit on the chair. （あなたはイスに座ります。）

現在形のふつうの文を can を使った文にする問題だよ。(1)をケンタくん，答えて。

「can を足すだけだから簡単！　can を動詞の前に置いて……
My father can drives a bus. です。」

ケンタくん，動詞の形は？　それでいいの？

「え？　だって動詞の形は変えなくていいんじゃ……。
あ！　もともとの文の動詞に s がついてた！　これ，もとの形に戻さなきゃいけないんだ。drives の s をとって……
Ans. (1) **My father <u>can</u> <u>drive</u> a bus.**」

そう。これがさっきいった落とし穴。「変えなくていい」と思いこんでいるとこういう問題は間違えてしまうぞ。 動詞は「変えなくていい」 のではなくて，「必ず原形」だということを忘れないように。

それじゃ，次の(2)をサクラさん。日本語にも訳してもらおう。

(2) You sit on the chair.

「はい。これはもともと動詞に s もついていないし，そのままね。
Ans. (2) **You <u>can</u> <u>sit</u> on the chair.**
訳すと，『あなたはイスに座ることができます。』となります。」

OK。だけど日本語が不自然じゃないか？ 「イスに座る」って，「できる」っていうような難しいことではないよね？

「あ，これが『～してもよい』ですね！ **『イスに座ってもいいですよ。』**っていってるんだ。」

その通り。「～できる」で訳しても，意味が通じないわけじゃないけど，日本語らしくしておきたい。「～してもよい」の意味で訳すと自然だね。**「～できる」は，「～しても大丈夫」という意味になることがある**んだ。

「ぜんぜん違う訳しかたが2つあったわけじゃないんですね。」

ただ規則通りに単純に日本語に直していくと，できあがった日本語がまったく意味不明でチンプンカンプンだったりすること，よくあるだろう？

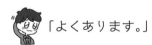「よくあります。」

　ケンタくん，これからは「意味を考えて日本語らしく訳す」ことを意識しよう。そうすることで自分自身，意味が理解しやすくなる。実はコレ，日本語に訳すときばかりではなく，物語や日記文・会話文などを読むときにもすごく役に立つんだ。いちばん点をとりにくいのが長文問題だろう？

「私も長文を読んで答える問題は苦手です。」

　英語も日本語も，人が考えや気持ちを伝え合うための道具である，「言葉」なんだということを忘れないでほしい。 形ばかりの訳をするよりも，どういう意味なのか正しくわかることのほうがずっと大切なんだよ。

コツ21 日本語に訳すときの心構え

形やルールにばかりとらわれず，「言葉」としての意味や内容を大切にしよう。

☑CHECK 31　　　　　　　➡ 解答は別冊 p.36

次の日本文に合うように，（　　）に適語を書きなさい。

(1) マイクはギターを上手に弾くことができます。
　　Mike（　　）（　　）the guitar well.
(2) テレビを見てもいいですよ。
　　You（　　）（　　）TV.

9章

ココで出てきた覚えなきゃいけない単語・熟語	
つづり	意味
ドゥライヴ drive	～を運転する
バス bus	バス

9-2 canの否定文・疑問文

2語を組み合わせる述語のパターンの否定文や疑問文は，実はいつも同じ作りかたをするんだ。

次に，can を使った文を否定文や疑問文にするルールを勉強しよう。

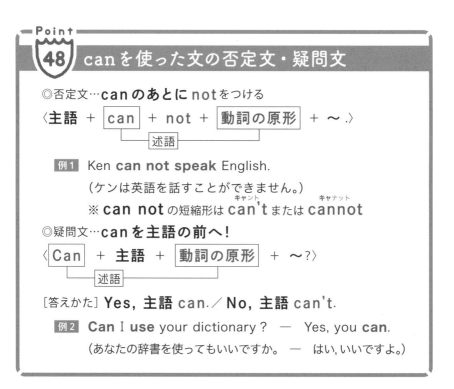

Point

48 **canを使った文の否定文・疑問文**

◎否定文…**can のあとに** not をつける

〈**主語** ＋ can ＋ not ＋ 動詞の原形 ＋ ～ .〉
　　　　　　　└─── 述語 ───┘

例1　Ken **can not speak** English.

（ケンは英語を話すことができません。）

　　※ **can not** の短縮形は can't または cannot
　　　　　　　　　　　　　　キャント　　　　　　　キャナット

◎疑問文…**can を主語の前へ！**

〈 Can ＋ **主語** ＋ 動詞の原形 ＋ ～?〉
　　└──── 述語 ────┘

[答えかた] **Yes, 主語 can.** ／ **No, 主語 can't.**

例2　**Can** I **use** your dictionary ?　—　Yes, you **can**.

（あなたの辞書を使ってもいいですか。　—　はい，いいですよ。）

組み合わせる動詞の形は原形だし，do, does を使って否定文・疑問文を作る一般動詞の現在形の文とまったく同じパターンだね。

「本当だ。do, does を can に変えただけですね。」

だから形としては覚えやすいと思うよ。例題で練習していこう。

Ex. 次の日本文に合うように，（　）に適語を書きなさい。

(1) 私の弟は，自転車に乗れません。
My brother （　）（　）a bike.

(2) トムは漢字が読めますか？　－　いいえ，読めません。
（　）Tom （　）*kanji*？　－　No, （　）（　）.

(3) このケーキ，食べてもいいですか？　－　ええ，どうぞ。
（　）I （　）this cake？　－　Sure.

ノーヒントでいくぞ。(1)をケンタくん，答えて。

 「はい。『〜できない』だから can と not だ。
My brother （ can ）（ not ）a bike. ですね？」

ケンタくん，（　）の後ろ確認した？　can は必ず何かと組み合わせて使うんじゃなかった？

 「後ろ？　あ，動詞の『〜に乗る』がない！」

（　）に入るものばかり気にしていたらダメだぞ。

9
章

コツ22 穴埋め問題に答えるときの注意点

穴埋め問題は，（　）内に入る語だけでなく，前後とのつながりを考え，答えを入れたら**文全体がルールを守って**いるかを確認する。

気をつけようね。動詞の「〜に乗る」は，ride を使うよ。

「はい。ということは，（　　）が２つしかないから短縮形を使って

Ans. (1)　My brother (**can't**) (**ride**) a bike.

『これだ！』って思うとすぐ書いちゃうからな。気をつけなきゃ。」

考えてみればわかることを間違えたらもったいないもんね。今までも，さんざん「〈主語＋述語〉に注意しろ！」っていってきたでしょ。注意しておかないと，今みたいに穴埋め問題で短縮形を使わずに，動詞のない文を作ってしまったりするぞ。これから気をつけていこう。

あと，〈can＋not〉は２通りの短縮形があることを，改めていっておくよ。can't でもいいし cannot で１語にしてもいいぞ。会話ではふつう，この短縮形が使われるよ。

それじゃ，(2)をサクラさん。

　　(2)　トムは漢字が読めますか？　―　いいえ，読めません。
　　　　（　　）Tom（　　）*kanji*？　―　No,（　　）（　　）.

「はい。今度は疑問文だから can を前に出して

Ans. (2)　(**Can**) Tom (**read**) *kanji*？　―　No, (**he**) (**can't**).」

　正解。疑問文では，**クエスチョンマークと，答えの文の主語を代名詞に変えるのを忘れないように**ね。

　最後(3)をケンタくん。

(3)　このケーキ，食べてもいいですか？ ― ええどうぞ。
　　　(　　)I(　　) this cake？ ― Sure.

「はい。これも疑問文だ。
　Ans. (3)　(**Can**)I(**eat**) this cake？ ― Sure.
　あれ，答えの Sure. って，なんだ？」

　Can I 〜？の文は「〜してもいいですか？」ってたずねる文だから「ええ，いいですよ。」と答えるとき，**Sure.** や，**Of course.**(もちろん。)や，**OK.** などの表現を使うことがよくある。Yes, you can. とふつうに答えることもできるよ。

　それから，「食べる」を表す語は eat のほかに，have を使ってもいいよ。

　ここでは〈**Can I＋動詞の原形〜？**〉で「**〜してもいいですか？**」という表現を習ったね。あとで can 以外の助動詞を習うんだけど，そうしたら会話表現はもっと増えるぞ。

「げげっ，覚えることが増えますね。」

　1 つひとつこなしていけば大丈夫だよ。覚悟するんだったろう？

「はい，頑張ります。」

9
章

☑CHECK 32

➡ 解答は別冊 p.36

次の日本文に合うように，（　　）に適語を書きなさい。

（1）私は，上手に泳げません。

I（　　）（　　）well.

（2）窓を開けてもいいですか？ ― もちろん，いいですよ。

（　　）I（　　）the window？ ― Of course.

ココで出てきた覚えなきゃいけない単語・熟語	
つづり	意味
ケイク cake	ケーキ
シュア sure	いいとも，もちろん，たしかに
ライド ride	（馬・自転車など）に乗る
オヴコース, オフコース of course	もちろん，当然

There is / are 〜. の文

この章では「There is / are 〜. の構文」を
勉強するぞ。

　「先生，よく聞くけど『構文』ってな
んですか？」

構文というのは決まった文の作りのこと。
文字通り「文の構え」ってことだ。中でも，
その文の作りの形を覚えて単語をあてはめ
るように使うものを指すよ。

　「それなら難しいこと考えなくてす
みそうだな。よーし，頑張るぞ！」

10-1 「〜がいる・ある」の文

There is / are 〜．の構文は，実は特別な倒置構文。倒置構文は高校で勉強する内容だ。
ただ，そんなこと知らなくても，難しい構文ではないので恐れることはないぞ。

　ここでは，be 動詞の章で勉強した「〜がいる・ある」という意味を表す文の発展形を勉強しよう。まずは基本の復習だ。

> **例**　<u>My mother</u> **is** <u>in the kitchen.</u>
> 　　　　主語　　　述語　場所を表す語「〜に」
> 　（私の母は，台所に**います**。）

　be 動詞を使ったふつうの文だ。**後ろに場所を表す修飾語があると be 動詞は「〜がいる・ある」という意味になる**んだったね。ちゃんと覚えているかアヤシイと思う人は を復習しよう。

「もう大丈夫ですよ！　たぶん……。」

　本当に大丈夫？　前のことがアヤシイのに無理に進むと「ワケワカンナイ」が積み重なるだけだ。特にここまで勉強してきたのは英語の土台ともいえる大事なところ。せっかく自分のペースで進められる勉強のしかたをしているんだから，不安があったら何度でも復習するといいよ。

「なんとなく私も不安になってきたな。」

　あれ，サクラさん。「なんとなく」って，具体的にはどの部分が自信ないの？　ここまでいい感じに進んでいると思うけど。

「どこ，っていうわけじゃないんですけど……。なんとなく。」

　それ，よくないなー。そういう人，多いんだよね〜。たぶん，「テスト
をしたら，どこかしら間違えてしまうだろう」みたいな感じでしょ？　「完
ペキではない」みたいな。でも，そんなの当たり前じゃない？　いきなり
ノーミス100点満点パーフェクトじゃなきゃいけないの？　違うで
しょ？

「はーい，オレは無理で〜す。」

　おいおい，最初から「ダメだ」と決めつけるのもよくないぞ。それは「ヤ
ル気がない」のと同じだ。

「じゃーどうすればいいんですか？」

　大事なのは「できるかどうか，間違えないかどうか」，じゃないんだ。
**自分が納得して「なるほど」と思えていれば，自信をもって自分なりの答
えが書ける。**前にもいったよね？　「合っていたら嬉しい，間違えていた
らくやしいと思える答えを書こう」って。

「それなら間違えてもいい，ってことですか？」

　そうだよ，その通り！　だから，**「もう絶対に間違えない」**という完ペ
キな状態じゃなくても，**「なんとなく不安だなぁ」**なんて思う必要はない。
そりゃ最初から問題に正しく答えられるに越したことはないけど，間違い
から学ぶ姿勢さえあれば，間違いはイケナイことじゃないんだ！

10
章

コツ23　間違いを恐れるな！

勉強は **点をとるためではなく，自信をもつためにするもの。** 自分なりに納得し，自信をもって答えを書き，間違えたら直せばいい。そうすれば **「間違い」は，どこを直せばいいのかを教えてくれる先生** となる。

　実は，間違えないことより，間違えたときどうするかのほうがずっと大事なんだよ。ところでケンタくん，間違えているとわかったらすぐ消しゴムで消したくなるだろう？

「うわ，先生いつ見てたんですか？　ソッコーで消してました。」

　多くの人がそう。恥ずかしいのかな？　なかったことにしたくなっちゃうんだろうね。なんてもったいないことをするんだろうと思うよ。間違いは絶対に消したりしちゃダメ。間違いが残っているノートは，キミだけの宝物だ。これからは間違えたら，「どこをなぜ間違っていたのか」を，あとからよく見直してみようね。

「はーい。」

　よし，それじゃ本題に戻ろう。「〜がいる・ある」の文には，今まで学んできた文とは違う形をしたものがあるんだ。述語に使うのは同じ be 動詞だけど，文の作りが変わっている。比べてまとめるからしっかり覚えよう。

Point

49 「〜がいる・ある」の文

◎**主語が特定できる**（どれ・誰なのかはっきりしている）**とき**

⟶ 人名，代名詞，the や所有格などがついているものが**主語**

⟨**主語** + ┃be動詞┃ + **〜** + ［**場所を表す語（のカタマリ）**］.⟩
　　　　　　述語

例1　My brother and sister ┃are┃ at home today.
　　　　　　主語　　　　　　　述語　場所を表す語

（今日，私の兄と姉は家にいます。）

◎**主語が不特定**（どれ・誰なのかはっきりしていない）**のとき**

⟶ **a（an）〜，some 〜**などがつく語が**主語の**ことが多い

⟨There + ┃be動詞┃ + **主語** +
　ゼァ　　　　　述語

　　　　　　〜 + ［**場所を表す語（のカタマリ）**］.⟩

例2　There ┃is┃ a ball under the table.
　　　　　述語　主語　　　場所を表す語

（テーブルの下にボールがあります。）

例3　There ┃are┃ a lot of people in the park.
　　　　　述語　　　主語　　　　場所を表す語

（公園にたくさんの人がいます。）

「２つめの『主語が不特定のとき』の文は，主語がいつもと違う
位置にありますね。」

　それがポイントだ。とりあえず There がアタマにあって，**be動詞は後
ろにある主語に合わせて変わっている**んだ。上の例文でも a ball のときは
単数だから is，a lot of people のときは**複数だから are** になっているね。

「あれ，『たくさんの』の a lot of がついているのに後ろの名詞
の people が複数形になっていないですよ。」

　この people っていう単語は，コレ自体が複数の「人々」を表している
からこれで合っているんだ。（×）peoples っていう単語はないから気をつ
けよう。

「本当に be 動詞の後ろの語が主語なんですね〜。」

　そう。変わってるだろう？　**be 動詞の後ろに主語があって，そのあと
に場所を表す修飾語がくる**んだ。

　それともう１つ大事なのが，今まで使ってきた「〜がいる・ある」の文
との使い分け。特定・不特定の区別は名詞の使いかたのところで勉強した
ね。主語になる名詞が「どれなのか，誰なのかがはっきりしているかどう
か」で使う文の形が違うんだ。例題で確認しておこう。

 次の日本文を英文にしなさい。

(1)　私のかばんは机の上にあります。
(2)　机の上にかばんがあります。

　(1)は**「私の」とはっきりどれとわかるかばん**，(2)は**ただ「かばんと
いうもの」**が主語になっているぞ。かばんはどちらも単数形でいこう。ケ
ンタくん，比べながら両方とも答えてくれ。

「なるほどー，こういう違いなのか。『〜の上に』は on だから

Ans. (1)　**My bag is on the desk.**
　　　　　　特定のモノ

(2)　**There is a bag on the desk.**」
　　　　　　　　　不特定のモノ

そう。「誰」を示す語や，「誰の・どの」がついた特定できるモノは主語として文頭に置かれ，特定されていないモノは〈There is / are ○○〉の○○として使われるんだ。これでもう使い分けられるね。

『〜がいる・ある』の
2つの表現の使い分け

I, we, you, he, she,
it, they, Ken, my bag,
the pen など
特定できるモノ が主語

⇓

〈主語＋be動詞〉の文

a man, some pens,
three balls,
a lot of people など
不特定のモノ が主語

⇓

〈There + is/are + 主語〉の文

☑CHECK 33

➡ 解答は別冊 p.36

次の日本文に合うように，（　　）に適語を書きなさい。

(1) テーブルの上にカップが1つあります。
（　）（　）a cup on the table.
(2) 教室には何人かの生徒がいます。
（　）（　）some students in the classroom.
(3) トムはドアのところにいます。
（　）（　）at the door.

10
章

ココで出てきた覚えなきゃいけない単語・熟語	
つづり	意味
ア ラット (オ)ヴ a lot of 〜	たくさんの〜

10-2 There is / are 〜 . の否定文・疑問文

構文は決まった文の作り，骨組みを覚えて使うもの。否定文・疑問文の形もしっかり覚えよう。

次は, There is / are 〜 . の文を否定文や疑問文にするルールを勉強しよう。

Point

50 There is / are 〜 . の否定文・疑問文

◎否定文…**be動詞のあとにnotをつける**
〈**There is(are) not ＋ 主語 ＋**
〜 ＋［場所を表す語（のカタマリ）］.〉

例1 There is **not** a ball on the table.
（テーブルの上にボールはありません。）

例2 There **aren't** any chairs in this room.
（この部屋にはイスが１つもない。）

◎疑問文…**be動詞をthereの前へ！**
〈 **Is(Are)** there ＋ 主語 ＋
〜 ＋［場所を表す語（のカタマリ）］?〉

［答えかた］**Yes, there is(are).／No, there is(are) not.**

例3 **Is** there a library near here？ — Yes, **there is.**
（この近くに図書館はありますか？ — はい，あります。）

例4 **Are** there any boys in the park？
（公園には男の子がいますか？）
— Yes, **there are.** / No, **there aren't.**
（はい，います。/ いいえ，いません。）

「否定文は be 動詞の後ろに not だから，ふつうの be 動詞の文とまったく同じね。」

「疑問文は be 動詞を，主語を放っておいて there の前に出すんだ。今までのルールからしたらメチャクチャだな。」

そうだね。でも there は本来の主語の位置にあるわけだから，形だけで見たら今までと同じように疑問文が作れるよ。特別な構文だから，**there は主語じゃないけど形だけは主語のように扱うことにして，疑問文の作りかたを簡単にしてくれた**んだよ，きっと。

ただ，本当の主語は後ろにあるから be 動詞を選ぶときは気をつけないとね。それじゃ，例題で確認しておこう。

Ex. 次の日本文に合うように，（　　）に適語を書きなさい。

(1) 私の家の近くに病院はありません。

（　　）（　　）a hospital near my house.

(2) あなたの町には公園がいくつかありますか？

－　いいえ，ありません。

（　　）（　　）any parks in your town？

－　No,（　　）（　　）.

(1)の否定文のほうをサクラさん，答えて。

「はい。主語は後ろの a hospital だから，be 動詞は is ね。

Ans. (1)（**There**）（**isn't**）a hospital near my house.」

正解。主語に合わせて be 動詞の形を正しく決めよう。次に(2)をケンタくん，疑問文だぞ。

10
章

「はい。be動詞を there の前，だな。主語は any parks で，複数形だから are を使うんだ。

Ans. (2) （**Are**）（**there**）any parks in your town ?
　　　　— No, （**there**）（**aren't**）.

でも，any ってなんだろう。いくつか，っていう意味？」

OK，正解だ。主語が there is（are）のあとにあることさえ気をつければ，文の作りは難しくないだろう？　しっかり覚えよう。それと any はちょっと注意したい語だから，次の $\frac{10}{3}$ で関連するものとまとめて説明するよ。

☑CHECK 34

➡ 解答は別冊 p.37

次の日本文に合うように，（　　）に適語を書きなさい。

(1) テーブルの上にカップはありません。
　　（　　）（　　）a cup on the table.

(2) 教室には何人か生徒がいますか？　—　はい，います。
　　（　　）（　　）any students in the classroom ?
　　— Yes, （　　）（　　）.

(3) あの箱の中にはボールが入っていますか？
　　—　いいえ，入っていません。
　　（　　）（　　）any balls in that box ?
　　— No, （　　）（　　）.

ココで出てきた覚えなきゃいけない単語・熟語	
つづり	意味
ハスピトゥル hospital	病院
タウン town	町

10-3 some ～, any ～, no ～

「～がいる・ある」という意味の There is（are）～. の構文でよく使われる語句をまとめるよ。

　　There is / are～. の文でよく使う語句には，で出てきた疑問文で使う any など，気をつけなきゃいけないものがあるので，まとめて勉強しよう。「～がいる・ある」の文だけじゃなく，いろんな文で使われるものだからしっかり覚えておこう。

━Point━

51 some ～, any ～, no ～

some ～:肯定文（否定文でも，疑問文でもない文）で，「**いくつかの～**」

例1　There are **some books** in my bag.
　　　（私のかばんの中には本が**何冊か**入っています。）

any ～:否定文で，「**まったく（1つも）～ない**」
　　　　　疑問文で，「**いくつか（1つも）～?**」

例2　There aren't **any oranges** on the table.
　　　（テーブルの上にオレンジは**1つもありません。**）

例3　Are there **any boys** in the park?
　　　（公園には男の子が**（何人か）**いますか?）

no ～=not any ～「まったく（1つも）～ない」

例4　There are **no houses** near the lake.
　　　=There are**n't any houses** near the lake.
　　　（その湖の近くには**家がまったくありません。**）

10
章

「先生，『いくつかの〜』っていくつくらいですか？」

　それがはっきりしないんだ。というより，はっきりしないから「いくつかの〜」，なんだよ。**some は，はっきりしないけどいくつかは「ある」ってことを表している。**複数なのはたしかだから日本語に訳すなら「いくつか」にするしかないんだけど，はっきりと訳さない場合もある。だって，はっきりしないものなんだからね。日本語に some にあてはまるちょうどいい言葉もないし。

「それを否定文にしたのが『まったく（１つも）〜ない』の any なんですね？」

　そう。これははっきりしている。**否定文の any は，はっきりと「ない」，**だ。「ある」場合，数はいろいろだけど，「ない」場合は必ず０（ゼロ）だからね。そして，**「ある」のか「ない」のか，どっちなのかをたずねるのが疑問文の any** なんだ。

「なるほど〜。そういうことなんだ。覚えやすくなったぞ。」

　もう１つ，no について説明しておこう。今までは疑問文の答えとして「いいえ」という意味で使ってきたけど，**ここでは名詞の前につけて使う。**
　否定文のときの any と同じ「まったく（１つも）〜ない」という意味で，　書きかえの問題によく出るぞ。〈not ＋ any ○○〉＝〈no ○○〉 だ。　**no があるだけで否定文になるから，no の文にさらに not をつけて二重に否定文にしないようにね。**
　それじゃ，There is（are）〜．の文の復習もかねて例題にいってみよう。

次のそれぞれの文を①否定文，②疑問文に直しなさい。

(1) There are some apples in the basket.
（そのかごにはリンゴがいくつか入っています。）

(2) There are some people by the tree.
（その木のそばには何人か人がいます。）

　(1)も(2)も，some を使った「いくつかはある」という肯定文だね。これを否定文では「1つもない(1人もいない)」という意味に，疑問文では「あるのかないのか(いるのかいないのか)」とたずねる文にする，ということだ。それじゃ(1)をサクラさん。否定文は no を使おう。

　「はい。no を使うのだから not はいらない。たずねるのは any を使って疑問文にすればいいのだから

Ans. (1)　① **There are no apples in the basket.**
　　　　（そのかごにはリンゴが1つも入っていません。）

　　　② **Are there any apples in the basket ?**
　　　　（そのかごにはリンゴがいくつか入っていますか？）」

　よくできました。①は no を使わないとするとこうなるよ。

　　① There are not any apples in the basket.

　次，(2)をケンタくん。否定文は not any ～ を使おう。

　「はい。否定文は be 動詞の後ろに not で，some を any にかえて，疑問文は be 動詞を there の前に出すから

Ans. (2)　① **There aren't any people by the tree.**
　　　　（その木のそばには誰もいません。）

　　　② **Are there any people by the tree ?**
　　　　（その木のそばには何人か人がいますか？）」

10
章

よし，OK。①を no を使って答えるとするとこうなるぞ。

　　① There are <u>no people</u> by the tree.

　注意しておくけど，今は some，any，no の使いかただけに注目して練習したから簡単にできたはず。だけどいろんな問題に交じって出題されたら，とたんに忘れて，間違えやすくなるぞ。それに最初にいった通り，There is / are 〜．の文だけでなく，いろいろな場面で some や any や no は使われるからね。気をつけよう。

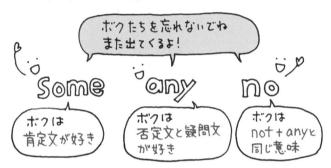

➡ 解答は別冊 p.37

☑CHECK 35

次の日本文に合うように，（　　）に適語を書きなさい。

（1）テーブルの上にいくつかカップがあります。
　　（　　）（　　）（　　）cups on the table.
（2）教室には1人も生徒がいません。
　　（　　）（　　）（　　）students in the classroom.
（3）あの箱の中にはリンゴが入っていますか？
　　（　　）（　　）（　　）apples in that box ?

| ココで出てきた覚えなきゃいけない単語・熟語 ||
つづり	意味
オ(ー)レンヂ orange	オレンジ
レイク lake	湖
アプル apple	リンゴ
バスケット basket	かご，バスケット

過去を表す文

これまでの述語はすべて「現在」で，ふだんのことや，今している最中のことを表すものだった。ここでは「現在」より前の「過去」を表す表現を勉強するぞ。

「過去っていうと，日本語だと『〜しました』ですね。」

「『〜でした』とかね。」

ここまで勉強してきたことがちゃんと身についていれば，述語の形が少し違うだけだから簡単だよ。逆にいえば，現在形の理解がアヤシければヤバイってことだ。不安なら現在形を復習しようね。

過去形の形

時制（現在，過去，未来）の違いは述語の形で表すよ。現在と過去は一般動詞・be
動詞ともに文の作りはまったく変わらないから，過去形の形・過去を表す語句を覚えて
しまえば簡単だ。

　ここでは過去を表す表現を勉強するよ。**述語である"動詞"が"過去形"
になると過去の文ということ**なんだけど，まずは一般動詞の過去形の作り
かたのルールをまとめよう。

Point 52　規則変化動詞の過去形の作りかた

◎**規則変化動詞は語尾に-(e)dをつける**

	どういう動詞？	-edのつけかた	例
❶	下の❷,❸,❹以外のたいていの動詞	-ed をつける	played, walked　　など
❷	〈-e〉で終わる動詞	-d をつける	liked, arrived, used, lived　　など
❸	〈子音字+y〉で終わる動詞	動詞の最後のyをiに変えて-edをつける	stu<u>dy</u>→studied c<u>ry</u>→cried car<u>ry</u>→carried t<u>ry</u>→tried　　など
❹	〈アクセントのある短母音+子音字〉で終わる動詞	動詞の**最後の子音字を重ねて**(1つ増やして)-edをつける	st<u>op</u>→stopped (dr<u>op</u>→dropped) (h<u>op</u>→hopped)

❸の「最後の y を i に変えて -ed をつける」には注意しよう。**現在形で -（e）s をつけるときと同じように, y の前が母音字（a, i, u, e, o）なら変えない**からね。

「played がそうですね。」

そう。**y の前の文字を確認すること。**それと❹の子音字を重ねるものは〜ing のときと同じなんだけど, 過去形の場合, そういう語の多くはあとに出てくる不規則変化になってしまうから, この形はすごく少ないんだ。**これだけは今すぐ覚えよう, という動詞は stop（止まる, 〜を止める） → stopped くらい**だね。

それに, 過去形は現在形のように主語によって変える必要がない。**主語が何であっても形はいつも同じ**だ。

「主語の人称とか, 単数・複数とか考えなくてもいいんだ！」

そう。だから文を作るには現在形より過去形のほうがずっとラクだよ。くわしくは 11-2 で勉強するからね。それじゃ次に -ed の発音をまとめておこう。

=Point=
53 規則変化動詞の過去形の-edの発音

	〈-ed〉の発音	例	どういうとき？
❶	「ド」という にごる音	played, lived, studied, arrived, used, opened, cried　　　　など	-(e)dをつける前の動詞が**母音**（アイウエオ）や**濁音**などで**終わるとき**
❷	「ト」という にごらない音	liked, practiced, talked, walked, washed, watched, stopped　　　など	-(e)dをつける前の動詞が「**声**」ではなくて「**息**」をふき**出すような音**（ク、ス、チ、プなど）**で終わるとき**
❸	「ィド」という 小さいイが入る音	wanted（～が欲しい）, needed（～が必要だ）, visited（～を訪れる）, waited（待つ）　　など	-(e)dをつける前の動詞が「**ド**」か「**ト**」で**終わるとき**（そのまま同じ音を続けられないので小さい「イ」が入る）

※本来，英語の発音をカタカナで表すのは不適切ですが，理解しやすくするためにカタカナを用いています。

　どの音になるかの考えかたは，現在形の-(e)sの発音と同じで「発音しやすい同系列の音になる」だけど，現在形よりはっきりしているしわかりやすい。**ルールを覚えるより，例を実際に発音しながら書いていったほうが，練習しているうちにコツがつかめる**はずだよ。

「そんなに不安に思うことはないってことですね。」

　そう。だんだん慣れて覚えていけばいい。よく間違えるものは決まって
くるしね。問題は次の不規則変化する動詞だ。現在形で不規則変化するも
のは be 動詞(am，are，is)と，3 人称単数の have → has だけだったけど，
過去形はたくさんある。しっかり覚えてもらうぞ。

不規則変化動詞の過去形

◎不規則変化動詞の例

意味	原形	過去形	意味	原形	過去形
～である いる・ある	ビー be	ウォズ was ワァ were	～を作る	メイク make	メイド made
			～を見る	スィー see	ソー saw
～を買う	バイ buy	ボート bought	～を歌う	スィング sing	サング sang
来る	カム come	ケイム came	座る	スィット sit	サット sat
～を切る	カット cut	カット cut	～を話す	スピーク speak	スポウク spoke
～をする	ドゥ do	ディド did	泳ぐ	スウィム swim	スワム swam
～を食べる	イート eat	エイト ate	～を読む	リード read [ri:d]	レッド read [red]
～を見つける	ファインド find	ファウンド found			
～を得る	ゲット get	ガット got	～に乗る	ライド ride	ロウド rode
～を与える	ギヴ give	ゲイヴ gave	走る	ラン run	ラン ran
行く	ゴウ go	ウェント went	～をとる	テイク take	トゥック took
～を持っている	ハヴ have	ハド had	～を教える	ティーチ teach	トート taught
～を知っている	ノウ know	ニュー knew	～を話す	テル tell	トウルド told
～を去る	リーヴ leave	レフト left	～を書く	ライト write	ロウト wrote

ほかにもいろいろあるぞ。教科書の後ろにもまとまってのっているね。**不規則な変化だけど，変わりかたが同じだったり似ていたりするものもある。**なんでもそうだけど，あわてて，ぜんぶを覚えようとせず，問題などで出てきたものから順に覚えるようにしよう。それと，意味もここではすべては挙げられないから，どれも代表的なものだけにしたよ。ほかの訳しかたもあるから注意しよう。

「原形のままのものや，まったく違う形をしているものもあるんですね。」

そうだね。同じ形をしているものはつづりは覚えなくていいけど，「同じだ」ということは覚えなきゃいけない。read のように，同じ形だけど原形では「リード」，過去形では「レッド」と発音だけ変わるものもある。be 動詞は現在形でも不規則変化をしていたし，もともと特別な動詞だからすぐ覚えられると思うけど，go の過去形 went なんて，原形からは想像できない変わりようだ。want と似てるからそれで間違える人も多いよ。ケンタくん，間違えたことあるだろう？

「う，ばれてる……。」

最初はよくやっちゃう間違いだよ。気をつけようね。それじゃ，例題で確認しよう。

Ex. 次の動詞の過去形を書きなさい。

(1) play　(2) stop　(3) use　(4) cry
(5) have　(6) write　(7) speak　(8) know

　(1)〜(4)は規則変化動詞，(5)〜(8)は不規則変化動詞だよ。まずは規則変化動詞の -ed のつけかたを確認しよう。サクラさん，(1)〜(4)をやってみて。

「はい。play は y で終わっているケド y の前が母音だからそのまま -ed，stop は最後の文字を重ねる語だわ。use は e で終わる語，cry は今度こそ y の前が母音じゃないから i に変えて

Ans. (1) **play**ed　(2) **stopp**ed　(3) **us**ed　(4) **cri**ed」

　さすがサクラさん。**重ねるのはとりあえず stop，あとは y・e で終わる動詞に気をつけるようにして，間違えたらそれを順に覚えていく。**最初はそんな感じでいい。あわてずに 1 つずつ覚えていこう。

　それじゃケンタくん，残りの不規則変化動詞のほうを調べながらでいいから，答えてごらん。答えながら覚えていくつもりでね。

「はい。覚えていくつもりで，か。

Ans. (5) **had**　(6) **wrote**　(7) **spoke**　(8) **knew**

こうやるのか。その気で答えると身についていく気がするな。」

　いいかい，これも大事なこと。宿題なんかでわからないものを調べて答えるのはダメじゃない。でも，**一度書いたことが少なくとも一度書いた分だけの勉強になるように！　気持ちだけはその一度で覚えてしまうつもりで書こう!!**　覚える気もなくただ見て写すだけじゃ，いつまでたっても覚えられないぞ。覚えることはたくさんあるから，やったことはほんの少しもムダにしないようね！

「ふだんから，意識をして勉強するっていうことですね。」

「『あとでやればいい』って思ってもだいたいやらないから，そのときにちゃんとやるようにします。」

☑CHECK 36

➡ 解答は別冊 p.37

次の動詞の過去形を書きなさい。

(1) visit　(2) study　(3) live　(4) try
(5) read　(6) see　(7) eat　(8) come

ココで出てきた覚えなきゃいけない単語・熟語	
つづり	意味
キャリィ carry	～を運ぶ，持っていく
トゥライ try	～を試みる，努力する
スタップ stop	～を止める，やめる，止まる
ヴィズィト visit	～を訪れる，訪問する
ウェイト　フォ wait (for ～)	(～を)待つ

一般動詞の過去の文

過去形を使った文も，作りは現在形の文とまったく同じ。難しいことはな〜んもない！

次は過去形の文中での使いかたを練習しよう。まずは一般動詞の文だ。

―Point― 55 過去を表す文　一般動詞編

◎**肯定文（ふつうの文）**

〈**主語 ＋ 述語（過去形） ＋ 〜.**〉

例1 They **played** tennis in the park **yesterday**.
　　　　主語　　　　述語

（彼らは昨日，公園でテニスをしました。）

◎**否定文**

did not（短縮形：**didn't**）**を動詞の前に置き，動詞を原形**にする。

例2 They **didn't play** tennis in the park **then**.

（彼らはそのとき，公園でテニスをしませんでした。）

◎**疑問文**

did を主語の前に置き，動詞を原形にし，？をつける。

例3 **Did** they **play** tennis in the park **last week**？

（彼らは先週，公園でテニスをしましたか？）

— Yes, they **did**. ／ No, they **didn't**.

（はい，しました。／いいえ，しませんでした。）

⟹ **do，does を did にするだけ**で，作りは現在形と同じ！

◎**過去を表す語句の例**

yesterday（昨日），**then＝at that time**（そのとき），**last 〜**（この前の〜），**〜 ago**（〜前）など

| 現在形→過去形は do/does → did とするだけ |で，〈主語＋述語＋〜.〉という文の作りや，疑問文・否定文の作りかたは，今までとまったく同じ。これで「簡単じゃない」と思うなら現在形からやり直しだぞ。

「これなら動詞の過去形をちゃんと覚えさえすれば大丈夫だ！」

「過去を表す語句も早めに覚えてしまえば，怖いものなしね。」

　よし，大丈夫だね。くり返すけど，不安があれば戻って復習だぞ。現在形がOKなら過去形はラクショーなんだから。それじゃ，例題で練習だ。

Ex. 次の英文を，（　　）内の語を加えて，現在形の文は過去形の文に，過去形の文は現在形の文に直しなさい。

(1) I eat lunch.（an hour ago）
(2) He doesn't watch TV.（last night）
(3) Do you walk to school?（yesterday）
　　 — Yes, I do.
(4) Bob lived in Tokyo.（now）

---

　(1)をケンタくん，答えて。hour は60分＝1時間の「時間」という意味。hから始まっているけどhは発音せず，母音から始まる語なのでaじゃなくて an がついている。an hour ago は1時間前，という意味になるぞ。

「はい。『1時間前に食べました。』にすればいいんだな。動詞を
過去形にして，最後に an hour ago をつけて
Ans. (1)　**I <u>ate</u> lunch an hour ago.**」

OK。eat - ate は何度か出てきているし，覚えたかな？　あと回しにしな
いで，「今覚えてしまうつもりで」だぞ。次に(2)をサクラさん。

「はい。『昨晩テレビを見ませんでした。』にするのね。否定文の
ときは didn't を使って，動詞はもともと原形だからそのままで
Ans. (2)　**He <u>didn't</u> watch TV last night.**
ホントに do/does を did にかえるだけですね！」

そうそう。肯定文（ふつうの文）は過去形を使うから気をつけなきゃいけ
ないけど，**否定文・疑問文は動詞の過去形を使う必要がない。** did にさえ
気をつけていればそれでいいんだから，ラクチンだろ？　それじゃ，(3)
をケンタくん。答えの文にも気をつけてね。

「『昨日歩いて学校に行きましたか？』っていう疑問文だ。こう
なるともう何も考えることないな。簡単すぎじゃない？
Ans. (3)　**<u>Did</u> you walk to school yesterday ?**
　　　　　 — **Yes, I <u>did</u>.**」

いいんだよ，ケンタくん。**現在形をマスターしていれば，過去形の文の
作りかたは簡単なんだ。** でも，肯定文のときに使うから過去形の -ed のつ
けかた，不規則変化動詞はしっかり覚えよう。最後，(4)をサクラさん。

「はい。この問題は今までと逆ね。過去形を現在形に戻して……。
あ，これ動詞に -s がつくわ！　主語が3人称単数だもの。
Ans. (4)　**Bob <u>lives</u> in Tokyo now.**
あぶなかった〜，-s を忘れるところだった。」

　よく気づいたねー。最初は間違える人がものすごく多いところなんだよ。新しいことを覚えるとそれまでやっていたことがおろそかになってしまって，できていたことができなくなる人が多い。

「やるなー，サクラ。オレなら絶対間違えてた……。」

　これは， コツ 2 でもいったけど，覚えてる？　**新しく学ぶ内容にばかり気をとられないよう，それまで学んできたことを忘れずに！**　いいね？

☑ **CHECK 37**　　　　　　　　　➡ 解答は別冊 p.37

次の日本文に合うように，（　　）に適語を書きなさい。

(1) 私は今朝，7時に起きました。
　　I（　　）（　　）at seven this morning.
(2) 彼は2年前，犬を飼っていませんでした。
　　He（　　）（　　）a dog two years ago.
(3) あなたがたはこの前の水曜日にトムと話しましたか？
　　－　いいえ，話していません。
　　（　　）you（　　）with Tom last Wednesday？
　　－　No,（　　）（　　）.

ココで出てきた覚えなきゃいけない単語・熟語	
つづり	意味
イェスタディ yesterday	昨日
ゼン then	そのとき
ウィーク week	週
アト ザト タイム at that time	そのとき
ラスト last 〜	この前の〜，昨〜
アゴウ 〜 ago	〜前に
アウア hour	1時間，時刻

be動詞の過去の文

be動詞の過去の文も作りは現在の文と同じだけど，do/doesを使わないから一般動詞よりもっと単純だ。

次にbe動詞の過去形の使いかたを勉強しよう。

Point

 過去を表す文　be動詞編

◎be動詞の過去形

am, is　⟶　was（ワズ）

are　　　⟶　were（ワァ）

◎文の作り

現在形と同じ！ be動詞を過去形に変えるだけ!!

肯定文 He **was** a student four years ago.

（彼は4年前，学生でした。）

否定文 Ken and I **weren't** in the same class last year.

（ケンと私は昨年，同じクラスではありませんでした。）

※ was not → wasn't（ワズント）　　were not → weren't（ワーント）

疑問文 **Were** you **making** a cake then**?**

（あなたはそのときケーキを作っているところでしたか？）

—　Yes, I **was**. ／ No, I **wasn't**.

（はい, 作っていました。／いいえ, 作っていませんでした。）

「be動詞の現在形は3つ形があったけど，過去形は2つだ。

amとisは同じ過去形になるのか。」

そうだ。まずはそれぞれの過去形をしっかり覚えてくれよ。

「疑問文の例文が進行形ですけど，過去の進行形も be 動詞を過去形にするだけでいいんですね。」

その通り。■進行形の be 動詞が過去形になれば，過去進行形だ。「〜しているところでした」という感じに訳す■よ。〜ing 形の作りかたも同じだから，よけいな説明はしないぞ。さぁ，例題で練習だ。

Ex. 次の（　）に適する be 動詞を書きなさい。

(1) He （　） in Canada ten years ago.
(2) They （　） not busy yesterday afternoon.
(3) （　） you out for lunch at that time?
　　 − Yes. I （　） eating lunch then.
(4) I （　） very busy now.
(5) It （　） fine today. Let's play tennis.

日本語訳が書いてない問題だから，どういう意味か自分で考えて答えを出さないといけないぞ。(1)をケンタくん，やってみよう。

「はい。He が主語で，最後に『10 年前』があるから過去形だな。
　　後ろに『カナダに』だから意味は『〜にいます』だ。
　　Ans. (1)　He（**was**）in Canada ten years ago.
　　『彼は 10 年前カナダにいました。』ですね。」

よし OK。「時」を表す修飾語は文の最後のほうにあることが多いね。しっかり確認して使い分けよう。次に(2)をサクラさん。

「はい。They が主語で，『昨日の午後』だから過去形で……

Ans. (2)　They（**were**）not busy yesterday afternoon.
『**彼らは昨日の午後忙しくありませんでした。**』ですね。」

正解。**yesterday afternoon** で，「**昨日の午後**」という表現は覚えておいたほうがいいぞ。それじゃ，(3)をケンタくん。

「you が主語で疑問文で，『そのとき』だから過去で，答えは『私』が主語になるから……

Ans. (3)　（**Were**）you out for lunch at that time？
　　　　― Yes. I（**was**）eating lunch then.
よし，これでいいな。でも意味がよくわからないぞ。」

そうだね，ちょっと訳しにくいかな。out は「外に」という意味。だから be out for lunch は「お昼ご飯のために外にいる→お昼ご飯を食べに出かけている」といった感じに訳すといいね。だから，「**あなたはそのとき，お昼ご飯を食べに出かけていましたか？**」となる。答えの文は過去進行形で，「**はい。そのときお昼ご飯を食べているところでした。**」でいいだろう。どんどんいこう。(4)をサクラさん。

「はい。これは now があるから現在の意味ね。

Ans. (4)　I（**am**）very busy now.
『**私は今とても忙しいです。**』となります。現在か過去かをはっきりさせれば簡単ですね。」

そうだね。どんな問題も〈**主語＋述語**〉**からの文の作りの確認**と，**現在なのか過去なのかの確認をしっかりすれば，少なくとも自分で判断ができる**状態になるはずだ。何度もいうけど，その状態で間違えるなら OK なんだからね。それじゃ最後の問題をケンタくん。

「はい。主語は It,『今日』だから現在かな。あれ，でも夜にふり返って『今日は天気がよかった。』っていってもおかしくないぞ。でも『今日』のことなんだから現在形でいいのかな？」

　もう１つの文も読んでごらん。「テニスしようよ。」って，誘ってないか？

「あ，ということは『天気がいいからテニスしよう。』っていってるんだ。ということは絶対 "今" のことだ。

　Ans. (5)　It (**is**) fine today.　Let's play tennis.」

　そうだ。ケンタくんが気づいた通り，today は過去として使われてもおかしくない。**ただ単語１つの意味だけで簡単に決めつけてしまうのではなく，全体を見渡してしっかり判断するんだぞ。**

☑CHECK 38

➡ 解答は別冊 p.37

次の（　　）に適する be動詞を書きなさい。

(1)　（　　）you at home then ?　－　Yes, I（　　）.
(2)　He（　　）doing his homework at that time.
(3)　I am Jane. What（　　）your name ?

ココで出てきた覚えなきゃいけない単語・熟語	
つづり	意味
イア year	年
セイム same	同じ
アフタヌーン afternoon	午後
アウト out	外で，外へ
ネイム name	名前

12章

未来のことを表す文

11章 の「過去」に続いて今度は「未来」だ。「来年のことをいうと鬼が笑う」なんていうけどね。

「あ，それ聞いたことある！」

明日のことさえよくわからないのに来年がどうだというなんて，おかしなことだと鬼に笑われる，という意味だね。

「オレは今のことで手いっぱいだ。」

未来を決めるのは今の頑張りだよ。さぁ，この章もはりきっていこう！

be going to 〜の文

動詞には現在形・過去形はあるけど，未来形はない。未来のことを表す文は，実は今現在における予定や予想をいう現在の文なんだ。

　この単元では未来のことを表す表現を勉強しよう。大きく分けて２つの方法があるから **12-1** と **12-2** で１つずつ学んでいこう！　未来のことを表す修飾語も早く覚えてしまおうね。

Point 57　be going to 〜 の文

◎形…〈**主語** ＋ be going to ＋ 動詞の原形 ＋ 〜．〉
　　　　　　　　　　　　　　　　述語

◎訳…「〜つもりだ。」，「〜だろう。」

基本は be 動詞の文なので，**否定文・疑問文の作りと答えかたは，be 動詞の文と同じ！**

肯定文 He **is going to visit** Tokyo next Sunday.
　　　　（彼は今度の日曜日，東京**を訪れるつもりだ。**）

否定文 I'm **not going to watch** TV tomorrow.
　　　　（私は明日，テレビ**を見ないつもりです。**）

疑問文 **Are** you **going to be** a teacher in the future？
　　　　— Yes, I **am**. / No, I'm **not**.
　　　　（あなたは将来，先生になるつもりですか？
　　　　—はい，**そのつもりです。**／いいえ，**そのつもりはありません。**）

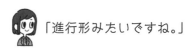「進行形みたいですね。」

　そう。これはもともと進行形なんだ。進行形には，これからすることになっている予定や，これからあることをするという意思を表す用法もあってね，それが慣用的に未来のことを表す **be going to ～** という表現になったんだ。

「否定文・疑問文は，ふつうの be 動詞の文と作りかたが同じなんでしょ？　そんなに大変じゃないじゃん。」

　そうだね。**〈be going to ＋動詞の原形〉という形と，未来を表す語句をしっかり覚えて使いかたを練習していけば大丈夫**。それじゃ，さっそく例題で練習していこう。

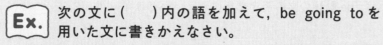

> **Ex.** 次の文に（　　）内の語を加えて，be going to を用いた文に書きかえなさい。
>
> (1)　My brother walks to school. （tomorrow morning）
> (2)　Emi doesn't play tennis. （next week）
> (3)　Do they listen to music? （this evening）
> (4)　What does Tom eat for dinner? （tonight）

　いつものように**〈主語＋述語〉をしっかり確認して，be 動詞を使い間違えないようにね**。それじゃ(1)をケンタくん。

「えーっと，主語は『兄』だから使う be 動詞は is だ。述語の walks を is going to walk にかえればいいから
Ans. (1)　**My brother is going to walk to school tomorrow morning.**
訳は『兄は明日の朝，歩いて学校に行くつもりです。』ですね！」

OK, よく walks を walk に戻せたね。原形に戻すのを忘れるのは間違えやすいところなんだよ。やるなー, ケンタくん。それじゃ, 次の(2)をサクラさん。

(2)　Emi doesn't play tennis.　(next week)

「はい。今度は否定文ね。主語は『エミ』だわ。もとは現在形だから does が使ってあったけど, be going to の文にするのだから述語は is going to play の否定文ということで……

Ans. (2)　**Emi isn't going to play tennis next week.**
訳は『**エミは来週テニスをしないつもりです。**』かな?」

正解。訳もそれで OK。does は使わなくなっちゃうね。問題文に do や does があると, 混乱する人も多いけど, be going to は be 動詞の文だから do や does は消してしまえばいい。be going to が be 動詞の文とわかっていれば, be 動詞の文の否定文を作ればいいだけだ。次, (3)をケンタくん。

(3)　Do they listen to music?　(this evening)

「はい。主語は they だから, be 動詞は are だ。述語の listen を are going to listen にかえて, 疑問文を作ればいいんだ。be 動詞の文の疑問文は『be 動詞を主語の前に』だから……

Ans. (3)　**Are they going to listen to music this evening?**
訳は『**彼らは今晩音楽を聴くつもりですか?**』でいいですか?」

バッチリだよ。be 動詞の使い分けと be 動詞の文のルール, 動詞は原形を使うことができれば be going to の文は怖くない。それに未来を表す語句を覚えてしまえば完ペキだ。

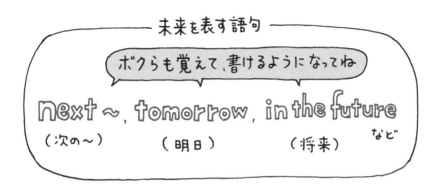

最後の(4)はちょっと応用編。サクラさん。

(4)　What does Tom eat for dinner？（tonight）

「はい。これも疑問文だけど，『何を』とたずねる疑問文だわ。大
丈夫かしら？　主語は『トム』で be 動詞は is で疑問文だから……
Ans. (4)　**What is Tom going to eat for dinner tonight？**
訳は『**トムは今晩夕食に何を食べるつもりですか？**』です。
最初に what があるだけで，ふつうの疑問文と変わらないですね。」

　そうそう。応用問題の多くはいくつかの文法事項がまざって出題されて
いるんだ。でも，１つずつをしっかり使えるようになっていたらあわてる
ことはないんだよ。見た瞬間に「うわ，難しいかも」とか思ってしまった
ら，その時点で本当に何倍か難しい問題になっちゃう。できるはずの問題
が正解できないのは，こういうことが理由になっている場合が多いから気
をつけようね。

「ビビったら負け，ってことですね。」

　ま，そういうことになるかな。**「絶対できないはずない！」くらいの強気でいたほうがいい結果につながるよ。** ただし，その強気を作るのは，ふだんの努力だからね。実は何もできないのにただ強がっていても正解は出せないし，カッコ悪いぞ。まずは自信をもつための努力を惜しまないこと！　いいね？

☑CHECK 39

➡ 解答は別冊 p.37

次の文に（　　）内の語を加えて，be going to を用いた文に書きかえなさい。

(1) Bill goes to the library.（next Friday）
(2) I don't study English.（tomorrow afternoon）
(3) Do you read this book？（today）

ココで出てきた覚えなきゃいけない単語・熟語	
つづり	意味
next 〜 ネクスト	今度の〜，次の〜
tomorrow トゥモーロウ	明日
in the future フューチァ	将来
listen to 〜 リスン	〜を聴く
evening イーヴニング	晩，夕方
tonight トゥナイト	今夜，今晩

12-2 willを使った文

willも現在における予定や予想を表す表現。実はwillは現在形で，wouldという過去形があるんだ。

　未来のことを表す文には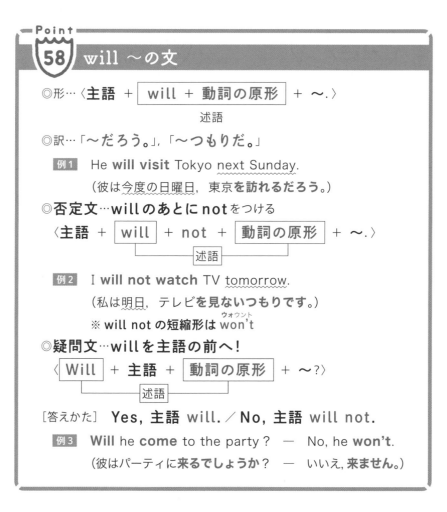の be going to 以外にも，助動詞の will を使う表現がある。さっそくルールからまとめよう。

Point 58　will ～の文

◎形…〈**主語** ＋ will ＋ 動詞の原形 ＋ ～.〉
　　　　　　　　　　　述語

◎訳…「～だろう。」,「～つもりだ。」

例1　He **will visit** Tokyo next Sunday.
　　　（彼は今度の日曜日，東京を**訪れるだろう**。）

◎**否定文**…willのあとに**not**をつける
〈**主語** ＋ will ＋ not ＋ 動詞の原形 ＋ ～.〉
　　　　　　　　　　　　述語

例2　I **will not watch** TV tomorrow.
　　　（私は明日，テレビを見ないつもりです。）
　　　※ will not の短縮形は won't（ウォウント）

◎**疑問文**…willを主語の前へ!
〈 Will ＋ **主語** ＋ 動詞の原形 ＋ ～?〉
　　　　　　　　　　　述語

[答えかた]　**Yes, 主語 will.／No, 主語 will not.**

例3　**Will** he **come** to the party?　—　No, he **won't**.
　　　（彼はパーティに**来るでしょうか**？　—　いいえ，**来ません**。）

「このルール，どっかで見たような気がするな。」

「can のときと同じだわ。」

その通り。この will という語は助動詞といって，can の仲間だよ。意味は違うけど使いかたはまるで同じだ。後ろに置く動詞が原形なのが注意点だったね。さぁ，例題で確認していこう。

> **Ex.** 次の文に（　　）内の語を加えて，will を用いた文に書きかえなさい。
>
> (1) My brother walks to school.（tomorrow morning）
> (2) Emi doesn't play tennis.（next week）
> (3) Do they listen to music？（this evening）
> (4) What does Tom eat for dinner？（tonight）

の be going to 〜の Ex. そのままだ。今のところ be going to 〜と will はまったく同じ意味を表すもの，と考えていい。どちらもまずは正しく使えるようになることだ。それじゃ(1)をサクラさん，答えて。

 「はい。walks を〈will ＋動詞の原形〉にするから……

Ans. (1)　**My brother <u>will walk</u> to school tomorrow morning.**」

よし，OK。次に(2)をケンタくん。

12
章

 「はい。現在形で使ってた doesn't はいらなくて，代わりに won't で否定文にするんだから……

Ans. (2)　**Emi <u>won't play</u> tennis next week.**

does を will にするだけだから be going to よりラクかも！」

will だと 1 語ですむし，主語による be 動詞の使い分けがないのはラクだね。気を抜いて動詞の形を間違えないように。次，(3)をサクラさん。

 「**Ans.** (3)　**<u>Will</u> they <u>listen</u> to music this evening ?**

疑問文も do/does を will にするだけですね。」

その通り。とにかく最後までやっちゃおう。(4)をケンタくん。

「疑問詞を使って『何を』ってたずねるやつだ。does じゃなくて will を使えばいいんだな。

Ans. (4)　**What <u>will</u> Tom <u>eat</u> for dinner tonight ?**

これ，めちゃくちゃ簡単だ。」

特に否定文・疑問文は do/does を will にするだけだ。実はね，現在・過去の一般動詞の文で，否定文・疑問文を作るときに使ってきた do/does/did は，can や will と同じ助動詞の仲間 なんだ。だから文の中での使いかたがまったく同じなんだよ。

「だから (2) も (3) も (4) も，do や does を will にするだけだったんだ！」

　そう。一般動詞の文は肯定文では動詞に -(e)s をつけたり，過去形にしたりしてたけど，do/does/did があるときは，動詞を原形にしてたよね。do/does/did は，否定文や疑問文のときだけ出てくる助動詞なんだ。

「こうやって，前に習ったことがつながるのは楽しいですね。」

　そうだね。出てきたことをしっかり覚えていけば，あとで新しく学ぶこととつながったりする。そこで「あー，そういうことか。」と思えたら，もう完ペキに忘れなくなる。そうやって知識って身についていくんだ。

☑CHECK 40　　　　　　　　　　　➡ 解答は別冊 p.37

次の文に（　　）内の語を加えて，will を用いた文に書きかえなさい。

(1) Bill goes to the library. （ next Friday ）
(2) I don't study English. （ tomorrow afternoon ）
(3) Do you read this book？（ today ）

ココで出てきた覚えなきゃいけない単語・熟語	
つづり	意味
パーティ party	パーティ

助動詞

助動詞というのは文字通り,「動詞を助ける」語, と考えていいよ。述語の動詞にいろいろな意味をつけ足すために使われるんだ。

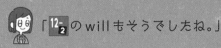

「12-2 の will もそうでしたね。」

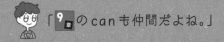

「9章 の can も仲間だよね。」

ほかにもいろいろあるし, 意味が1つじゃないものも多いし, 同じ意味の別の表現に書きかえられるものもある。どれがどれだかわからなくならないようにしっかり覚えないといけないぞ。

13-1　助動詞の文の作りと助動詞の種類

助動詞は，文の作りがみんな同じなのはラクだけど，だからかえってゴチャゴチャになりやすい。とにかく意味をしっかり覚えることだぞ。

この単元ではすでに学んだ，can や will の仲間である助動詞を勉強しよう。can や will の使いかたの復習と思って，下の文の作りで助動詞のところに can や will をあてはめて確認してみよう。

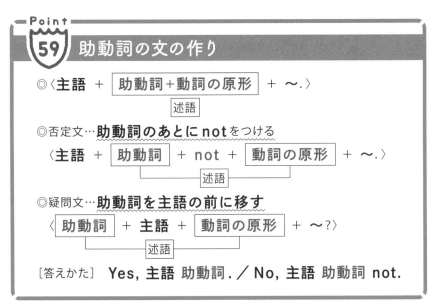

Point 59　助動詞の文の作り

◎〈**主語** ＋ 助動詞＋動詞の原形 ＋ ～.〉
　　　　　　　　　　述語

◎否定文…**助動詞のあとに not をつける**
　〈**主語** ＋ 助動詞 ＋ not ＋ 動詞の原形 ＋ ～.〉
　　　　　　　　　　　述語

◎疑問文…**助動詞を主語の前に移す**
　〈 助動詞 ＋ **主語** ＋ 動詞の原形 ＋ ～?〉
　　　　　　　　　　　述語

［答えかた］**Yes, 主語 助動詞. ／ No, 主語 助動詞 not.**

勉強してきた通りだと確認できたかな？　今回はあえて例文を省略したけど，can・will については大丈夫だろう。「例文がないとなんのことかわからないなぁ」っていう人は，戻って復習してほしい。これから出てくるどの助動詞も，使いかたはすべて同じだ。

　「can や will と同じ，ってことだ。それなら大丈夫！」

そうか，安心したよ。それは「ルールとして理解できている」のと同じだ。つまり応用が利く力がついてきているということだよ。1つのことを覚えて，2つ，3つとできることが増えたら効率がいいね。

「なるほどー。それが応用力というものなんですね。」

その通り。覚えたものはどんどん活かして使っていこう。英語という言葉には，「基本の考えかた」がはっきりあるんだ。形ばかりの丸暗記だと，もったいないぞ。それじゃ，いよいよほかの助動詞を紹介していこう。

13章

─Point─
60　助動詞の種類

◎will（過去形 would（ウド））…予想・予定・意思（未来）

訳：～だろう，～つもりだ

◎can（過去形 could（クド））…①可能　②許可

訳：①～できる　②～してよい

◎must（マスト）（過去形 なし）…①義務　②推定

訳：①～しなければならない　②～に違いない

（◎must not…禁止　※must not＝mustn't（マスント））

訳：～してはならない

◎may（メイ）（過去形 might（マイト））…①許可　②推量

訳：①～してよい　②～かもしれない

◎should（シュド）…助言　（※もともとは shall（シャル）の過去形）

訳：～すべきだ，～するといいよ

◎had better（ハド ベター）…提言・忠告

訳：～したほうがよい

「げげっ！　たくさんありますね。」

　まぁ少しずつ覚えていけばいいよ。イッキに覚えてすぐに忘れるよりも，少しずつ慣れて忘れないようにしていくことが大事だからね。must の「〜に違いない」の用法，may の「〜かもしれない」の用法，should「〜すべきだ」の用法，had better「〜したほうがよい」の用法は，ハイレベルな内容だ。今のところはあまり気にしないで，出てきたら覚えよう。

「この助動詞，みんな同じ使いかたなんですか？」

　そうだよ。どれも後ろの動詞の原形と組み合わさって1つの述語になるんだ。助動詞と動詞の原形の間に not を置けば否定文，助動詞を主語の前に移動させて最後に“？”をつければ疑問文になる。
※　had better も否定文は had better not とするが，疑問文はほぼ使われない。

「助動詞って意味とつづりさえ覚えれば，ラクですね。」

　うん，そうだね。あとはニュアンスを知っておくとよりいいかもね。この助動詞はこんなニュアンスがあるってわかっていると理解も深まる。ちょっとまとめておこう。

コツ24 助動詞のニュアンス

① **must** は選択の余地がない，「**～するしかない**」の意味。
must not［**mustn't**］にして，否定文にすると「**～するのは絶対にダメ**」となる。

② **can** と **may** はどちらも「**～してよい**」という意味を表すが……。

can…「～できる」→「～しても大丈夫」
　　　　　　　　 →「～してよい」

may…目上の人などが許可を与える
　　　 →「～してもよろしいぞ，エッヘン」

③ 会話表現で **would** や **could** を使うと，<u>ていねいなニュアンス</u>になる。

13
章

こういう知識も理解を助けていくぞ。それじゃ，例題をやってみよう。

Ex. 次の日本文に合うように，（　）に適語を書きなさい。

(1) テレビを見てもいいですよ。
　　You（　）watch TV.

(2) あなたのペンを使ってもいいですか？ － もちろん。
　　（　）（　）use your pen？ － Sure.

(3) 4時に私の家に来てもらえますか？ － いいですよ。
　　（　）（　）come to my house at four？ － OK.

(4) 彼女は家族の朝食を作らなければなりません。
　　She（　）（　）breakfast for her family.

(5) この川で泳いではいけません。
　　You（　）（　）（　）in this river.

動詞は書いてあるから，意味に合う助動詞を選ぶだけだ。簡単だろう？
(1)をケンタくん，やってみよう。

(1)　テレビを見てもいいですよ。
　　　You（　　）watch TV.

「はい。『〜してもいい』だから may だな。あれ，can でもよさ
そうだぞ？」

そうだね。これはどちらでも正解だよ。

Ans. (1)　You（ **may**[**can**] ）watch TV.

ちなみに，may を使ったら「目上の人が許可を与えている」感じ，can
なら「〜しても大丈夫だよ」という意味になるね。1つの日本語の文から
ではどっちか判断できないし，どちらでも正解だ。次，(2)をサクラさん。

(2)　あなたのペンを使ってもいいですか？　−　もちろん。
　　　（　　）（　　）use your pen？　−　Sure.

「はい。今度は『〜してもいいですか』という疑問文だわ。これ
も may・can のどちらでもよさそうね。あ，日本語に主語がな
い。どうしたらいいのかしら。」

そう。日本語にはよくあることだけど，この問題文の日本語には主語が
書いてない。でもよく考えてごらん。主語と必ずセットになる大事なヤツ
はいるだろう？　この場合，use（使う）だね。

「述語ですね。そうか，『使う』のが誰か考えればすぐわかるわ！
『私が』使ってもいいかどうかを聞いているのだから

Ans. (2)　（ **May**[**Can**] ）（ **I** ）use your pen？
　　　　　　− Sure.

こういう主語を考える問題もあるのね〜。」

　正解。日本語では主語がないほうが自然なことがけっこうあるね。こういう，「自然な」日本語を問題文にされた場合は注意‼　**省略されている語が英語の文には絶対に必要なものなら，自分で補ってあげなきゃいけない。**〈主語＋述語〉の意識をもっていない人は(2)みたいな問題で主語を書かずに，主語のない英文を作ってしまう。キミたちには「〈主語＋述語〉が大事！」といい続けてきているから大丈夫だよね？

　「〈主語＋述語〉はいつも気をつけるようになりました！」

　うん，いつも意識しよう。(2)のように日本語に主語がない場合は，今のように述語から「誰が〜するのか？」を考えればきっとわかるよ。

　「そういえば，(1)の日本語の文にも主語がない！」

　そうだった。(1)は英文に主語の you があったから困らなかったけどね。「テレビを見る」のは，この文を話している人から見て「あなた」，だね。実際に誰かがそういっている場面を想像するとよりわかりやすいよ。

　「例えば，お母さんがオレにいっている感じ，とかですね。」

　そうそう。英語は言葉だから場面や背景がある。具体的に言葉として使うイメージは大事にしてほしいな。せっかくだからついでにいうと，所有格も訳さないことが多いよね？　「あなたは，<u>あなたのお兄さんとあなたの部屋で</u>……」なんて，日本語じゃあまりいわない。でも英語ではつけるのがルールだ。これも，ここまで進んできたキミたちならもう慣れただろう。とにかく，英語は英語，日本語は日本語だ。日本文を単純にそのまま英語に直すと思わないようにね。それじゃ(3)をケンタくん，やってみよう。

　　(3)　4時に私の家に来てもらえますか？　－　いいですよ。
　　　　（　　）（　　）come to my house at four ?　－　OK.

「はい。これも主語がないけど，今教わった通り考えてみよう。『～してもらえますか』，と『あなた』に頼んでいるんだ。ということは，主語は you で決定！　あれ？　『～してもらえますか』ってどれだ？　そんな助動詞ないような……。」

　うん，ないね。今いったばかりだろう？　そのまま英語に直るなんて思っちゃダメだって。そういう意味になる助動詞があるから考えてごらん。

「そういう意味になる？　え～っとこの中だと……。あ！　can で『来られますか』にすればだいたい同じ意味になるぞ！

Ans.　(3)　（**Can**）（**you**）come to my house at four ?
　　　　　　　　－　OK.

なるほどー。『あなた来られる？』が『来てもらえますか？』になっているんだ。」

　よくできた。そういうことだよ。このような考えかたには早く慣れていこう。それと，返答の OK. について。ふつうに Yes, I can. と答えてもいいけど，会話ではこういう答えかたが多い。(2)の Sure. という答えもそうだ。Of course. というのもあった。**13-2** でもこういう表現が出てくるから覚えておこう。それじゃ，(4)をサクラさん。

（4）　彼女は家族の朝食を作らなければなりません。

　　　She（　　）（　　）breakfast for her family.

「はい。この日本語には省略はなさそうだけど，助動詞の後ろの
動詞が（　　）になっているわ。『〜しなければならない』は
must で，『作る』は make だから

Ans. （4）　She（ **<u>must</u>** ）（ **<u>make</u>** ）breakfast for her family.」

　さすがサクラさん。落ち着いているね。動詞も入れなくてはいけない問
題だと気づければ OK だ。「（食事）を作る」は cook でもいいよ。最後（5）
をケンタくん。

（5）　この川で泳いではいけません。

　　　You（　　）（　　）（　　）in this river.

「はい。これも動詞がないな。『〜してはいけない』は must not
で，『泳ぐ』は swim だ。

Ans. （5）　You（ **<u>must</u>** ）（ **<u>not</u>** ）（ **<u>swim</u>** ）in this river.」

　よし，正解。助動詞はいろいろあるけど使いかたはどれも同じだ。大事
なのは，それぞれを間違えないでしっかり使い分けられるように，意味を
きちんと覚えること！　それが土台になるからね。土台をいい加減にして
先に進んで，無理に次の内容を積もうとしたらグチャグチャに崩れちゃう
ぞ。

☑CHECK 41

➡ 解答は別冊 p.37

次の日本文に合うように，（　　）に適語を書きなさい。

(1) 座ってもいいですよ。
　　（　　）（　　）sit down.

(2) この部屋を掃除してもらえますか？　−　わかりました。
　　（　　）（　　）clean this room ？ − OK.

(3) 明日は早く起きなければなりません。
　　I（　　）（　　）（　　）early tomorrow.

ココで出てきた覚えなきゃいけない単語・熟語	
つづり	意味
スィット ダウン sit down	座る，着席する
アーリィ early	早く

助動詞を使った慣用表現

「慣用表現」は前にも出てきたね。そのまましっかり覚えて使えるようにしよう。

この単元では助動詞を使った慣用表現を勉強しよう。

Point

61 助動詞を使った慣用表現

◎Will you 〜 ?　①**依頼**　②**勧誘**

①「〜してくれますか?」（命令文よりていねいな「依頼」に）

※〈Can you 〜 ?〉も「〜してくれますか?」で同じ意味。

※〈Would [Could] you 〜 ?〉はよりていねいな表現。

例1　**Will you** (please) open the window ?

—Yes. / OK. / Sure. / All right. / I'm sorry, I can't.　など

②「〜しませんか?・〜するのはいかがですか?」

（相手に勧める表現）

例2　**Will you** have some tea ?

—Yes, please. / No, thank you. / Sure.　など

◎May[Can] I 〜 ?　「〜していいですか?」（許可を求める）

例3　**May I** use your pen ?

—Yes, you may. / Sure. / Of course. / No, you may not.　など

◎Shall I 〜 ?　「(私が) 〜しましょうか?」（申し出・提案）

例4　**Shall I** wash the dishes ?

—Yes, please. / No, thank you.　など

◎Shall we 〜 ?　「〜しましょうか?」（提案≒**Let's 〜.**）

例5　**Shall we** have lunch ?

—Yes, let's. / That's a good idea. / No, let's not.　など

◎would like to 〜　「〜したいと思う」（≒**want to 〜**）

例6　**I'd like to** go to the movies tomorrow.

〈Will you ～ ?〉，〈Can you ～ ?〉，〈Would you ～ ?〉，〈Could you ～ ?〉の４つはすべて依頼として使ってよい。細かいニュアンスの違いがあるので，くわしく知りたければ自分で調べてみよう。
〈Will you ～ ?〉の例文で Will you have some tea ? と疑問文なのに any でなく some を使っているが，これは，間違いではない。相手が "Yes" と答えることを期待している場合は，疑問文でも some を使う。そうすると聞かれたほうも "Yes" と答えやすい。

「見たことない単語が多いですけど，shall って助動詞ですか?」

　そうだよ。should のもとの形で助動詞なんだけど，ふつうの使いかたではあまり使われないんだ。キミたちはこの慣用表現だけしっかり覚えればいい。〈Shall I ～ ?〉も〈Shall we ～ ?〉も，主語が違うだけで，「提案をする」という部分では同じだ。「(私が)～しましょうか?」と「(みんなで)～しましょうか?」って両方とも提案だね。

「本当だ！　表現の意味を知ると覚えやすくなるかも。」

　答えかたも表現自体の意味を考えて覚えていけばわかりやすいぞ。例えば，〈Will you ～ ?〉の２番めの意味の「～しませんか?」と，〈Shall I ～ ?〉の「(私が)～しましょうか?」の答えかたは同じになっているだろう？　〈Will you ～ ?〉は食べ物などを勧めるときなどに使われる。どちらも**自分が相手のために何かしてあげようとしている**，というところは同じ。その気持ちへの答えだから同じになるんだ。

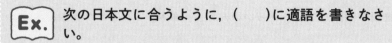

Ex. 次の日本文に合うように，（　　）に適語を書きなさい。

(1) 手伝ってくれますか？ － ええ，いいですよ。
　　（　　）（　　）help me？ － All right.
(2) 手伝いましょうか？ － いえ，けっこうです。
　　（　　）（　　）help you？ － No, thank you.
(3) 彼を手伝ってあげましょうか？ － そうしましょう。
　　（　　）（　　）help him？ － Yes, let's.

13
章

使い分けに重点を置いて，同じ動詞を使った問題にしたよ。どんな状況での会話なのか考えよう。(1)をサクラさん。

「はい。これは，私が誰かに手伝ってほしくて頼む文ね。
Ans. (1)　（ **Will**〔**Can/Would/Could**〕）（ **you** ）help me？
　　　 — All right.」

正解。いい考えかたができたね。もっと具体的にいうと，**「誰がするのか」，要するに主語を考えるとわかりやすい。**相手（あなた）に「～してくれますか？」と頼むわけだから，「する」のは話しかけている「あなた」のyouだね。だから〈Will you ～?〉とする。ほかの表現も同じように考えられるぞ。それじゃ，(2)をケンタくん。

「主語を考えるのか。『手伝いましょうか』は，『私が』してあげるんだ。主語はIということだな。主語がIなのは〈May I ～?〉か〈Shall I ～?〉だけど，Mayは許可してもらうんだったから
Ans. (2)　（ **Shall** ）（ **I** ）help you？
　　　 — No, thank you.」

そうそう。しっかり覚えてしまえば必要ないだろうけど,最初はそうやって主語で判断していったらいいんだよ。最後,(3)をサクラさん。

(3)　彼を手伝ってあげましょうか？　－　そうしましょう。
　　　（　　）（　　）help him？　－　Yes, let's.

「これは『私たちみんなで』手伝ってあげよう,といっているわ。

Ans. (3)　（**Shall**）（**we**）help him？　—　Yes, let's.

答えかたは Let's ～. の文と同じでいいのね。」

そうだ。Shall we ～？の文は Let's ～. の文とほぼ同じ意味で,答えかたも同じ。**13-3** ではこういった同じ意味の書きかえなどを見ていこう。

☑CHECK 42

➡ 解答は別冊 p.37

次の日本文に合うように,（　　）に適語を書きなさい。

(1) 窓を開けてくれませんか？　－　ええ,いいですよ。
　　　（　　）（　　）（　　）the window？　－　All right.
(2) 窓を開けてもいいですか？　－　いいですよ。
　　　（　　）（　　）（　　）the window？　－　Sure.
(3) テニスをしましょうか？　－　そうしましょう。
　　　（　　）（　　）（　　）tennis？　－　Yes, let's.

ココで出てきた覚えなきゃいけない単語・熟語	
つづり	意味
サリィ sorry	すまないと思って,かわいそうな, 残念に思って
ティー tea	茶
サンク ユー thank you	ありがとう
ムーヴィ movie	映画
ヘルプ help	～を助ける,手伝う

13-3　同意の書きかえ表現

多くの助動詞は，助動詞を使わないほぼ同じ意味の表現に書きかえることができる。しっかり覚えよう。

　それぞれの助動詞はしっかり覚えたかな？　次は同じ意味を表す表現などを勉強するよ。さっそくまとめよう。

Point

62　助動詞の同意書きかえ表現

◎ **will ～ = be going to ～**　「～だろう」

> **例1**　I **will**　　　　play tennis tomorrow.
> I **am going to** play tennis tomorrow.

◎ **can ～ = be able to ～**　「～できる」

> **例2**　She **can**　　　sing very well.
> She **is able to** sing very well.

◎ **must ～ = have to ～**　「～しなければならない」

> **例3**　He **must**　get up early tomorrow.
> He **has to** get up early tomorrow.

> （have to は，主語が3人称単数のときは has to ～となる）

◎ **Will you ～? = Please ～.**　「～してくれませんか」(依頼)

> **例4**　**Will you** carry this bag？　（carry：～を運ぶ）
> **Please**　carry this bag.

◎ **Shall we ～? = Let's ～.**　「～しましょう」

> **例5**　**Shall we** go fishing together？　（go ～ing：～しに行く）
> **Let's**　go fishing together.

13
章

いろいろ出てきたけど，いきなりぜんぶ覚えようとすると気が遠くなってヤル気が出なくなっちゃうから，少しずつ使いながら覚えていこうね。

「will ～＝be going to ～はもう覚えました。」

「〈Will you ～ ?〉と〈Please ～ .〉，〈Shall we ～ ?〉と〈Let's ～ .〉は **13-2** で慣用表現を教わったばかりだから理解しやすいわ。」

そうだね。〈be able to ～〉と〈have to ～〉は初めて出てきたものだ。〈have to ～〉の読みかたは《ハヴトゥ》ではなく，ふつうは《ハフトゥ》だから気をつけよう。ちょっと特殊なんだ。また，〈have to ～〉の have はふつうの動詞だから，主語によって形を変えよう。もちろん〈be able to ～〉や〈be going to ～〉の be 動詞も主語によって形を変えるよ。

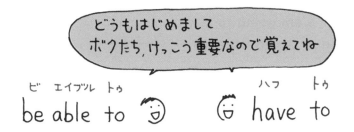

「そうか。書きかえの表現のほうは助動詞ではないから，主語で形が変わるんだな。」

「ほかに書きかえでの注意点はありますか？」

must と have to はもともとほぼ同じ意味を表す表現なのに，否定文にすると違う意味になる。〈You must not ～〉の書きかえ表現と一緒にまとめておくよ。

=Point=

63 have to 〜 と must 〜 の否定

◎ **have to** 〜 の否定　→　「〜しなくてよい」

　例1　He **doesn't have to** wash the dishes.

　　（彼は皿を洗わ**なくてよい**。）

◎ **must** 〜 の否定　→　「**〜してはいけない**」

　〈You must not[mustn't] 〜.〉=〈Don't 〜.〉

　例2　You **mustn't** go there.　（そこへ行っちゃ**ダメだ**。）

　　＝**Don't** go there.

13
章

　日本語では「〜しなければならない」の否定は「〜しなくてよい」だから，変なのは must のほうだね。これは **13-1** の **コツ24** で教えた「must のニュアンスは『選択の余地がない』」であることが理由だ。選択の余地がないんだから，否定文でも「〜しなくてよい」という意味にはならずに「〜しちゃダメ」という意味になるね。間違えやすいところだからしっかり覚えよう。

　また，〈must not[mustn't] 〜〉は「〜してはいけない」という意味で使うんだけど，**主語が you のときは命令文の〈Don't 〜〉とも書きかえられる**。

「命令文は主語 you が省略されている表現でしたもんね。」

「そうだったっけ？」

　忘れてしまっていたら，すぐに確認。では例題をやってみよう！

Ex. 次の文を（　　）内の指示にしたがって書きかえなさい。

(1) We will visit him tomorrow.（be動詞を使った同じ意味の文に）

　　We（　　）（　　）（　　）visit him tomorrow.

(2) She can run fast.（be動詞を使った同じ意味の文に）

　　She（　　）（　　）（　　）run fast.

(3) Tom must work on Saturday.（～しなくてよい，という意味に）

　　Tom（　　）（　　）（　　）work on Saturday.

(4) You mustn't play baseball here.（同じ意味の文に）

　　（　　）play baseball here.

(5) Will you write your name？（同じ意味の文に）

　　（　　）write your name.

(1)をサクラさん，答えてみて。

「will の書きかえだから be going to を使うんですね。

Ans.（1）　We（ **are** ）（ **going** ）（ **to** ）visit him tomorrow.

『私たちは明日彼を訪ねるつもりです。』という意味だわ。」

よくできました。主語が We だから are を使ったね。では，(2)をケンタくん。

「can の書きかえだから be able to にすればいいのか！

Ans.（2）　She（ **is** ）（ **able** ）（ **to** ）run fast.

『彼女は速く走ることができる。』という意味だな。」

ケンタくん，よくできました。be動詞は主語に合わせて選ぼう。それじゃ次，(3)をサクラさん。

「はい。『〜しなくてはならない』を，『〜しなくてよい』という文に直すのね。そのまま否定文にして must not にすると『〜してはいけない』になってしまうから変えなきゃダメね。

Ans. (3) Tom (**doesn't**)(**have**)(**to**) work on Saturday.
（トムは土曜日には働かなくてよい。）」

must = have to は絶対におさえておきたい重要事項だ。しっかり覚えよう。次も must に関係する問題だ。ケンタくん，(4)をお願い。

「はい。mustn't だから『〜してはいけない』だな。

Ans. (4) (**Don't**) play baseball here.
（ここで野球をしてはいけません。）
禁止の命令文にすればいいんですよね！」

よし，正解。これもよく出る問題だよ。最後(5)をサクラさん。

「はい。Will you 〜？は『〜してもらえますか』で，please を使った命令文と同じ意味になるのね。

Ans. (5) (**Please**) write your name.
（どうぞ名前を書いてください。）」

そう。注意点としては，Will you 〜？は意味はどうであれ，形は疑問文だから "？" がついていた。please を使う命令文を自分で作文するときは "？" をとり忘れないようにしないとね。

「気をつけなきゃいけないことがたくさんあるな〜。」

そうだねー。だからこそこの単元で勉強したことは入試でもよく出題されるポイントになるんだ。「うわ〜大変だ」と面倒がっていると点を落とすことになるけど，それは逆にいうと，「しっかり覚えればがっつり点がとれる」ということだろう？　大事なのは「前向きな考えかた」だよ。

「よし！　頑張るぞ！！」

ところでサクラさん，must 自身には過去形がないんだけど，もし「〜しなければならなかった」という過去の文を作りたかったら，どうするかわかる？

「わかりました！　have to 〜を過去形にして **had to 〜**にするんでしょ。」

お，さすがだね。わかっちゃったか。じゃあ次の例題もわかるかな？

 次の文を will を使った未来の内容を表す文にしなさい。

(1) I can speak English.
(2) They must clean the room.

「どうやるんだろう？　**can を使った文にそのまま will をつけるわけにいかないわ。助動詞の後ろは動詞の原形でないといけない**ものね……。」

こういうときのためにも，同意表現はあるんだよ。will を使ったあと，**後ろに置きたい can を be able to にかえる。be は be 動詞の原形だから，これで助動詞 will の後ろを動詞の原形にできる**ね。

「なるほど～。そういうことだったんだ。

Ans. (1)　**I will be able to speak English.**

（私は英語を話せるようになるだろう。）」

最後に(2)も同じように考えて，ケンタくん，やってみて。助動詞のまま使うのは will だ。

「はい。同じようにってことは，will の後ろに置きたい must を助動詞じゃなくしちゃえばいいんだな。must の書きかえは have to だったな。

Ans. (2)　**They will have to clean the room.**

（彼らはその部屋を掃除しなければならないだろう。）」

助動詞の書きかえを覚えるのはもちろん，過去の文や未来の文での書きかえを使った表現もマスターできるように頑張ってね。

☑CHECK 43

➡ 解答は別冊 p.37

(1)〜(3)の文を指示の通りに変更し，（　）に適語を書きなさい。

(1) I can speak English. （ほぼ同じ意味の文に）
I（　）（　）（　）speak English.

(2) My brother must clean his room. （ほぼ同じ意味の文に）
My brother（　）（　）clean his room.

(3) Tom must work on Saturday. （〜しなくてよい，という意味の文に）
Tom（　）（　）（　）work on Saturday.

ココで出てきた覚えなきゃいけない単語・熟語	
つづり	意味
go 〜ing	〜しに行く
ベイスボール baseball	野球

いろいろな文型

文法の勉強で出てくる「文型」というのは，文の要素となる〈主語＋述語〉，それに続く目的語・補語の有無によって文の作りのパターンを分類する考えかただよ。

　「難しそうね。補語って何かしら？」

実は中学生の今はそれほど「文型」ということにこだわらなくていいんだ。高校で出てきてわからなくなったらこの章を復習するといいよ。

　「まずは無事に高校生になれるように頑張らなくっちゃな～。」

You look happy. の型の文

ここで注目すべきは動詞の意味。丸ごと慣用表現として覚えてしまえばいいぞ。

　この単元では，今まで出てきた動詞とはちょっと使いかたの違う動詞を勉強するよ。まずは今までに習った2つの型の文を復習しよう。

① <u>I</u> <u>live</u> <u>in Japan</u>.
　主語　述語　　修飾語

② <u>He</u> <u>was studying</u> <u>English</u> <u>in his room</u> <u>then</u>.
　主語　　　　述語　　　目的語(～を)　　　修飾語　　　　修飾語

　①も，②も，語のカタマリごとに下線を引いてあるよ。①は目的語がない文で，②は目的語がある文だ。**2₋₂** で教えたね。

「動詞の意味によって目的語のある場合とない場合があるんですよね。」

　その通り。ここでは①，②とは違う，3つめの型の文を見ていくぞ。

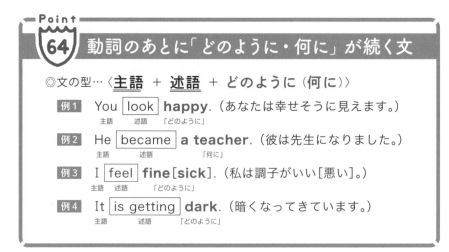

Point 64　動詞のあとに「どのように・何に」が続く文

◎文の型…〈**主語** ＋ **述語** ＋ どのように（何に）〉

例1　You look **happy**.（あなたは幸せそうに見えます。）
　　　主語　述語　「どのように」

例2　He became **a teacher**.（彼は先生になりました。）
　　　主語　述語　　「何に」

例3　I feel **fine[sick]**.（私は調子がいい[悪い]。）
　　　主語　述語　　「どのように」

例4　It is getting **dark**.（暗くなってきています。）
　　　主語　述語　　「どのように」

　①，②の文で，「目的語があるかないか」は動詞の意味によって決まるといったけど，この ^{Point}64 の型の文になるかどうかも，動詞によって決まるんだ。

「動詞（述語）によって『どのように・何に』という語が続く場合があるんですね。」

「『どのように』は，説明をする意味の言葉ね。」

　その通り。**「どのように」のところには「形容詞」がくる。**今まで述語の後ろに目的語として続いたのは，必ず「何を・誰に」という意味の「名詞」だったから，述語のあとに形容詞が続くこの文は違う種類の文だ。

　この文の型では，動詞のあとに「何に」という名詞が続くときもあるわけだけど，動詞との関係性が目的語とは違う。文中で「どのように・何に」を意味するこれらの語句を「補語」というんだけど，目的語が"動作を受けるモノ（名詞）"なのに対して，補語は"動詞の足りない意味を補う語"なんだ。慣れるとわかるようになっていくと思うけど，いまのうちは動詞の意味を覚えて使えればいい。この文の型で使われる動詞はすごく少ないんだ。慣用表現か熟語として覚えて使えるようにしてしまおう。

「これってもしかしたら be 動詞も仲間ですか？」

　するどいね〜，その通りだよ。be 動詞も後ろに名詞か形容詞が続いたよね。

・You ｜are｜ **happy**.（あなたは幸せです。）
　主語　　述語　「どのように」

・You ｜are｜ **a teacher**.（あなたは先生です。）
　主語　　述語　　「何（に）」

14章

この〈主語＋述語＋どのように（何に）〉という文の型を作る動詞は，**look**「〜に見える」，**become**「〜になる」，**feel**「〜と感じる」，**get**「〜（の状態）になる」の４つを今は覚えればいい。これらの動詞はみな，意味のうえでは「〜である」という意味の be 動詞の仲間だ。be 動詞と同じように，後ろに名詞か形容詞のどちらかが続く。

「４つだけなら覚えられる！」

ただし，１つ注意点があるんだ。**look は「どのように見えるか」を表す語で，後ろには「どんな」を表す形容詞しかとれない**んだ。「どのように」ではなく「何に」見えるか，要するに名詞が続くときは，〈look <u>like</u> ＋名詞〉という形で使うよ。

> **＝Point＝**
> ## 65 lookとlook likeの違い
>
> look 〜も look like 〜も「〜に見える」の意味だが，**後ろに続く語（〜の部分）が違う。**
> 　　〈look ＋ 形容詞〉「〜に見える」
> 　　〈look like ＋ 名詞〉「〜のように見える」
> 　・She **looks** <u>happy</u>.（彼女は幸せそうに見える。）
> 　　　　　　　　形容詞
> 　・She **looks like** <u>a teacher</u>.（彼女は先生のようだ。）
> 　　　　　　　　　　名詞

「look like も入れたら，４つじゃなくて５つじゃん。」

ごめんごめん。look like 〜の場合，〈like ＋名詞〉で「〜のように」という意味を作って look につないでいるんだね。あとに続けるのが名詞なのか形容詞なのかは自分で判断するんだぞ！　意味を考えればわかるはずだ。

　それともう 1 つ注意。look は「〜に見える」だけではなく，単純に「見る」という意味でも使われる。「〜を見る」というときは look <u>at</u> 〜 となるから注意しておこう。それじゃ，例題で確認しながら覚えていこう。

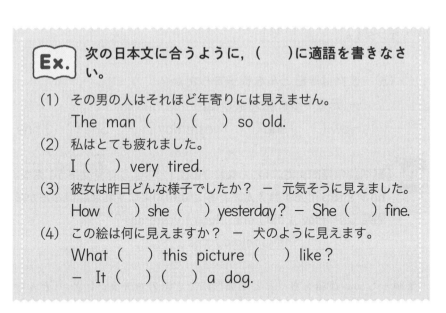

Ex. 次の日本文に合うように，（　　）に適語を書きなさい。

(1)　その男の人はそれほど年寄りには見えません。
　　The man （　　）（　　） so old.

(2)　私はとても疲れました。
　　I （　　） very tired.

(3)　彼女は昨日どんな様子でしたか？ － 元気そうに見えました。
　　How （　　） she （　　） yesterday? － She （　　） fine.

(4)　この絵は何に見えますか？ － 犬のように見えます。
　　What （　　） this picture （　　） like?
　　－ It （　　）（　　） a dog.

(1)をケンタくん。否定文になっているぞ。

「はい。主語は『その男の人』だな。-s をつけるパターンだ。
　Ans. (1)　The man （**doesn't**）（**look**） so old.」

よし，OK。否定文だよ，なんてよけいなお世話だったかな？　次，(2)をサクラさん。「疲れていました」じゃなくて，「疲れました」だからね。

(2)　私はとても疲れました。
　　　I（　　）very tired.

「そうか，be 動詞だと思っていたけど，それだと『疲れていました』になっちゃう。『疲れている』になった，ということだから
Ans. (2)　I（**got**）very tired.」

正解。I became very tired. でも正解だね。「〜になる」は become と get があるけど，後ろに名詞がきて「先生になる」とかなら become，形容詞で体調や感情，天候などが「どのようになるか」のときは get がよく使われるよ。次，(3)をケンタくん。

(3)　彼女は昨日どんな様子でしたか？
　　　－ 元気そうに見えました。
　　　How（　　）she（　　）yesterday？　－　She（　　）fine.

「疑問詞の疑問文だ。『どんな様子』は『どのように見えたか』だな。how を使ってたずねるんだ。あとは疑問文にすればいいんだから
Ans. (3)　How（**did**）she（**look**）yesterday？
　　　　　－　She（**looked**）fine.」

素晴らしい。述語をちゃんと過去形にできたのもエラいけど，「どんな様子でしたか」，を「どのように見えましたか」と読みかえたところがすごいよ！　これは問題の形式にかかわらず日本語を英語に直す問題を解くときに役に立つ考えかたなんだ。

コツ25 日本語→英語とするときのコツ

そのままの日本語からでは英語に直しにくいとき，問題の日本語を
英語にしやすい日本語に変えてみよう！

　日本語では，英語では省略されないものが省略されて消えていたり，独
特の表現があったりするからね。問題の日本語の意味をしっかり理解して
いればできるはずだ。それじゃ最後，(4)をサクラさん。

> (4)　この絵は何に見えますか？ － 犬のように見えます。
> 　　 What (　　) this picture (　　) like？
> 　　 － It (　　)(　　) a dog.

「はい。『何に』見えるかをたずねる疑問文ね。

> **Ans.** (4)　What (**does**) this picture (**look**) like？
> 　　 － It (**looks**)(**like**) a dog.

後ろに『何に』と名詞がくるときは like を使うんですよね？」

　そうそう。疑問文ではないもとの文の作りから考えてみよう。

　この文の like のあとにくる名詞を what に置きかえて，does をつけて疑
問文にしたんだ。完成した疑問文だけ見るとなんか変な感じがするかもし
れないけど，ちゃんとルール通りだね。

「本当だ。そう考えると知っていることの組み合わせなんですね。」

そう。「わからない」って感じたら，まずはわかっていることを1つず
つ確認していこうね。ふだんから面倒がらずに1つずつ確認しておけば，
「アレだ！」って気づくようになっていくよ。だからこの章の内容のよう
に「まずは覚えよう」ということがらは，しっかり覚えること。覚えて使
えることがらを増やして，それを使う練習をすることが勉強の基本だ！

☑ **CHECK 44**　　　　　　　　　　➡ 解答は別冊 p.37

次の日本文に合うように，（　　）に適語を書きなさい。

(1) 私たちは去年友だちになった。
　　We （　） （　） last year.
(2) 彼はすぐに元気になるでしょうか？　－　ええ。
　　（　） he （　） well soon ?　－　Yes, he will.
(3) あなたのお母さんは若く見えます。
　　Your mother （　） young.

ココで出てきた覚えなきゃいけない単語・熟語	
つづり	意味
ルック look ＋形容詞	〜に見える
ハピィ happy	幸せな，楽しい
ビカム become 〜	〜になる
フィール feel 〜	〜（のよう）に感じる
ゲット get ＋形容詞	〜（の状態）になる
ライク look like ＋名詞	〜（のよう）に見える
アット look at 〜	〜を見る
ビューティフル beautiful	美しい
ソゥ so 〜	それほど〜
タイアド tired	疲れて
ウェル well	元気な
スーン soon	すぐに，間もなく
ヤング young	若い，年下の

14-2 I'll give you a present. の型の文

今度は目的語が2つある文だ。目的語ってどんなものか，だいたいはつかめてきているかな？

 に続いて，動詞の後ろに今までとはちょっと違うパターンが続く文を勉強するよ。ここで勉強する文には，目的語が2つ出てくるんだ。

 「目的語が2つ？　目的語っていうのは述語のあとにくっつける，『～を』とか『～に』という意味の名詞ですよね？」

なんだ，ケンタくん完ペキだな。その目的語が2つあるんだ。ケンタくんが今いってくれた「～を」と「～に」が両方ある文，といったほうが早いかな？

 「『～を』と『～に』が両方ある文？」

 「なんのことだかよくわからないな。」

言葉で説明するだけじゃわかりにくいかもね。つまりはこんな感じの文のことだ。例文を見て理解していこう。

Point

66 目的語が2つある文（誰に・何を）

◎文の型…〈**主語** + **述語** + …に + ～を.〉

例1 He | gave | **her a present** yesterday.
主語　　述語　　「誰に」　　「何を」　　　　　修飾語

（彼は昨日，彼女にプレゼントをあげた。）

例2 | Show | **me your passport**, please.
　　　述語　「誰に」　　「何を」

（パスポートを見せてください。）

例3 My father | told | **us the story**.
主語　　　　述語　「誰に」　「何を」

（父が私たちにその物語を話してくれた。）

例4 Her mother | made | **her a new dress**.
主語　　　　述語　「誰に」　　「何を」

（彼女のお母さんは彼女に新しいドレスを作ってあげた。）

ほかにもこの型になる動詞は

　　teach「…に～を教える」，　　**send**「…に～を送る」，

　　lend「…に～を貸す」，　　　　**bring**「…に～をもってくる」，

　　buy「…に～を買ってあげる」，　**ask**「…に～をたずねる」

などがある。

述語のあとは必ず「誰に・何を」の順に名詞が並んでいる のがわかる
だろう。目的語を2つとるときは，必ずこの順番だよ。

 「『誰に・何を』の順ですね？」

　そうだ。そして「誰に・何を」が後ろにくる動詞には，意味のうえで特
徴がある。

「わかった！『あげる』とか『～してあげる』っていう意味だ。」

　ケンタくんいいね。その通り。**この文型で使う動詞のほとんどは，授与動詞といい「誰かに何かを(して)あげる」という意味**だ。そういう意味の動詞ならこの文型で使えるし，逆にこの文型で使われていれば，そういう意味だともいえる。

「たしかにどれも，『誰かに何かを(して)あげる』という意味ですね。これならわかりやすいわ。」

　よし。それが確認できたら1つ注意点。今出てきた動詞のうち，**make**「…に～を作ってあげる」と，**buy**「…に～を買ってあげる」について，ちょっと考えてみてほしい。もともとはどういう意味かな？

「make は『作る』，buy は『買う』です。」

　そうだよね。実はこれらの動詞は，もともと「…に～を(して)あげる」という意味ではない。それを，この文型で使うことでそういう意味にしてしまっているんだ。「…に，～を」という2つの語が後ろにあれば，「～(して)あげる」という意味にするしかないだろう？

「なるほど～。この文型で使われていれば，こういう意味になっ
てしまうんですね。」

　それと，この文型は目的語を1つに減らす書きかえができる。どちらの
文もよく使われるし，書きかえの問題として出題もされるのでしっかり覚
えておこう。

　1つめの目的語「誰に」を，前置詞 to(for) をつけて「何を」の後ろに
置いているんだ。目的語を2つにするためには「誰に・何を」という順番
は絶対。だから1つめの「誰に」のほうは後ろにもっていくと，目的語で
はなくなってしまう。前置詞の to や for をつけて修飾語として置いている，
ということなんだ。

「目的語は1つになってしまっている，ということか。」

to ではなく for を使うのは，さっき説明した本来は「…に〜を（して）あげる」という意味ではなかった make や buy のとき。これらの語は目的語が「誰に・何を」の順番ではなくなると，もとの意味に戻るので，「…のために」という for を使うことになる。make や buy は誰かのためにしなくてもいいけど，「誰かのために」という意味をつけ加えることになるからね。

「make と buy は for，それ以外は to，でいいんですね？」

今のところはそれでいい。練習してしっかり使えるようにしていこう。

 次の日本文に合うように，（　　）内の語を並べかえなさい。

（1）　駅までの道を教えてくれませんか？
　　　Could you (the way, me, tell) to the station ?
（2）　佐藤先生は私たちの英語の先生です。
　　　Mr. Sato (us, teaches, to, English).
（3）　父が新しい時計を買ってくれた。
　　　My father (a, bought, watch, me, new).

語順が大事なところだから並べかえの問題だよ。(1)をサクラさん。

「はい。動詞のあとに『誰に・何を』だから
　Ans. (1)　Could you (**tell me the way**) to the station ?」

OK。tell はおもにこの文型で使われて「…に〜を話す・伝える・教える」という意味になる。**道を教える，というような意味では「教える」といっても teach ではなく，tell を使う**というのも覚えておくといいね。次は(2)だ。ケンタくん。

「あれ？　この日本語，この文型にはあてはまらないような……。あ，そうか！　**日本語を作りたい英語の文に合わせて変えればいいんだ。**『私たちに英語を教えてくれる』と考えて『誰に・何を』の順だから，Mr. Sato teaches us English. です！」

おいおい，あわてちゃいけないよ。並んでいる語をぜんぶ使ったかい？並べかえの問題は最後に必ずぜんぶ使い切ったか確認しよう。

「やべっ，to があった！　だったらこっちのパターンだ。

Ans. (2)　Mr. Sato（ <u>**teaches English to us**</u> ）.

さっきの コツ25 を使って，バッチリ正解だと思ったんだけどな～。」

よし，それで正解。途中まではとってもよかったね。こんなふうに，できあがりの英語の文と日本語の文をわざとズラしてある問題もある。自然な日本語が問題文になってしまうんだね。並んでいる，使わなきゃいけない単語をよく見て英文の作りを考えよう。そして，1 ついいことを思いついただけで安心してしまわないこと。最後まで気を抜かずしっかり解こう。これも大事なポイントだよ。

コツ26　並べかえ問題の注意点

並べかえ問題では，与えられた語をすべて使っているかのチェックを忘れないこと！！

それじゃ最後，(3) をサクラさん。

(3)　父が新しい時計を買ってくれた。

My father（ a, bought, watch, me, new ）.

「はい。新しい時計は a new watch，for はないから目的語２つの基本パターンね。

Ans. （3） My father（**bought me a new watch**）.

for があったら My father bought a new watch for me. ですね。」

バッチリだ。前置詞を使った書きかえのほうも正解。特徴的な文型だから，わかってしまえばかえって考えやすくて簡単だともいえそうだね。

☑**CHECK 45**　　　　　　　　➡ 解答は別冊 p.37

次の日本文に合うように，（　　）内の語句を並べかえなさい。

（1）私は昨日，彼女に手紙を送った。
（ a letter, her, I, sent ）yesterday.

（2）トムは毎日，彼の犬に餌をあげます。
（ to, his dog, gives, food, Tom ）every day.

14
章

ココで出てきた覚えなきゃいけない単語・熟語	
つづり	意味
プレズント present	プレゼント，贈り物
ショウ show	…に〜を見せる，示す
パスポート passport	パスポート
ファーザァ father	お父さん
ストーリィ story	物語，話
ニュー new	新しい
センド send	…に〜を送る
レンド lend	…に〜を貸す
ブリング bring	…に〜をもってきてあげる
アスク ask	…に〜をたずねる
ウェイ way	道
フード food	食べ物

14-3 The news made us happy. の型の文

ここでは〈主語＋述語〉の後ろに，目的語と補語が続く文を見ていこう。この文のパターンになる動詞は数が少ない。しっかり覚えて使えるように！

14-1 で，足りない動詞の意味を補う「補語」という語句が出てきたけど，ここでもまた登場だ。さらに今度は同時に目的語もある。だからこそとても特徴的だし，この文型で使う動詞も数は限られている。しっかり特徴をつかんで覚え，使いこなせるようにしていこう。

─ Point ─

68 〈主語＋述語＋目的語＋補語〉の文

◎文の型…〈**主語 ＋ 述語 ＋ 〜を ＋ どのように，何と**〉

例1　The letter ｜made｜ him angry.
　　　　主語　　　　述語　　「何を」「どのように」
　　（その手紙は彼を怒らせた。→その手紙を読んで彼は怒った。）

例2　Please ｜call｜ me Kazu.
　　　　　　　述語　「何を」「何と」
　　（どうぞ私をカズと呼んでください。）

例3　You must ｜keep｜ your room clean.
　　　主語　　　述語　　　「何を」　　「どのように」
　　（あなたは部屋をきれいにしておかなければなりません。）

ほかにもこの型になる動詞は

name「〜を…と名づける」,

leave「〜を…(のまま)にしておく」,

find「〜を…(である)とわかる，気づく」,

think「〜を…(である)と思う，考える」,

paint「〜を…に塗る」　などがある。

「[14-2]の目的語が２つある文と，語の並びが似ていますね。」

　動詞が，後ろに２カタマリの語句を必要としている点は同じだ。だけど，目的語が２つある文のほうは「〜をあげる・〜してあげる」というような意味だね。この文型では動詞の後ろにまず，目的語である「何を」がきて，そのあとにその目的語を「どう」「どんなふうに」「何と」，"したり""呼んだり""思ったり"するかというのが続く。けっこう大きく違うよね？

「目的語の後ろにある『どのように・何と』は，また形容詞か名詞，ということですね？」

　そうだよ。

　[例1] The letter ｜made｜ him angry.

は「その手紙が（主語），彼を（目的語），怒っているという状態（補語・形容詞）に，させた（made：動詞）」という意味。日本語では「怒らせた」と訳しているけど，もともとはこんな感じだ。また

　[例2] Please ｜call｜ me Kazu.

では，補語は名詞だ。「私」（目的語）を，「カズ」（補語・名詞）と呼んでほしいといっているね。このように考えれば文の作りは理解できるだろう。そこまでがわかったら，使う動詞の例を覚えて，使えるようにすればいい。ここに挙げたものを使いこなせるようになったら，同じ使いかたをする新しい動詞が出てきても，この文型の動詞だとわかるようになるよ。

14
章

「先生，『手紙が彼を怒らせた』って，何かおかしいですよ？」

　日本語ではそんな言いかたはしないね。でも**英語では「人」が主語でない文がよく使われる。「無生物主語」という**のだけど，これは英語の特徴だよ。日本語にはあまりない表現だから，彼を主語にして「手紙を読んで，彼は怒った。」と訳しかえた。また，問題では日本語らしい，こういう訳がついているけど英語のほうは無生物主語，ということもよくあるから気をつけよう。それじゃ，例題にいくよ。

Ex. 次の日本文に合うように，（　　）内の語句を並べかえなさい。

(1) その本を読んで彼らは悲しくなった。
　　（sad, them, made, the book）.
(2) 私を1人にしないでください。　（1人で：alone）
　　（me, don't, alone, leave）, please.
(3) この花を英語ではなんと呼びますか？
　　（this flower, you, in English, call, do, what）?

また並べかえ問題だ。(1)をケンタくん。

「お，さっそくきたぞ。これは『その本が彼らを悲しくさせた。』になるんだな。動詞のあとに「〜を」，そのあとに「どのように」で
Ans. (1)　**The book made them sad.**」

そういうこと。実際にはいろんな問題に交じって出題されるわけだから，もっと気づきにくいはずだ。いつでもそうやって解く準備を忘れないことが大事だよ。それじゃ(2)をサクラさん。

「これは『〜しないでください』だから否定の命令文ね。
Ans. (2)　**Don't leave me alone**, please.
keep と leave はどちらも『〜を…にしておく』だけど，どう違うのかしら？」

　keep はもともと「保つ」という意味。手を加えたり努力したりしてそのままの状態を保つ，ということ。leave は何もせずに放っておくこと。もともと「去る・出発する」という意味があるだろ？　ほったらかしでいなくなっちゃうイメージだね。どちらもよく使うよ。覚えておこう。最後に(3)をケンタくん。

　「うわ，これは大変そうだぞ。『なんと呼ぶか？』だから what を使って疑問文にするんだな。あれ，主語は……？　花じゃないよな……。わかった，省略されているんだ。『あなたはこの花を英語でなんと呼びますか？』だ！　動詞の後ろに「〜を」で……
Ans. (3)　**What do you call this flower in English ?**」

　OK，よくできたね。この文は，ほとんどの人ができないのにすごいじゃないか！　もとの文の作りから考えてみると，こうだ。

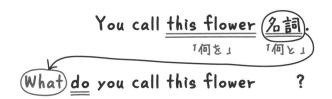

　目的語のあとにくる「何と」の部分を疑問詞 what に置きかえて疑問文にしたのが正解の文章だ。

　「14-1 でも同じ考えかたが出てきました。知っていること１つずつの組み合わせですね。」

　そう。この特殊な文型パターンに，疑問詞を使った疑問文の要素が交ざって出題されているわけだけど，わかりにくい問題というのはこのようなパターンがとても多い。くり返すけど，ふだんから面倒がらずに1つずつ落ち着いて確認しておくことが大切だよ。

☑**CHECK 46**

➡ 解答は別冊 p.37

次の日本文に合うように，（　　）内の語句を並べかえなさい。

(1) 彼らは赤ちゃんをトニーと名づけました。
　　(named, their baby, they, Tony).
(2) 彼らは息子を医者にするつもりです。
　　(will, a doctor, they, their son, make).

ココで出てきた覚えなきゃいけない単語・熟語	
つづり	意味
メイク make	〜を…にする・させる
コール call	〜を…と呼ぶ
キープ keep	〜を…に保つ
ネイム name	〜を…と名づける
ペイント paint	〜を…(色)に塗る
スィンク think	〜を…と思う・考える
ファインド find	〜を…とわかる・気づく
リーヴ leave	〜を…(のまま)にしておく
アロウン alone	1人で
フラウア flower	花
ダクタァ doctor	医者
サン son	息子

不定詞

 「出た〜，不定詞。苦手なんだ
よな〜。」

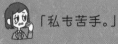 「私も苦手。」

うん，そういう人はけっこういるだろうね。
つまずく人がとても多い単元なんだ。でも，
先生の示すポイントに注意して，しっかり
学習すれば怖くないよ。

不定詞とは？

不定詞は苦手な人が非常に多い単元。実は不定詞自体ではないところにカギがあるんだ。

15章では「不定詞」と呼ばれる文法事項を勉強するよ。まずその前に、念のため述語として使う動詞や、その他の品詞の復習をしておこう。ここまでの各章がしっかり頭に入っていれば必要ないかもしれないけどね。

「う～ん、細かいところまでとなると自信ないけど、〈主語＋述語〉の文の作りとか、何度も出てきた大事なことなら大丈夫かな～。」

それなら大丈夫さ。不定詞もいただいたようなもの。実は**不定詞をマスターするのにいちばん大切なのは、通常の述語になる動詞の理解**なんだ。

「どうしてですか？　今までそんなふうに考えたことありませんでした。」

不定詞というのは、もともと述語としてはたらく動詞に、動詞ではないほかの語のはたらきをさせてしまおう、というもの。 具体的には、はたらきや意味を 動詞 → [名詞・副詞・形容詞] と、変化させて使うんだ。

「名詞用法とか副詞用法って、授業で出てきたな。」

そうそう。「～詞」とかいわれちゃうと「難しそう……。」って思うかもしれないけど、どうせなら逃げずにやっつけちゃったほうがラクだぞ。だいたいキミたちはここまで、「〈主語＋述語〉の文の作り」や述語（動詞）の使いかたに重点を置いて勉強し、そうやって作った文のパターンの中で、

名詞や修飾語の使いかたを勉強してきただろう？　気づかないうちに，実はもうけっこうわかってるんだよ。

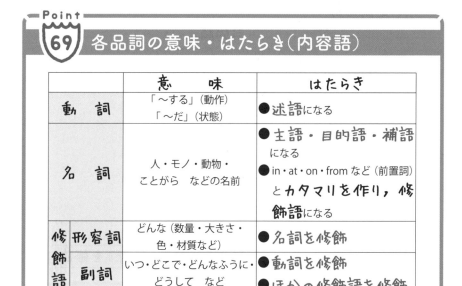

Point 69　各品詞の意味・はたらき（内容語）

		意　味	はたらき
動　詞		「～する」（動作） 「～だ」（状態）	●述語になる
名　詞		人・モノ・動物・ ことがら　などの名前	●主語・目的語・補語になる ●in・at・on・from など（前置詞）とカタマリを作り，修飾語になる
修飾語	形容詞	どんな（数量・大きさ・色・材質など）	●名詞を修飾
	副詞	いつ・どこで・どんなふうに・どうして　など	●動詞を修飾 ●ほかの修飾語を修飾

15章

「教わったことばかりね。」

「たしかに。副詞や前置詞は**4**章でやったな。」

　そうでしょ？　完ペキじゃなくても，まずは「わかっているぞ！」と思えていることが大事。「わからない」と思っているとそれだけで考えてみようという気にもならないからね。それじゃ，それぞれの品詞の意味やはたらきを復習したところで，不定詞の話をしよう。

Point 70　不定詞の形とはたらき・意味

◎**不定詞の形**

〈to ＋ 動詞の原形（＋ **目的語**など）〉

例　**to study** English

to get up early in the morning

◎**不定詞のはたらき・意味**

① 名詞のはたらき「〜すること」

⟶ 「ことがら」を表す

② 形容詞のはたらき「〜する（ための）…」

⟶ 名詞を修飾

③ 副詞のはたらき「〜するために，〜して」

⟶ 述語「…する，…だ」を修飾

「to って『〜へ』の to ですか？　動詞の前にあるのはなんか変だなぁ。」

　そう！　変なんだ。だからこそ，逆に「不定詞だ」ってすぐわかるでしょ？　そうでなきゃ動詞の前に to なんて，ありえないんだから。**to は，「この動詞は不定詞だよ！」って教えてくれる目印だ。**

「**動詞の前に to があったら不定詞！　ということね。**」

そして　不定詞だということは，動詞のはたらきはしていない，要するに述語になっていないということを表している。　動詞の姿をしているのに，述語のはたらきをしていないって，すごいことだよね。だって**これまで「文章の中心でいちばん大事なのは述語で，動詞は必ず述語になる！」っていってきた**のに，「to が前についたら述語じゃないよ」っていうルールが加わったんだから。ここをはっきり「すごいことだ」と認識しよう。不定詞が苦手な人は，「不定詞」という単元以前に"述語への意識"が低いんだ。

15
章

「"述語への意識"ですか。」

そう。今まで述語としてはたらいてきた動詞が，to が前について不定詞になると，主語や目的語になる名詞や，名詞を修飾する形容詞や，動詞（述語）を修飾する副詞になっちゃう。それを理解して「あ，文の中で役割が変わったんだな」とわかる人は，不定詞なんてラクショーなんだ。

「いのうえ先生に教わるまでは〈主語＋述語〉とか，文の中での単語のはたらきとかって考えずに，なんとなく英語の語句の日本語の意味だけ覚えようとしてたな。だから苦手だったのかも。」

　その通り。ここまでしっかり学習してきたキミたちは，もう不定詞はもらったようなもの。「ワケわかんない」ってことは絶対にないよ。これまで学習の中心としてきた〈主語＋述語〉という文の作りや，述語自体の種類や使いかたを，ある程度自信がもてるくらいに理解してきた人は不定詞は怖くない！　逆にこの章をすべて読み終わって「不定詞，よくわかんないな〜」という人がいたら，もう一度今までのことを復習しておこう。

☑CHECK 47　　　　　　　　　　　➡ 解答は別冊 p.37

下線部の語句のはたらきを考え，品詞名を書きなさい。

○ My father bought me a new watch yesterday.
　　(1)　　(2)　　　　　　(3)　(4)　　(5)
　（父は昨日，新しい時計を私に買ってくれました。）

○ I like music very much.
　(6)　(7)　　(8)
　（私は音楽がとても好きです。）

○ He is very tall.
　(9)　　(10)
　（彼はとても背が高いです。）

15-2 「～すること」 不定詞の名詞用法

名詞用法の不定詞の訳しかたは「～すること」。文中での使いかたもわかりやすい。しっかり覚えよう。

　ここからは，不定詞をくわしく勉強していこう。まずは名詞のはたらきをする，「～すること」という意味になる用法だ。

Point

71 不定詞の名詞用法の使いかた

「～する<u>こと</u>」 ⟶ 「<u>ことがら</u>」を表す（**名詞**のはたらき）

① **文の主語**になる。

> **例1**　 To watch soccer games on TV is a lot of fun.
> 　　　　　　 主語　　　　　　　　　　　 述語
> （**テレビでサッカーの試合を見ること** はとても楽しい<u>です</u>。）

② **動詞の目的語**になる。

> **例2**　 I like to watch soccer games on TV .
> 　　　 主語 述語 　　　　　　目的語（何を）
> （私は **テレビでサッカーの試合を見ること** が好きです。）

> **例3**　 My brother wants to be a pilot .
> 　　　　　　 主語　　　 述語 　目的語（何を）
> （私の兄は **パイロットになること** を欲している。
> →私の兄はパイロットになりたがっている。）

「述語の前で主語になるか，述語の後ろで目的語になるかどっちかだってことでいいですか？」

　そう，それでいい。不定詞が主語になるときの述語は be 動詞でほぼ決まりで，**「〜すること」という "ことがら" だから複数にはならない。つまり，**不定詞が**主語になるときは，**動詞は **is か was のどっちか**ということだ。

　不定詞が一般動詞の目的語になる場合も，動詞の意味さえわかればあとは日本語っぽく訳すだけ。はっきりいって，ラクショーさ。

「本当だ！　〈主語＋述語〉の文の作りがしっかりわかるようになってからだと，不定詞はとても簡単に見えるわ。」

　でしょ？　１つ大事なのは，〈to ＋動詞の原形〉の部分だけを不定詞として見るのではなく，動詞のあとに続く目的語や修飾語も含めて不定詞のカタマリと見る ということだ。例1 のようにね。

<u>**To watch soccer games on TV**</u> is a lot of fun.
　　　　　不定詞のカタマリ

　この例文では，watch のあとに続く，soccer games（「〜を」＝目的語），on TV（「テレビで」＝修飾語）まで，ぜんぶまとめて不定詞のカタマリと見る，ということ。この不定詞のカタマリがことがらを表して，１つの名詞のようにはたらいているんだ。気をつけておこう。それじゃ例題にいくよ。

Ex. 　次の日本文に合うように，（　　）に適語を書きなさい。
　(1)　英語を話すことは私には難しいです。
　　　（　　）（　　）（　　）is difficult for me.
　(2)　私たちは２年前に英語を勉強し始めました。
　　　We（　　）（　　）（　　）English two years ago.
　(3)　また会いたいです。
　　　I（　　）（　　）（　　）you again.

（1）をケンタくん，解いてみよう

「これは，不定詞が主語になるパターンだ。
Ans. (1) （**To**）（**speak**）（**English**）is difficult for me.」

よくできました。is の前までが不定詞のカタマリで，主語になっている
ね。(2)をサクラさん，いつも以上に述語に注意して考えてね。

「はい。述語は『勉強し始めた』，いい直すと『勉強すること を
始めた』，ということね。
Ans. (2) We（**began**）（**to**）（**study**）English two years ago.」

正解。述語は「始めた」だね。「私たちは始めた」で，そのあとに「何を」
が続く。その「何を」が「～すること」の不定詞になっている。**begin
to ～**は「～し始める」と訳すと日本語らしいね。不定詞というより，ま
とめて連語として覚えてしまってもいいぞ。それから，began の代わりに
start の過去形 started を使っても正解だよ。最後に(3)をケンタくん。

「はい。『会いたい』は，例文にもあった『～したい』の want
to ～を使えばよさそうだな。
Ans. (3) I（**want**）（**to**）（**see**）you again.」

OK。**want to ～**は「～することが欲しい」→「～したい」と訳すと日
本語らしいね。**hope to ～**や**wish to ～**を使ってもだいたい同じ意味に
なるぞ。

「"述語を意識"と"不定詞のカタマリを考える"の２つで，だ
いぶ不定詞が簡単になった気がします。」

15
章

　よし。不定詞は述語にはならないのだから，ほかにちゃんと述語がある
ということ，to のあとの動詞とそれに続く語句が 1 つのカタマリとなって，
動詞ではない別のはたらきをするということ，このことに注意して勉強し
ていくとわかりやすいんだ。

　　　「さっきの begin to ～で『～し始める』とか，want to ～で『～
　　　したい』とか，訳すのに工夫が必要なもって，ほかにあるん
　　　ですか？　できれば知っておきたいなぁなんて……。」

そうだなぁ。一応まとめておくとこんな感じかな。

Point

72 覚えておくとよい,〈to＋動詞の原形～〉を目的語にとる動詞

・begin [start] to ＋ 動詞の原形 ～ （～し始める）

・want to ＋ 動詞の原形 ～ （～したい）

・try to ＋ 動詞の原形 ～ （～しようとする）

・need to ＋ 動詞の原形 ～ （～する必要がある）

・hope to ＋ 動詞の原形 ～ （～することを望む）

・learn to ＋ 動詞の原形 ～ （～することを覚える[学ぶ]）

　try は「～に挑戦する」, need は「～を必要とする」, hope は「～を望む」,
learn は「～を覚える，学ぶ」という動詞だから，不定詞が後ろにつくと，
上のような意味になるんだ。

　　　「あ，こんなもんですか。多くないですね。」

だって like to ～で「～するのが好き」とか，love to ～で「～するのが大好き」とかまとめる必要ないでしょ？　先生は，この<u>72</u>ですら，動詞の意味から自分で訳すほうがいいと思うんだ。「～することを…」という基本の訳ができれば，あとは日本語っぽくするだけだからね。まぁ，せっかくまとめたから，動詞のつづりと意味を覚えて，書けるようにしよう！

☑CHECK 48

➡ 解答は別冊 p.38

次の日本文に合うように，（　）に適語を書きなさい。

(1) 彼らは川で泳ぐのが好きでした。
They （　）（　）（　）in the river.
(2) テレビを見すぎると目に悪いです。
（　）（　）（　）too much is bad for your eyes.

15
章

ココで出てきた覚えなきゃいけない単語・熟語	
つづり	意味
ファン fun	面白いこと
パイロット pilot	パイロット，操縦士
ディフィカルト difficult	難しい
アゲイン again	また，再び
ビギン begin	～を始める・始まる
スタート start	～を始める
ホウプ hope	～を望む
ウィッシ wish	～を願う
トゥライ try	～に挑戦する
ラーン learn	～を覚える，学ぶ
バッド bad	悪い
アイ eye	目

15-3 「〜する（ための）」不定詞の形容詞用法

形容詞用法の不定詞は，使いかたがワンパターン。修飾される名詞も，よく使われるものはいくつかしかない。しっかり覚えよう。

　次は，不定詞が名詞の修飾語としてはたらく，形容詞用法を勉強しよう。

Point

73 不定詞の形容詞用法の使いかた

「〜する（ための）・〜すべき」

⟶ 　**直前にある名詞を修飾**（**形容詞**のはたらき）

例1　We have a lot of things **to do** today.
前の名詞を修飾

（今日，私たちには **すべき** ことがたくさんある。）

例2　It's time **to go to bed** now.
前の名詞を修飾

（もう **寝る** 時間ですよ。）

例3　This is the money **to buy a CD**.
前の名詞を修飾

（これは **CD を買う（ための）** お金です。）

　形容詞は名詞を修飾するもの。だから名詞を修飾するこの用法を形容詞用法と呼ぶんだけど，注意すべきは語順。 **必ず修飾される名詞が先に出てきて，そのすぐあとに不定詞が置かれる。** 訳しかたはいろいろだけど，名詞に意味がかかっていればこの用法だ。

「学校では『〜するための』って教わりましたよ。」

　とりあえず「〜するための」と訳しておくのは，最初はいいと思うけどそれってわかりやすい？　「するためのこと」とか「寝るための時間」なんて日本語ではいわないよね？　いつまでもそれですましていると，むしろ形容詞用法のマスターのジャマになっちゃうんだよ。

「じゃあ訳しかたに決まったものはない，っていうことですか？」

　そうだね。例えば「〜すべき」は，「〜しなければならない」のような意味でしょ？　例文でいえば，「寝なければならない時間」は不自然じゃないけど，「CDを買わなければならないお金」は，変だ。

「たしかに，それは変だ。」

　「〜するための」や「〜すべき」などのどれを選んでも，「ぜんぶコレでOK」っていう訳しかたはないんだよ。だから，直前の名詞に意味がつながっている形容詞用法の不定詞は，**訳しかたを覚えてはめこまないで，そのたびにつながりを考え，日本語らしく訳すのがいちばん**なんだ。

「自分で考えるのかぁ。大丈夫かな〜。」

　ケンタくん，それが勉強ってものじゃない？　考えずに「こういうとき
はコレ！」って決めてしまえればラクだと思うかもしれないけど，いつま
でもそれだけではすまないよ。な～に，日本語ならわかるだろう？　それ
に前にもいったけど，**自分で考えて間違えれば，正しいことを覚えるきっ
かけになる。**「こう覚えたから」とか「コレじゃないかな」とか，なんと
なく答えを書いていると，間違えてもくやしくないし正解でも嬉しくな
いって。間違えながら覚えていけばいいんだよ。

　「そーよ，お兄ちゃん。大丈夫だって。」

　それにもう1つ，耳よりな情報を教えてあげよう。**形容詞用法の不定詞
に修飾される名詞って出題される種類がそんなに多くない**んだ。しかもよ
く出てくる名詞は「これでもか！」っていうくらい，くり返し出てくるよ。
だから**名詞に注目して少し慣れれば，すごく解きやすい**んだ。そんなに心
配することはないんだよ。さぁ，例題にいこう。

Ex. 次の日本文に合うように，（　　）内の語句を並べか
えなさい。

(1)　ケンジには部屋を掃除する時間がありません。
　（clean, Kenji, to, no time, his room, has）.
(2)　誰か私を手伝ってくれる人はいませんか？
　（there, me, anyone, to, is, help）?
(3)　彼女は何か飲むものを欲しがっています。
　（wants, to, she, something）drink.
(4)　彼女は何か冷たい飲み物を欲しがっています。
　（wants, cold, to, she, something）drink.

　〈主語＋述語〉も並べかえに入れてあるぞ。ちょっと難しいかな？

「うー, 解ける気がしない……。どういう語順になるのやら。」

　これまで, 「〈主語＋述語〉を基本とする語順」と「語のカタマリ」を大切に英語を勉強してきているだろう？ **日本語の段階で, 〈主語＋述語〉と「語のカタマリ」を先に考えてごらん**。以前に, まとめた「並べかえ問題の解きかた」を下にのせておくよ。これをふまえて, (1)をケンタくん。

コツ17 並べかえ問題の解きかた (復習)

並べかえ (語順整序) 問題は

❶ 〈主語＋述語〉を確認し, 文全体を理解する。

❷ **英語のカタマリ**を作っていく。

そして述語のあとは, 述語にとって意味の大事なものから順に置いていく。

15章

「まずは語順じゃなくて語のカタマリを作るんでしたね。〈主語＋述語〉は, 『ケンジには, 時間がない。』。否定文だけど……, あ！ no time を使って『ケンジは時間をもっていない』と考えればいいんだ。で, "時間"という名詞に"部屋を掃除する"という修飾語がかかっているな。『部屋を掃除する→時間』と修飾しているのだから, time のあとに不定詞の to clean his room を置いて

Ans. (1) (**Kenji has no time to clean his room**).

おお, 解けた！」

　正解！　その考えかたでいいよ。並べかえ問題は, 先に語のカタマリを作ってしまっておけば, 「ぜんぶの単語の並べかえ」から「語のカタマリの並べかえ」になる。並べかえる語句は, (clean, Kenji, to, no time, his room, has)と, 最初は6つあった。不定詞のカタマリ to clean his room など, まずカタマリを作れば, 並べかえもラクになるぞ。

「no 〜は前にも出てきましたね。」

　よく覚えていたね。また，**time** という単語は，不定詞の形容詞用法でとてもよく使われる。「〜する時間（時刻）」という意味だ。ケンタくん，(2) も続けてやっちゃおうか。

> (2)　誰か私を手伝ってくれる人はいませんか？
> （ there, me, anyone, to, is, help ）？

「〈主語＋述語〉は『誰か，いませんか』だ。ここにある単語を使うということは there is 〜で，あとは語のカタマリだな。日本語だと『私を手伝ってくれる→人（誰か）』だから，anyone のあとに不定詞で to help me だ。疑問文にして
> **Ans.** (2)　（ **Is there anyone to help me** ）？」

　よし OK。**something／anything／nothing**，**someone／anyone／no one** も，このパターンでよく使われる名詞だ。不定代名詞という名前の名詞の仲間で，誰なのか何なのかがはっきりしない「誰か・何か」に対して使われるんだ。はっきりした「もの・こと」には thing を使うよ。^{Point}⑳ の **例1** のようにね。

　(3)をサクラさん。この問題も不定代名詞を使っているね。

> (3)　彼女は何か飲むものを欲しがっています。
> （ wants, to, she, something) drink.

「はい。〈主語＋述語〉は『彼女は，欲しがっている』で，『何か飲むもの』のところが不定詞ね。『飲むための→もの（何か）』ということだわ。
> **Ans.** (3)　（ **She wants something to**) drink.」

よし，OK。まずはよく使われる名詞に気をつけて使いかたをマスターしよう。そうすればほかの名詞を修飾する不定詞も見破れるようになるよ。使いかたのパターンはいつも同じだからね。

最後に(4)をケンタくん，やってみよう。

(4)　彼女は何か冷たい飲み物を欲しがっています。

(wants, cold, to, she, something) drink.

「これ，(3)とほぼ同じじゃないですか！
(3)で『何か飲む物』を something to drink としたんだから，『(何か)冷たい飲み物』は cold something to drink でしょ？」

実はこれは引っかけ問題なんだ。「(何か)冷たい飲み物」の語順は **something cold to drink** なんだよ。

「えー！　something の直後に不定詞がこないとおかしいんじゃないの？　something cold to drink じゃ，cold が間にはさまっているよ？」

うん。ふつうは形容詞は名詞の前につく。「冷たい水」なら cold water の順だ。でも something や anything や nothing は特殊で，形容詞が後ろにつくんだ。「冷たい何か」だったら something cold の順になっちゃう。

「へぇ。だから『(何か)冷たい飲み物』だと something cold to drink になっちゃうのか。ということは
Ans. (4)　(**She wants something cold to**) drink.」

正解！　ちょっと不定詞の本質とは関係ない問題になっちゃったけど，(4)みたいな「(何か)冷たい飲み物」という表現はよく出題されるから，響きで覚えちゃうといいよ！　something cold to drink と何度も声に出してしまえば，頭に入ってしまうからね。

「something cold to drink → 『冷たい飲み物』，もう覚えました！」

それを覚えちゃえば，「何か熱い食べ物」とかの並べかえでも，something hot to eat とすぐにカタマリを作れるし，「～thing は例外的に後ろに形容詞がつくんだったな」というのも体に染みつくね。

☑**CHECK 49**　　　　　　　　　　➡ 解答は別冊 p.38

次の日本文に合うように，（　　）内の語句を並べかえなさい。

(1) 今日はやらなければならない宿題がたくさんあります。
　　(have, do, homework, I, today, a lot of, to).
(2) キミにいいたいことはない。
　　(you, have, tell, I, nothing, to).
(3) 彼は次に読む本を探しています。
　　(a book, for, read, he, looking, to, is) next.

ココで出てきた覚えなきゃいけない単語・熟語	
つづり	意味
スィング thing	もの，こと
タイム time	時間，時刻
ゴウ トゥ ベッド go to bed	寝る
エニワン anyone	[否定文や疑問文で] 誰か
サムスィング something	[肯定文で] 何か
ドゥリンク drink	～を飲む
エニスィング anything	[否定文や疑問文で] 何か
ナスィング nothing	何も～ない
サムワン someone	[肯定文で] 誰か
ノウ ワン no one	誰も～ない
ルック フォ look for ～	～を探す

15-4 「～するために，～して」不定詞の副詞用法

副詞用法の不定詞は，文中で使われる位置もたいていは同じだし，使いかたはとても
わかりやすい。しっかりマスターしよう。

　今度は，不定詞がおもに文の修飾語としてはたらく，副詞用法を勉強し
ていこう。

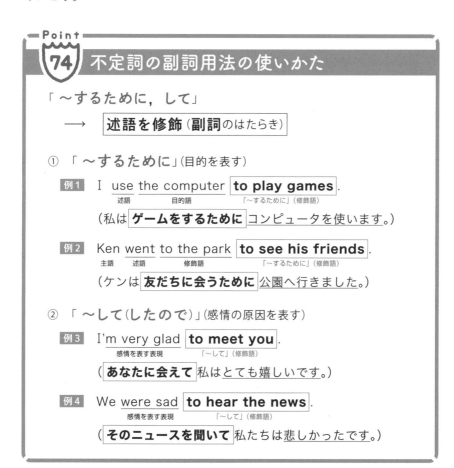

Point 74 不定詞の副詞用法の使いかた

「～するために，して」
→ 述語を修飾（副詞のはたらき）

① 「～するために」（目的を表す）

例1　I use the computer **to play games**.
　　　　述語　　　目的語　　　「～するために」（修飾語）
　　　（私は **ゲームをするために** コンピュータを使います。）

例2　Ken went to the park **to see his friends**.
　　　主語　述語　　修飾語　　　「～するために」（修飾語）
　　　（ケンは **友だちに会うために** 公園へ行きました。）

② 「～して（したので）」（感情の原因を表す）

例3　I'm very glad **to meet you**.
　　　　感情を表す表現　　「～して」（修飾語）
　　　（**あなたに会えて** 私はとても嬉しいです。）

例4　We were sad **to hear the news**.
　　　感情を表す表現　　「～して」（修飾語）
　　　（**そのニュースを聞いて** 私たちは悲しかったです。）

15章

副詞, というより修飾語といったほうがわかりやすいだろう。今までも,〈主語＋述語（＋目的語）〉のあと,「いつ・どこに・誰と・どのように」のような意味のいろいろな修飾語がついていたね? **この用法の不定詞はそういう文の修飾語と同じはたらきをしている**んだ。

「『コンピュータを使う』という述語に, それが**なんのためなのかを説明としてつけ足す修飾語**ということですね?」

①の 例1 だね。その通りだよ。もちろん意味は違うけど, はたらきとしては「いつ」や「どこで」が説明として続くのと変わらないだろう?

「はたらきは yesterday とか, in the park とかと同じってこと?」

そう。そういう役割をするのが副詞というものなんだ。だから, 副詞用法の不定詞は文章から消してしまっても正しい形の文が残る。こういう修飾語はなくても文は作れるからね。

②のほうでいえば,「私が嬉しい」という**感情であるのはなぜなのか, 理由を説明としてつけ足す修飾語**。これも不定詞がなくても, 文の形は成立する。 例3 は I'm very glad. だけでも文として成立しているでしょ。**このパターンはたいがい述語が be 動詞で, 後ろに感情を表す形容詞がある。**慣れれば瞬間的にコレだとわかるようになるよ。

それじゃ, さっそく例題で練習して慣れていこう。

次の日本文に合うように，（　　）内の語句を並べかえなさい。

(1) 母は朝ご飯を作るために早く起きます。
My mother gets up early (make, to, breakfast).

(2) マイクは新しい車を買うために一生懸命働きます。
Mike (buy, works, to, a new car, hard).

(3) あなたと一緒にいられてとても幸せです。
I'm very happy (you, be, with, to).

並べかえ問題だよ。(1)をサクラさん。

 「はい。これは不定詞のところだけを正しく並べればいいんだわ。『朝ご飯を作る』は make breakfast だから

Ans. (1)　My mother gets up early (**to make breakfast**).」

正解。サクラさんのいう通り，不定詞の部分だけが問題になっているね。

My mother gets up early to make breakfast.
　主語　　　　述語　　修飾語①　　　　修飾語②

〈主語＋述語〉，それに述語「起きる」を修飾する「早く」まではもう文ができていて，不定詞はそこに**「なんのために」なのかをつけ足す修飾語**になっている。これが副詞用法の不定詞だ。

次に(2)をケンタくん，やってみよう。今度は文の述語も並べかえる語に含まれているぞ。

 「本当だ，決まってるのは主語だけだ。だったらまず述語から考えたらいいな。主語は『マイクは』，だから述語は『働く』だ！まず Mike works ～で，えーっと，あとは……。」

〈主語＋述語〉のあとは「語のカタマリ」を作っていくんだよ。

「そうだ，語順の前に『語のカタマリ』だった。『新しい車を買うために』が不定詞で作る修飾語で to buy a new car だな。あとは述語の動詞の work 以外は hard だけだ。」

いい感じ。さぁ，あとは，英語の語順にして並べてみよう。

「**Ans.** (2)　Mike (**works hard to buy a new car**).
　やった！　できた！」

よし，OK！　並べかえにも慣れてきたかな？　それじゃ，(3) も同様に〈主語＋述語〉と語のカタマリを意識しながら，サクラさんやってみよう。

(3)　あなたと一緒にいられてとても幸せです。
　　　I'm very happy (you, be, with, to).

「『あなたと一緒に』が with you で，不定詞を使って『〜して（幸せ）』を作るわけだから
Ans. (3)　I'm very happy (**to be with you**).
この to be の be は『いる』の意味の be 動詞ね。」

そうだね。My mother is in the kitchen. の is と同じで「〜にいる・ある」の意味の be 動詞を不定詞として使っている。be with 〜 で「〜と一緒にいる」という意味になっているよ。歌詞とかにもよく出てくるようなフレーズだね。

　そしてこの文を全体的に見ると，この不定詞は^{Point}74の②，人の感情の原因を表すものだ。**「なぜ」幸せなのか，その理由をつけ足す修飾語**，というわけだ。前に「嬉しい・悲しい・怒って・喜んで」などの感情を表す形容詞が使われていれば，この用法と判断したらいいよ。

「感情を表す形容詞ってどんなものがよく使われるんですか？」

　be glad［happy］（嬉しい），be sad（悲しい），be angry（怒って），be surprised（驚いて），be excited（興奮して），be pleased（喜んで）とかを知っていたら十分だね。ほかにも形容詞はあるだろうから，これだけ覚えればいいってものじゃないけど。

「とりあえずは感情を表す形容詞があったら『～して』と訳して，学校で新しい形容詞が出てきたら覚えるようにします。」

　うん，それでいい。覚えることばっかりになっちゃうと，イヤになるしね。知っている単語は少しずつ増やしていこう。

　不定詞は苦手な人の多い単元だけど，なるべく簡単にまとめたつもりだよ。述語にしかならないはずの動詞に，ほかの役割をさせるために to をつけたのが不定詞だ。各用法でどんな役割をさせていたのかを確認しておこう！　不定詞はあとでも出てくるけど，この範囲を理解しておかないとチンプンカンプンになっちゃうぞ。

「はい！　ちゃんと復習しておきます。」

15
章

☑CHECK 50

➡ 解答は別冊 p.38

次の日本文に合うように，（　　）内の語句を並べかえなさい。

（1）アキラは，先生になるために一生懸命勉強しています。
　　Akira studies hard (teacher, be, to, a).
（2）私は数学を勉強するために大学に行きたい。
　　I'd like to (college, study, go, math, to, to).
（3）彼らは彼女の手紙を読んで驚いた。
　　They (read, her, surprised, to, were, letter).

ココで出てきた覚えなきゃいけない単語・熟語	
つづり	意味
ゲイム game	ゲーム，試合
グラッド glad	嬉しい
ミート meet	～に会う，出会う
ヒア hear	～を聞く，聞こえる
ニューズ news	ニュース
サプライズド surprised	驚いて
イクサイティド excited	興奮して
プリーズド pleased	喜んで
カレヂ college	大学
マス math	数学

動名詞

不定詞は，動詞をほかの品詞のはたらきができるように変化させたものだった。いろいろな品詞についても勉強したけど，はたらきや役割で分類されている，ってことがわかったかな？

「そんなにワケわからないことじゃないんだっていうことはわかりました。」

「不定詞が少しわかった気がします。」

動名詞と不定詞は仲間みたいなものだ。頭を切りかえずに，そのままいってみよう！

動名詞のはたらきと用法

動名詞は文字通り，動詞から作った名詞。動詞を変化させてほかの品詞にしたものだから，そこは不定詞と同じだね。

　この章では動名詞を勉強しよう。名前からわかる通り，**動名詞は動詞を名詞に変えたもの**だ。

「今度は名詞だけなんだ。それならラクだな，なんて思うと落とし穴があったりして……。」

　そんなことないよ。名詞になるのは決まっているのだから，あれこれいろんな品詞になってしまう不定詞より簡単だよ。

「不定詞は名詞以外にも形容詞や副詞の役割もしましたもんね。」

「やったね！　ラクショーだ！！」

　ただし，気をつけなきゃいけないポイントはあるからね！　それを外さないこと。さっそくまとめよう。

━Point━

75　動名詞の形と使いかた

◎形…**動詞の～ing形**

◎意味…**「～すること」**

◎使いかた

① **主語になる**（不定詞の名詞用法とほぼ同じ）

例1　| Watching soccer games on TV | is a lot of fun.
　　　　　　　　主語　　　　　　　　　　　　　　述語

　　　（| テレビでサッカーの試合を見ること | はとても楽しいです。）

② **補語になる**（おもにbe動詞のあと）

例2　His job is | driving a bus |.
　　　主語　　述語　　　be動詞の補語

　　　（彼の仕事は | バスを運転すること | です。）

③ **目的語になる**

　（a）**一般動詞のあと**　（b）**前置詞のあと**

例3　I enjoyed | watching soccer games on TV |.
　　　主語　　述語　　　　　　　　　「～を」（動詞の目的語）

　　　（私は | テレビでサッカーの試合を見て | 楽しんだ。）

例4　They are good at | playing tennis |.
　　　主語　　述語　　　前置詞　　　前置詞atの目的語

　　　（彼らは | テニスをするのが | 上手だ。）

16
章

「形は進行形で使った～ing形と同じでいいんですか？」

そうだよ。だから〜ing 形の作りかたはここではもう説明しないぞ。不安があるようなら復習しよう。ちなみに進行形で使う〜ing 形は，動名詞と同じ形はしているがまったくの別モノだ。

使いかたを見ると，不定詞の名詞用法より使うパターンが少し増えているのがわかるかな？　動名詞は前置詞の後ろに置けるんだ。ふつうの名詞の使いかたに近くなっている感じだね。

「不定詞の名詞用法と，まったく同じではないんですね。」

そうだ。はっきりいってしまえば 動名詞のポイントは，ほぼ同じはたらきをする不定詞の名詞用法との使い分け にある。どちらを使ってもOK の場合と，こっちしかダメ！という場合をおさえるのが大事なんだ。

「主語になるときは不定詞の名詞用法とほぼ同じ，って Point 75 に書いてあるぞ。」

そう。主語になるときにはどちらでも違いはないと考えていい。後ろにくる述語は be 動詞のことがほとんどで，「〜すること」という "ことがら" だから，複数の扱いにはならないから，述語は is か was のどちらかになるのも，不定詞の名詞用法と同じだ。

ただ，次のように動名詞が補語(be 動詞のあと)になる場合は，不定詞との使い分けとは別のところに注意点がある。

① His job is driving a bus .
　　主語　　述語　be 動詞の補語となる動名詞
　（彼の仕事はバスを運転することです。）

② He is driving a bus.
　　主語　述語（進行形）
　（彼はバスを運転しているところです。）

形だけ見るとどちらも〈主語＋be動詞＋〜ing形＋…〉となっているね。だけど，この2つの文章での〜ing形は使いかたが違っている。

①は動名詞だ。**主語が「彼の仕事は」だから「〜すること」と訳すのがふさわしい。**

②は「彼は」が主語なので，述語は〈be動詞＋〜ing〉の進行形。**主語に注目して訳してみればわかる**ね。

「主語以外はぜんぶ同じ単語なのに，ぜんぜん違う文なんですね。」

ちゃんと意味が通るように訳していれば，特に問題はないところだけどね。念のため，注意しておいたぞ。

さぁ，次がいよいよ不定詞との使い分けが必要な，目的語になる場合だ。2つポイントがあるんだけど，まずは1つめ。**一般動詞には，動名詞か名詞用法の不定詞，どちらか一方だけを目的語にするものがあるんだ。**

「うわー，また覚えることがあるんだぁ……。」

いや，たいしたことないよ。とりあえず，動名詞を目的語にする動詞を3つ覚えればいいから。今はこれで十分だ。

=Point=

76　動名詞のみを目的語にする動詞

finish ～ing	enjoy ～ing	stop ～ing
「～し終える」	「～して楽しむ」	「～するのをやめる」

つまり

I enjoyed **watching soccer games on TV** .

（私はテレビでサッカーの試合を見て<u>楽しんだ</u>。）

という文章を

(×)I enjoyed to watch soccer games on TV .

とはできない，ということ。

「動名詞のみを目的語にするのは，３つだけ？　それに，不定詞
　　だけ，という動詞はないのですか？」

　高校英語では間違いなく増えるんだけど，中学英語ではこの３つでい
い。まずはこの３つで使いかたに慣れよう。それに“目的語は不定詞だけ”
という動詞は覚える必要ないね。“目的語は必ず動名詞”という動詞以外
はみんな不定詞を使っておけばいいんだから。

「な～んだ，覚えることそんなにないじゃん。」

　ラクなんだから，絶対にちゃんと覚えてよ。

そして不定詞との使い分けはもう 1 つ。in ～，on ～，at ～などの前置詞の後ろには名詞用法の不定詞は使えない。 **前置詞の後ろに「～すること」という意味を置きたければ，必ず動名詞** になる。連語的に使われるものが多いから，まとめておこう。

Point

77 **〈前置詞＋～ing（動名詞）〉のよく使われる連語**

・How <u>about</u> ～ing …?　：～するのはどうですか?
　　　　　　　　　　　　　　　（～したらどうですか，～しようよ）
・<u>before</u>［<u>after</u>］～ing …　：～する前［あと］に
・be good <u>at</u> ～ing …　：～するのが上手だ
・be interested <u>in</u> ～ing …：～することに興味がある
・<u>without</u> ～ing …　　　：～しないで，～せずに
・thank you <u>for</u> ～ing …　：～してくれてありがとう

連語としてまとめて覚えてしまえば手っ取り早いよ。あ，ちなみに前置詞の後ろにくる名詞は**前置詞の目的語**というよ。前置詞の後ろに代名詞がくる場合 to he じゃなくて to him となったよね。この him は目的格といったでしょ。それじゃ，例題をやってみよう。

Ex. 次の文の（　　）内の語を適する形に直しなさい。

(1) When did it stop（rain）?
(2) Do your homework before（watch）TV.
(3) She went out without（say）anything.
(4) We went to the park（play）tennis.

（1）をケンタくん。日本語訳もしてね。

「はい。stop の後ろだから raining だな。不定詞じゃダメなやつ
だ。えーっと訳は『いつ〜するのをやめたか』だから
Ans.（1）　When did it stop（**raining**）?
『雨はいつやんだのですか？』です。」

正解。こういう日本語訳のついていない問題は，問題で問われていなく
ても必ず訳してみること。「雨が降るのをやめた」では変だから「雨がや
んだ」とうまく訳したね。こんなふうに，訳してみると気づくことが多い
よ。次，（2）をサクラさん。

「はい。before 〜ing，『〜する（ことの）前に』で，命令文だ
から
Ans.（2）　Do your homework before（**watching**）TV.
『テレビを見る前に宿題をしなさい。』です。」

OK。前置詞 before の後ろに置くから動名詞だね。訳も日本語らしくて
いいぞ。次，（3）をケンタくん。

「without って前置詞でさっき出てきたな。後ろは動名詞で～
ing だ。

Ans. (3)　She went out without (**saying**) anything.

う～ん、訳は難しいな。」

　without ～ing は慣れてないと訳しにくい。よく出題されるものだから
ちゃんと覚えておこう。**without は「～なしに」**という意味の前置詞。
そのまま日本語にすれば、「～することなしに」だ。「ない」という意味が
あるから否定語のようにはたらいて、anything が「何も～（ない）」という
意味になる。まとめると……。

「『彼女は**何も言わずに**出ていった。』だ！」

　そう。よくできました。

　せっかくだからもう1つ、⑦で見た **thank you for ～ing** も解説して
おこうかな。この前置詞 for は「～に対して」といった意味で、そのまま
訳すと「～すること（してくれたこと）に対して、あなたに感謝します」、
それを日本語らしくして**「～してくれてありがとう」**となっている。ちゃ
んとわかると覚えやすいだろう？　これもよく出題されるぞ。それじゃ最
後、(4)をサクラさん。

「はい。え～っと、これ動名詞じゃない……、かな？　意味でい
うと、『私たちは公園に行きました』のあとに続くのだから、『～
するために』の不定詞がちょうどいいわ。」

Ans. (4)　We went to the park (**to play**) tennis.

『私たちはテニスをするために公園に行きました。』ですね。」

16
章

　よくできました！　不定詞の問題を１つ交ぜておいたんだ。実際の試験ではこんなふうに，「動名詞が入りますよ〜」とわかりやすい形では出題されないでしょ？　そのうえ動詞を適する形に変える問題では，動名詞・不定詞だけじゃなく，述語になる場合だって当然ある。述語だとしたら，現在形・過去形・進行形と，動詞はさまざまな形に変化していく。大事なのは瞬間的に「コレ！」と決めつけず，**述語になるのかならないのか，意味はどうなるか，前後の語とのつながりはどうかなど，いろんな面から見て正解を見つけていくこと。**これには１つひとつのことがらの正しい知識と，練習が必要だ。最終的にしっかりと点数につながる勉強をしていこうね。

☑CHECK 51

　次の文の（　　）内の語を適する形に直しなさい。

(1) I finished (write) a letter.
(2) Thank you for (invite) me to the party.
(3) How about (play) games after (have) lunch ?

ココで出てきた覚えなきゃいけない単語・熟語	
つづり	意味
job (ヂァブ)	仕事，職
enjoy (エンヂョイ)	〜を楽しむ
finish (フィニシ)	〜を終える，終わらせる
be interested in 〜 (ビ インタレスティド イン)	〜することに興味がある
without 〜 (ウィザウト)	〜なしに
say (セイ)	〜を言う
invite (インヴァイト)	〜を招待する

17章

接続詞

接続詞っていうと，日本語では「そして」とか，「だから」とか，「けれども」とかが思い浮かぶだろうね。

「適する接続詞を選びなさい，っていう問題，苦手だな。」

「ちゃんと読んでないからよ。」

ただ使いかたのルールを知っていれば使い分けられるものではないからね。英語も日本語も，細かいルールばかりに気をとられず，言葉にこめられた意味や気持ちを大事にしよう。

つなぐ接続詞
～ and, but, or, so ～

語と語や文と文などを対等の関係でつなぐ接続詞を，文法用語では等位接続詞というよ。このタイプの接続詞の使いかたは簡単。前後の文や語句のつながりを考えよう。

　接続詞の勉強をするにあたって，最初に知っておいてほしいことがあるんだ。実は，英語の接続詞には2種類ある。1つは日本語で使っているのと同じ感覚で使える「つなぐ接続詞」。ではそれを勉強するよ。

　「『つなぐ接続詞』なんてわざわざいわなくても，接続詞はつなぐものじゃないんですか？」

　日本人ならそう思っていて当然だね。でもね，英語にはただ「つなぐ」のではない接続詞もあるんだ。くわしいことは 17-2 で説明することにして，ここでは「つなぐ接続詞」に集中しよう。具体的にいうと，「語と語・語句と語句・文と文などを対等につなぐ」はたらきをするんだ。

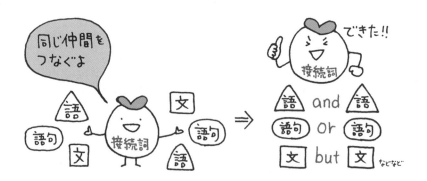

━Point━

(78) and, but, or, so の使いかた

◎**語と語・語句と語句・文と文などをつなぐ**

- **and**　「～と…・そして」　⟶　**単純につなぐ**
- **but**　「しかし」　　　　⟶　**逆接の内容**
- **or**　　「～，または…」　⟶　**選択**
- **so**　　「だから」　　　　⟶　**前の文を原因とする結果**

例1　You ｜**and**｜ Mike are good friends.
　　　　　語　　　　　　語
（あなた**と**マイクはいい友だちです。）

例2　It was cold, ｜**but**｜ we went swimming.
　　　　　　文　　　　　　　　　文
（寒かった**けれど**，私たちは泳ぎに行きました。）

例3　Do you have a dog ｜**or**｜ a cat?
　　　　　　　　　　語句　　　　　　語句
（あなたは犬か，**それとも**猫を飼っていますか？）

例4　I was very tired, ｜**so**｜ I went to bed early.
　　　　　　文　　　　　　　　　文
（私はとても疲れていた**ので**，早く寝ました。）

17
章

　前後の語・語句・文どうしをつなぐ，日本語でもおなじみの使いかただ。種類はここに挙げた４つだけ。意味がわかれば，難しくないよね？　訳しかたは意味が適切で，日本語に合うようにすればいい。

「so だけ意味を知らなかったけど，ほかは知ってるからラクだ！」

　あとは命令文のあとに and や or がくるパターンを覚えておこう。表現として覚えてしまえばいいよ。

〈命令文＋and［or］〜.〉の表現

・〈**命令文 ＋ and 〜 .**〉「…しなさい，**そうすれば〜**」
・〈**命令文 ＋ or 〜 .**〉「…しなさい，**さもないと〜**」

例1 Leave(Start) at once, and you will catch the train.
命令文　　　　　　そうすれば

（すぐに出発しなさい，**そうすれば**その電車に間に合いますよ。）

例2 Leave(Start) at once, or you will miss the train.
命令文　　　　　　さもないと

（すぐに出発しなさい，**さもないと**その電車に乗り遅れますよ。）

「命令文のあとに and や or で文が続くと特別な意味になるのか。」

　そう。**命令文のあとに and 〜なら，「命令文にしたがえば」，or 〜なら「したがわなければ」という意味**になるよ。

「and のあとは『いいこと』，or のあとは『悪いこと』ですね。」

　そうだね。例題を解きながらさらに注意点を挙げていくよ。

 次の日本文に合うように，（　　）に適語を書きなさい。

（1）マイクとジュディと私は高校生です。
　　Mike, Judy （　） I （　） high school students.
（2）トムは日本語を話せますが，書くことはできません。
　　Tom can speak Japanese, （　） can't write it.
（3）急ぎなさい，さもないと学校に遅れますよ。
　　Hurry up, （　） you will be late for school.

(1)をサクラさん。

「はい。『マイクとジュディと私は』だから，前の（　）は and で
ここまでが主語，次の（　）には『〜です』の be 動詞を入れて
Ans. (1)　Mike, Judy (**and**) I (**are**) high school students.」

よし，OK！　この問題には注意すべきところが2つある。1つめは主
語になっている「マイクとジュディと私は」だけど，3つの語をつないで
いるね。2つの語や語句を結ぶときは「A and B」だけど，**3つ以上の場
合は「A, B, C …(,) and D」というつなぎかたをする**んだ。

「ぜんぶを and でつないで『A and B and C and D』じゃ変だ
もんな。」

うん，カッコ悪いよね。もう1つは，問題にもなっていた述語の be 動詞。
（　）の前だけ見て答えを書いちゃうあわてん坊は間違えることがあるだろ
う。この場合直前は I だけど，**3人まとめて主語だから，答えは are と
なる**。気をつけようね。次，(2)をケンタくん。

「はい。前が『〜できる』で，後ろは『〜できない』。but だな。
Ans. (2)　Tom can speak Japanese, (**but**) can't write it.
あれ？　後ろの文，主語がないぞ。」

よく気づいたね。この文のように**後ろの文が前の文と同じ主語の場合，
省略されることがある**。主語だけでなく，共通する部分は省略されること
も多いから気をつけようね。
それじゃ，最後(3)をサクラさん。

「はい。『さもないと』だから
Ans. (3)　Hurry up, (**or**) you will be late for school.」

　正解。〈命令文＋and［or］〜〉も前後の文の意味のつながりを考えればわかりやすい。覚えておけば使いかたは簡単だ。それと，$\overset{\text{Point}}{79}$ の例文で使った **catch**（〈乗り物〉に間に合う），**miss**（〈乗り物〉に乗り遅れる），それに **Ex.**(3) の **be late for 〜**（〜に遅れる）はこのパターンの文によく使われる表現なので，ここで覚えてしまうといいぞ。

☑CHECK 52

➡ 解答は別冊 p.38

次の日本文に合うように，（　）に適語を書きなさい。

(1) 雨が降っていて寒かったので，出かけなかった。
　　 It was rainy（　）cold,（　）I didn't go out.
(2) ここに来れば富士山が見えますよ。
　　 Come here,（　）you can see Mt.Fuji.

ココで出てきた覚えなきゃいけない単語・熟語	
つづり	意味
アンド and	〜と〜，そして，そうすれば
バト but	しかし，けれど，だが
オー-(ァ) or	または〜，それとも
ソゥ so	だから
リーヴ leave	出発する
スタート start	出発する
アト ワンス at once	すぐに
キャッチ catch	つかまえる，(乗り物などに)間に合う
トゥレイン train	列車
ミス miss	(乗り物などに)遅れる
ハーリィ アップ hurry up	急ぐ
ビ レイト フォ be late for 〜	〜に遅れる

カタマリを作る接続詞
〜that, when, if, because〜

カタマリを作る接続詞を，文法用語では従位接続詞〔従属接続詞〕というよ。こちらのタイプの接続詞の攻略ポイントは，「〈主語＋述語〉の文の作り」と「語のカタマリ」の考えかた。要するに今まで勉強してきたことだよ。

で教えた「つなぐ接続詞」，and, but, or, so は使いかたが簡単だったね。〈命令文＋and［or］〜〉の表現以外は特に新しい知識もなかっただろう。

　でも，で教える接続詞はちょっと使いかたが違うから，意識して理解しようとしてほしい。ここで勉強するのは「カタマリを作る接続詞」だ。

　「カタマリを作る？」

　そう。ここで学ぶ接続詞は**〈接続詞＋主語＋述語＋〜〉という形でカタマリを作り，文中でいろいろな役割をする**んだ。

　「どういうことですか？」

17
章

　まず1つ例を挙げるとすると

　　I was eating lunch.　（私は昼食を食べていました。）

の前に when をつけると「私が昼食を食べていたとき」という意味になって，「私が昼食を食べていたとき，〜でした。」という文を作ることができる。こんな感じだ。

He was running **when** I was eating lunch.
（私が昼食を食べていた**とき**，彼は走っていた。）

「へぇ，when は疑問詞の『いつ』っていう意味だけじゃないん
ですね！」

「この文には主語と述語が２つありますね。」

　そうなんだ。カタマリを作る接続詞は，後ろに必ず〈主語＋述語〉を含む
文がくる。だから全体では主語と述語が２つになるんだね。

「そうか，今度は文全体をカタマリとして考えて，when I was
eating lunch で『私が昼食を食べていたとき』とするんだね。」

　そういうこと。この when I was eating lunch の文中での役割を考えると，
then（そのとき）みたいな修飾語（副詞）の単語と一緒だね。「昼食を食べて
いたとき」でも「そのとき」でも文の中での役割は同じだからさ。

「『いつ』していたかというのを説明する修飾語の役割ですね。」

　そう。さっきいった「ここで学ぶ接続詞は〈接続詞＋主語＋述語＋〜〉
という形でカタマリを作り，文中でいろいろな役割をする」というのはこ
ういうこと。〈主語＋述語〉の前に接続詞がくっついてカタマリを作り，**本
体の文の中で何かの役割をする**ようになるんだ。

「不定詞も名詞や形容詞や副詞の役割をしてましたね。」

目のつけどころがいいね！　不定詞は〈to ＋動詞の原形＋～〉でカタマリを作って，いろいろな役割をしていた。ほかにも〈前置詞＋名詞〉のカタマリ（例えば，in the park）が修飾語（副詞）の役割をするという話もしたよね。今回は〈接続詞＋主語＋述語＋～〉というカタマリに注目していくんだ。

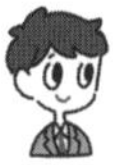

「接続詞がつくことで，〈主語＋述語〉を含む文が主役じゃなくて，脇役になるんだな。」

面白い発想だね。でも正しくイメージできているよ。**接続詞のついた部分は脇役になるから，本体のほうの〈主語＋述語〉と区別して考えるようにしよう！**

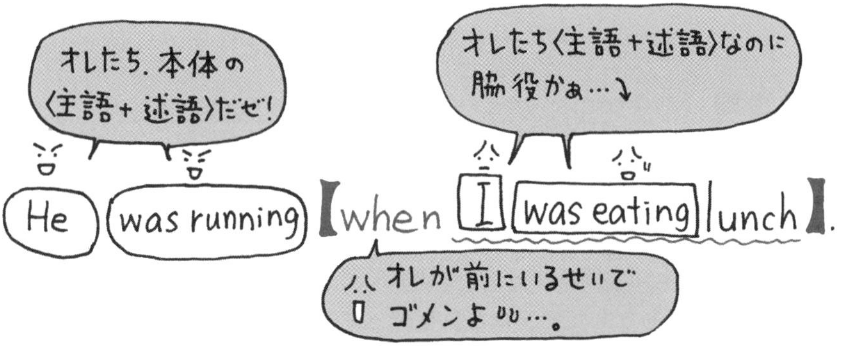

ちょっと前置きが長くなってしまったけど，Point 80にまとめておくよ。ここでは文の作りの説明を見やすくするために，主語を㊟，述語を㊮などと表すから，ビックリしないようにね。

17章

―Point―

80　that, when, if, because などカタマリを作る接続詞の使いかた

◎【接続詞 + 主′ + 述′ + 〜】という「**語のカタマリ**」を作り，文中でいろいろな役割を果たす。

・主 + 述 +【(that) 主′ + 述′ + 〜】:【〜ということ】

・主 + 述 + …【when 主′ + 述′ + 〜】:【〜ときに】

・主 + 述 + …【if 主′ + 述′ + 〜】:【〜ならば】

・主 + 述 + …【because 主′ + 述′ + 〜】:【〜なので】

例1　We know【(**that**) Ken lives near here】.
主　　述　「〜ということ」主′　述′
(私たちは，【ケンがこの近くに住んでいる**こと**】を知っています。)

例2　My brother was reading【**when** I came home】.
主　　　　述　　　「〜ときに」主′　述′
(【私が帰宅した**とき**】，兄は読書をしていました。)

例3　Will you help me【**if** you are free】?
主　　　　　　「〜なら」主′　　述′
述
(【あなたがヒマ**なら**】手伝ってもらえますか？)
※文本体が疑問文なので，？がついています。

例4　I went to bed early【**because** I was very tired】.
主　述　　　　　　「〜なので」　　主′　述′
(【私はとても疲れていた**ので**】，早く寝ました。)

　この【**接続詞＋主′＋述′＋〜**】は，1つのカタマリととらえてね。この【　】のカタマリは，独立した1つの文ではなくて「節」と呼ばれる文の一部なんだ。だから本体の主，述と区別して，主′，述′としたよ。

　日本語に訳すときは，【　】の部分をまとめて訳しているのがわかるね。

「『つなぐ接続詞』を使った文は，前から順に訳していって，接
　続詞はつなぐだけだったから，だいぶ違いますね。」

　うん。だから，わざわざ「接続詞は２種類あるよ」と分けて説明してい
るんだ。それでは⑧でまとめたカタマリのはたらきを考えていこう。
　まずは【(that)主'＋述'＋〜】だけど，これは**「〜する（という）こと」**
という意味で「ことがら」を表している。だから全体で名詞のはたらきを
している，ということだね。多くの場合は動詞のあとに続いて，「〜を」
の目的語になるぞ。

「that にカッコがついているのはなぜですか？」

　この接続詞 that は省略できるんだ。なくても文の作りがわかりやすい
からね。なくてもいいのだから，省略されていることが多い。この that
と一緒によく使われる動詞は

think (that) 主'＋述' 〜　　「〜と思う」

know (that) 主'＋述' 〜　　「〜と知っている」

hope (that) 主'＋述' 〜　　「〜と願う」

say (that) 主'＋述' 〜　　「〜と言う」

believe (that) 主'＋述' 〜　「〜と信じている」

あたりだね。どれも見たことのある単語ばかりだろう。ほかにもこの that
と一緒に使われている動詞が出てきたら覚えてね。

17
章

そして that 以外の３つは，役割はみんな同じ。「いつ」なのか，「なぜ」なのか，などを表す修飾語（副詞）と同じだ。

「意味は違うけど，yesterday とか then とかと役割は同じですよね。」

そうだね。実はこの，カタマリを作るタイプの接続詞は，これからほかにもいくつか出てくると思う。その多くは，when や if と同じく修飾語（副詞）の役割になるカタマリを作るんだ。意味はそれぞれ違うけど，作りや使いかたは同じだよ。覚えておくといい。それじゃ，例題にいこう。

 Ex. 次の日本文に合うように，（　　）内の語句を並べかえなさい。

(1)　私は，日本は美しい国だと思う。
　　I think（country, Japan, beautiful, a, is）.
(2)　父が車を洗うとき，私はいつも手伝います。
　　（his car, washes, my father, when）, I always help him.
(3)　私はバスに乗り遅れたので学校に遅刻しました。
　　（late, the bus, because, was, I, I, missed, for school）.
(4)　テレビを見る前に宿題を終わらせるつもりだ。
　　I will finish my homework（TV, watch, before, I）.

文の作り，語順の確認をするために並べかえ問題だ。（1）をサクラさん。

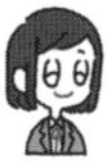

「はい。まずは日本語をしっかり理解しないと。『私は～と思う』が本体の〈(主)+(述)〉で，『日本は美しい国だ』と思っているのだから……そうか，これは that が省略されているんだわ。

Ans. (1) I think (**that**) (**Japan is a beautiful country**).」

(主) (述) 「～ということ」 (主)′ (述)′

正解。that の省略に気づいてしまえば簡単だね。今のサクラさんのように，脇役の【**接続詞**+(主)′+(述)′+～】の前にまず，本体の〈(主)+(述)〉をしっかり確認して文の作りを決定していこう。まぁ，日本語の〈主語+述語〉はこれまでも注意してきたから，いつも通りってことだ。次，(2) をケンタくん。ちょっと例文と違う形になっているけど，考えてみて。

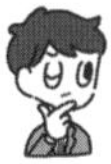

「『私は～手伝います』が本体の〈(主)+(述)〉だな。そんで『父が車を洗うとき』が when でカタマリを作る部分だ。あれ，本体の〈(主)+(述)〉が後ろにあるぞ？　カタマリがごっそり前に出てるのかな？

Ans. (2) (**When my father washes his car**), I always help him.」

「～ときに」 (主)′ (述)′ (主) (述)

その通り！　**接続詞で作ったカタマリ(節)は，文の最初に置かれる場合もあるんだ。そういう場合は，文本体の前に「，(カンマまたはコンマ)」がつくよ。**節の中の語の並び，語順は問題ないね。ふつうの文と同じ作りだもんな。それじゃ，(3) をサクラさん。今度は全文の並べかえだよ。

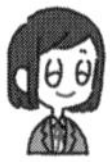

「はい。『私は～遅刻しました』が本体の〈(主)+(述)〉で，『バスに乗り遅れたので』が because でカタマリ(節)を作る部分。『～に遅れる』は習ったばかりの be late for ～を使えばいいわ。

Ans. (3) (**I was late for school because I missed the bus**).」

(主) (述) 「～なので」 (主)′ (述)′

17 章

OK。主語・述語の確認がしっかりできていると解くのがラクだろう？　その調子だよ。それじゃ，最後(4)をケンタくん。Point 80には出てこなかった接続詞を使っているぞ。

(4)　テレビを見る前に宿題を終わらせるつもりだ。
I will finish my homework (TV, watch, before, I).

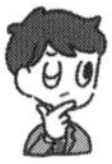

「え，出てこなかったヤツ？　でもこれ，本体の〈主＋述〉の『(私は）終わらせるつもりだ』のほうはできてるな。あとは『テレビを見る前に』か。なんだ，before じゃん。『〜の前に』，覚えてるぞ。使いかたは，ほかの接続詞と同じなんだよな。

Ans. (4)　I will finish my homework (**before I watch TV**).」

（I＝主，will finish＝述，before＝「〜する前に」，I＝主′，watch＝述′）

正解。では，ちょっと新しいことを教えたいから，この(4)の書きかえ問題をやってもらおう。

　I will finish my homework before I watch TV.
＝I will finish my homework before (　　) TV.

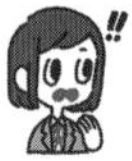

「えー？　単語の数が減っちゃいましたよ？」

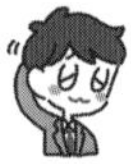

「before (watch) TV とか？　ダメだよね……。」

ケンタくん，それはダメ！　よく苦手な子がやる間違えかただ。なんとなく，これかなって思ったのを答えてバツをもらう，いちばんダメなパターンだ。

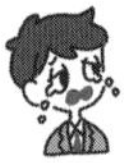

「すいません。でもわからなくて……。」

うん，ちょっと難しかったかな。実は before や反対の意味の after は，前置詞としても使われるんだ。書きかえの（　　）の前の before は前置詞として使っているよ。

「接続詞の場合も，前置詞の場合もあるんですか。」

そう。前置詞って名詞の前に置くモノだったよね。でもケンタくんが思うように watch っていう動詞を入れたい。ということは動詞を名詞として扱う形が before のあとに入るということだ。

「わかった！
　　I will finish my homework before I watch TV.
　　＝I will finish my homework before (**watching**) TV.」

正解。「テレビを見る（ことの）前に」という意味になっているね。たまに問われる問題だから触れておいたよ。

前置詞もカタマリを作る接続詞も，「後ろに語句を引きつれてカタマリを作る」のは同じだ。違うのは**前置詞は後ろに名詞，接続詞は後ろに**〈主′＋述′〉**という文と同じ作り**が続くという点。before や after は両方の品詞として使えるよ。

　これで接続詞の説明は終了！　**17₋₂**のほうの接続詞は苦手とする人が多いところだ。あわてずに文の作りをしっかり考えていくことが大事だよ。ちゃんと理解しようね！

☑CHECK 53

➡ 解答は別冊 p.38

次の日本文に合うように，（　　）内の語句を並べかえなさい。

(1) 明日晴れたらいいな。
　　 I hope (will, tomorrow, it, fine, be).

(2) 辞書をもっていたら貸してください。
　　 (a dictionary, you, if, have), please lend it to me.

(3) この仕事を終えたら家に帰ろう。
　　 Let's go home (finish, this work, we, after).

ココで出てきた覚えなきゃいけない単語・熟語	
つづり	意味
_{ザト} that 主′＋述′	～ということ
_{(フ)ウェン} when 主′＋述′	～のときに
_{イフ} if 主′＋述′	～ならば
_{ビコ(ー)ズ} because 主′＋述′	～なので
_{フリー} free	自由な，ヒマな
_{カントゥリィ} country	国

比較

2人は双子だし，なにかと比較されるん
じゃない？

「もう慣れっこですけど，サクラが
　優等生だから迷惑してるんです。」

「なにそれ。でも最近お兄ちゃんも
　調子いいわよね。」

「この本で勉強してるしね。やれば
　できる子なんです！」

あはは，それじゃどんどん調子上げていこう。

形容詞・副詞の比較変化

2つのものを比較して「もっと〜」というときには形容詞や副詞の形が変化する。まずは
変化のしかたをしっかり覚えよう。

　この章では形容詞・副詞が語形変化して使われる，比較の表現を勉強し
よう。形容詞や副詞はどんなモノか，もう理解しているかな？

　形容詞は名詞を修飾するモノ。例えば「若い男性」の「若い」が形容詞だ。

　副詞は名詞以外を修飾するモノ。例えば「速く走る」なら「速く」が副
詞で「走る」という動詞を修飾している。「とても速く走る」なら「とても」
も副詞で「速く」という副詞を修飾しているんだ。形容詞や副詞は前に勉
強したね。

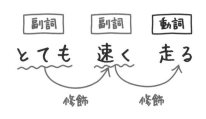

「もう慣れました！　けど，もう1回読んでおこうかな。」

英語では 形容詞や副詞は，「もっと〜」とか「最も〜」などと，比べ
る表現をするとき，語の形を変えなければならないんだ。

「なんでそのままじゃいけないんですか？」

ちょっと考えてみて。「〜よりもっと大きい」というのは「大きい」と同じ意味なのかな？　例えば、どちらも「小さい」ハムスター２匹を比べて「こっちのほうがもっと大きい」、ということはできるけど、この「ハムスターは大きい(big)」というのはおかしいよね。だってハムスターどうしで比べたら大きいほうだけど、ふつうに考えるとハムスターって小さい(small)でしょ。

「そうか、『もっと大きい』は『大きい』と同じ意味ではないってことですね！」

そう。Bと比べると、Aのほうが「大きい」といっているのであって、A自体が必ずしも「大きい」というわけではない。**表す意味が違うんだから、単語も変わって当然でしょ**。だから、比較する表現では形容詞や副詞の形を変えなければならない。

「どんなふうに変化するんですか？」

形容詞や副詞の変化は原級(もとの形)、比較級(もっと〜)、最上級(最も〜)の３段階だ。 ３つをセットにして覚えていこう。

18
章

Point

81　形容詞・副詞の比較変化（-er, -est となるモノ）

・原級（もとの形）の**語尾に** -er，-est **をつける**（最上級には
the をつける）。つけかたのルールは規則変化動詞の -ed と同じ。

原級	比較級	最上級	-er, -est のつけかた
young	younger	the youngest	-er，-est をつける
large	larger	the largest	〈-e〉で終わる語 → -r，-st をつける
early	earlier	the earliest	〈子音字 + y〉で終わる語 → y を i にして -er，-est
hot	hotter	the hottest	〈短母音 + 子音字〉で終わる語 → 子音字を重ねて -er，-est

 「-er, -est のつけかたは，過去形の -ed と同じなんだ。やった！」

うん，そんなに難しくないね。しかし，これだけではないんだ。次は，
more や **the most** をつけるモノだ。

Point

82　形容詞・副詞の比較変化（more, the most をつけるモノ）

・**比較級は〈more 原級〉，最上級は〈the most 原級〉**

原級	比較級	最上級
interesting	more interesting	the most interesting
beautiful	more beautiful	the most beautiful
difficult	more difficult	the most difficult
important	more important	the most important
popular	more popular	the most popular

※出てきた形容詞・副詞から 1 つずつ覚えていくこと。

「単語は変化させなくてもいいんだ！　それにしてもスペルの長い単語が多いですね。」

「more，the most を前に置くのは『長い語』と思っていいんですか？」

うーん，そうやって覚える人もいるけど，「長い」と感じる文字数は人それぞれだし，そういう判断はオススメできないな。**最初は，-er，the -est をつけてみて発音しにくいと感じたら more，the most と判断したらいい。**何度もいっているけど，自分で判断して間違えれば覚えるきっかけになる。よく出てくるものはそう多くないから，そうやって判断して解いているうちに，「知らない単語が出てくる」ということはなくなるよ。

「はい，少しずつ覚えます。」

そして，最後に不規則に変化するものをまとめておくよ。

─Point─

83 形容詞・副詞の比較変化（不規則変化）

・**不規則変化は2種類覚えればよい。**

原級	意味	比較級	最上級
good	[形] よい，上手な	better （ベタァ）	the best （ザ ベスト）
well	[副] よく，上手に [形] 健康で		
many	[形] たくさんの （数えられる名詞に使う）	more	the most
much	[形] たくさんの （数えられない名詞に使う） [副] 大いに，とても		

※よく使われ，使いかたに注意が必要な語ばかり。しっかり覚えよう。

18章

もっと
くわしく　bad（悪い）と ill（悪い，〈健康が〉すぐれない）の 2 語も不規則変化をし，どちらも比較級は worse（もっと悪い），最上級は the worst（最も悪い）となる。雑誌やテレビで " ワースト○○ " という表現を見かけることもあるかと思うが，それは「最も悪い○○」という意味である。

「good と well，many と much は同じ形になっちゃうんだ。」

どちらのペアも意味はよく似ていて，使いかたが違う感じでしょ？　ぜんぶ超重要語だから比較級・最上級の形だけでなく，これらの単語自体ここでしっかり覚えてしまいたいところだね。

「Point 81 ～ Point 83 を見てて気づいたんですけど，最上級には the がつくんですね。」

そうだね。「最も～」というのはどれか（誰か）1 つに決まり，特定のもの（人）になるから，という考えかたから 最上級には the がつく んだ。それじゃ，例題をやってみよう。

Ex. 次の語の比較級・最上級の形を答えなさい。

(1) hard　　(2) late　　(3) easy　　(4) big
(5) careful　(6) exciting　(7) quickly　(8) tired

---

(1)～(4)をサクラさん。

「はい。hard はそのままね。late は -e で終わる語だから -r，-st だけつけて，easy は語尾が〈子音字＋ y〉だから y を i に変えて，big は最後の文字を重ねるタイプだわ。

Ans. (1)　hard - **hard<u>er</u>** - **the hard<u>est</u>**

(2)　late - **late<u>r</u>** - **the late<u>st</u>**

(3)　easy - **eas<u>ier</u>** - **the eas<u>iest</u>**

(4)　big - **big<u>ger</u>** - **the big<u>gest</u>**

これらは動詞の過去形の -ed と同じ考えかたで -er や the -est をつければいいんですね。」

ぜんぶ正解だ。動詞の過去形でも -ed をつけるときに同じように変化させね。忘れてしまった人はを見直して，今回の比較級 -er，最上級 -est のつけかたと見比べておこう。

少し解説しておくよ。(1)はそのままだから置いといて，(2)と(3)は形で判断できるものだね。-e で終わって -r，-st だけつけるものはほかに **fine** や **nice** がある。〈子音字＋ y〉で終わって，y を i に変えて -er，-est をつけるものは **happy** や **early** などがそうだ。**最後の文字に気をつけて見逃さないように。**

(4)の子音字を重ねるパターンの語はとても少ないぞ〜。**hot** と，この **big**，それに **sad**。今はこの 3 つだけ覚えておけば十分だ。

ボクたちは
y を i にして -er，-est

ボクたちは 最後の文字を
重ねて -er，-est

happy early　hot big sad

「e と y で終わる語に気をつけて，重ねるのは 3 語だけ覚えればいいのか。なんだ，けっこうラクかも。」

そうでしょ？　そんなに怖がることないから。じゃ，残りもやってみよう。ケンタくん，頼むよ。

「Ans. (5)   careful - **more careful** - **the most** careful
(6)   exciting - **more exciting** - **the most** exciting
(7)   quickly - **more quickly** - **the most** quickly
(8)   tired - **more** tired - **the most** tired

つづりが長いから，ぜんぶ more，the most だと思いました。」

たしかにそうだね。実は(5)～(8)の語は語尾を見ると，more，the most をつけるとわかるんだ。

「語尾？　どういうことですか？」

-ing，-ed，-ful，-less，-ous，-ly で終わる形容詞や副詞は more ～, the most ～の変化をするんだ。**1つだけ例外として early だけは earlier - the earliest と変化する**ことを覚えておこう。

「たしかにそういう語尾の単語はけっこうありますね。beautiful とか，slowly（ゆっくりと）とか。」

うん，それらも more ～, the most ～の変化をするね。今説明したようなことは，覚えていくときの助けにすればいい。これ自体を覚えることが目的ではないからね。

もっと
くわしく

-ing，-ed，-ful，-less，-ous，-ly などの語尾の形容詞や副詞は，ほかの単語につづりをつけ足して作った語である。こういう語はさらに -er，-est をつけ足さないので，必ず more ～, the most ～の変化になる。

> 形容詞を作る語尾 … 動詞＋ing，動詞＋ed
> 　　　　　　　　 … 名詞＋ful，名詞＋less，名詞＋ous
> 副詞を作る語尾 　 … 形容詞＋ly

動詞に -ing や -ed をつけた形容詞の例としては exciting や tired など（excite という動詞は「～をわくわくさせる」，tire という動詞は「～を疲れさせる」という意味）がある。

副詞を作る形容詞＋ ly はわかりやすいし便利だから覚えておくといい。例えば slow（遅い）＋ ly で slowly（ゆっくりと）という副詞になるし、ほかにも、easy（簡単な）は easily（簡単に）となる。quickly（すばやく）はもとは quick（すばやい）である。このように ly をつけて副詞を作ることのできる形容詞は多い。

☑**CHECK 54**　　　　　　　　　➡ 解答は別冊 p.38

次の語の比較級・最上級の形を答えなさい。

(1) tall　　(2) careless　　(3) happy　　(4) wonderful

ココで出てきた覚えなきゃいけない単語・熟語	
つづり	意味
_{スモール} small	小さい
_{ラーヂ} large	大きい，広い
_{インポートゥント} important	重要な，大切な
_{パピュラァ} popular	人気のある
_{イル} ill	悪い，（健康が）すぐれない
_{イーズィ} easy	簡単な
_{イクサイティング} exciting	刺激的な，わくわくさせる
_{クウィクリィ} quickly	すばやく
_{ナイス} nice	よい，すてきな
_{イクサイト} excite	〜をわくわくさせる
_{スロウ} slow	遅い，ゆっくりとした
_{スロウリィ} slowly	遅く，ゆっくりと
_{イーズィリィ} easily	簡単に
_{クウィック} quick	すばやい
_{ケアレス} careless	不注意な
_{ワンダフル} wonderful	素晴らしい

18
章

18-2 比較表現の基本文

比較表現を使った文だからといって，文の作りは変わらない。今まで勉強してきたことを基本に，比較表現をつけ足す感覚で学んでいこう。

　今度は勉強した原級・比較級・最上級を使って，比較表現の文の作りかたを勉強しよう。まずは原級からいくよ。

━Point━
84 原級を使った比較表現

① as 原級（…）as ○○　　「○○と同じくらい～」

原級の形容詞・副詞の前に **as**，後ろに［**as**＋**比べられるもの**］を置く。

例1　Tom can run **as** fast **as** I (can).
（トムは私と同じくらい速く走ることができる。）

例2　It is **as** hot today **as** yesterday.
（今日は昨日と同じくらい暑い。）

② **not as 原級**（…）**as** ○○　　「○○ほど～ない」

例3　Tom can**'t** run **as** fast **as** I (can).
（トムは私ほど速く走ることができない。）

例4　It is**n't as** hot today **as** yesterday.
（今日は昨日ほど暑くない。）

　as ～ as の後ろの as は，**17章** で勉強した接続詞だよ。だから後ろの as のあと，ふつうは〈主語＋述語〉のパターンが続いて，いらない部分が省略されるんだ。

【 Tom can run fast. 】 + 【 I can run fast. 】

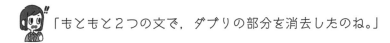

(2つの文を足して「同じくらい
速く走れる」という意味にしたい)

Tom can run as fast as I can run fast.

⇨ Tom can run as fast as I (can).　← ダブリを消去

「もともと2つの文で，ダブリの部分を消去したのね。」

そうだね，こういう2つの文からの成り立ちを知っておくと 例2 のような文も納得できるよ。

【 It is hot today. 】 + 【 It was hot yesterday. 】

(2つの文を足して「同じくらい
暑い」という意味にしたい)

It is as hot today as it was hot yesterday.

⇨ It is as hot today as yesterday.　← ダブリを消去

「『as で形容詞や副詞をはさむ』って覚えればいいんじゃないんですね。」

「『as ではさむ』とだけ覚えていたから，並べかえ問題とかで as hot as って答えちゃうところでした。」

そうだね。『as ではさむ』と覚えるだけじゃなくて，2つの文からの成り立ちを意識して「もとの文はどうなっているかな？」と考えられると，ほかの人が間違えるような問題も解けるようになるぞ。

18
章

as と as の間に複数の語が入る例文として

She reads as many books as Ken.

というのが定番としてあるけど，これも成り立ちを見ると納得するよ。

【 **She reads many books.** 】 ＋ 【 **Ken reads many books.** 】

（2つの文を足して「同じくらい
多くの本を読む」という意味にしたい）

She reads as many books as Ken reads many books.

➡ **She reads as many books as Ken.** ⟵

ダブリを消去

並べかえ問題として出題されると

（✗）She reads as many as books Ken.

としてしまう人がいる。間違えないように！

「84 の②で，『○○と同じくらい～』の否定文は『○○ほど～な
い』になっちゃうんだ。何か変じゃない？」

「同じくらい，～ではない」がふつうだろうね。それでも「○○ほど～
ではない」という意味になる。きちんと覚えておかないと正解できない，
要注意事項だ。

それじゃ次は，比較級を使った表現いくよ。

┌Point┐

(85) 比較級を使った比較表現

① **比較級**（…）**than** ◯◯　「◯◯よりも〜」

形容詞・副詞を**比較級**にし，後ろに［**than＋比べられるもの**］を置く。

例1 Tom can run **faster than** I (can).
（トムは私よりも速く走ることができる。）

例2 This question is **more difficult than** that one.
（この問題はあの問題よりも難しい。）

※ one は，同じ名詞をくり返すときに使う代名詞。

② **Which** [Who] + … + **比較級, A or B**？
　　　　　　AとBではどちらのほうが（より）〜か？

例3 **Who** can run **faster**, Tom **or** Mike？　─　Mike can.
（トムとマイクではどちらがより速く走ることができますか？　─　マイクです。）

例4 **Which** is **newer**, your bike **or** mine？　─　Yours is.
（あなたの自転車と私の自転車ではどちらが新しいですか？　─　あなたのです。）

18章

①の than の後ろもさっきの as と同じように，〈主語＋述語〉のパターンが続いて，いらない部分が省略されると考えよう。

「比較級を使うと②のように『どちらがより〜？』っていう疑問文ができるんですね。Aですか，それともBですか，っていう。」

このパターンの疑問文は，主語をたずねる場合がほとんどだ。主語をたずねる疑問文は **5-3** で勉強したね。疑問詞が主語になるパターンだ。必要ならば復習しておこう。

次は最上級の文だ。

---Point---

86　最上級を使った比較表現

① the 最上級（…）in［of］○○　「○○の中で最も～」

　　形容詞・副詞を **the＋最上級** にし、後ろに **in［of］○○** を置く。

　　例1　Tom can run **the fastest in** his class.

　　　　（トムはクラスの中で最も速く走ることができる。）

　　例2　Which is **the most difficult problem of** the three?

　　　　（3問中最も難しい問題はどれですか？）

② 「**…の中で**」──→ **in** … と **of** … の使い分け

<table>
<tr><td align="center">**in 範囲**</td><td align="center">**of 複数の対象**</td></tr>
<tr><td></td><td align="center">◯ ◯ ◯ ◯ ◯</td></tr>
<tr><td align="center">his class
Japan　など
集合名・地名</td><td align="center">the 数（＋複数名詞）
all（the 複数名詞）
us（you・them）all
など</td></tr>
</table>

「最上級は『最も～』という意味だから the がついて、後ろに『…の中で』っていう意味のカタマリがくるんだ。」

　最上級の基本文の使いかたの中では、in/of の使い分けがポイントになるだろう。**in はクラス・学校・家族などの集合名や、場所や地名といった、ひと囲いの範囲**を表す。**of は複数の対象の中からの選択**を表す。**of のあとには複数名詞が数か all と一緒に使われていることがとても多い**のでわかりやすいよ。

「後ろが単数だったら in，複数だったら of で OK ですね？」

　基本的には OK，といっておこう。ただ，複数形だけど 1 つの範囲として考える場合もあって，そういうときは in を使う。表面上の形より，受けとりかた・考えかたの問題なんだ。

「それにしても，いろんな表現がいっぺんに出てきて大変な感じ。」

　「比較」って，かなり盛りだくさんな文法単元なんだよね。でもね，ここまで「〈主語＋述語〉を基本とする文の作り」に注目しながらしっかり勉強してきたキミたちにとって，実は「比較」はそう難しいものではないはずなんだ。それを確認するためにも，最後に今までの表現をまとめるよ。

Point

87　比較表現の文の成り立ち

- Tom can run 　　　 fast.
  Tom can run **as** fast 　　 **as I (can)**.
  Tom can run 　　 fast**er** **than I (can)**.
  Tom can run **the** fast**est in his class**.

- This question is 　　　　　 difficult.
  This question is 　　　　 **as** difficult **as that one**.
  This question is 　　 **more** difficult **than that one**.
  This question is **the most** difficult **of the three**.

もとの文の作りは，まったく変わっていない。

→〈**主語＋述語**〉からもとの文の作りを考えて，
　あとから比較表現をつけ足せばよい！

　比較表現の入らないふつうの文を，各級の比較表現の文に変化させて並べたよ。黒い字のところはすべて同じ。つまり，もとの文が作れれば，あとは赤い字の比較の表現を足せばいいということだ。

「比較表現をつけ足しているだけで，〈主語＋述語〉とかの作りは
何も変わっていないんですね。」

　そう。だからふつうの文が作れれば，あとはそれぞれの表現に必要な変
化をさせて，語や語句をつけ足すだけだ。作文なんかで困ったら，〈主語
＋述語〉の基本の作りから考えてみるといいね。覚えておこう。それじゃ，
例題にいくよ。

> ## Ex. 次の日本文を英語にしなさい。
>
> （1）　私は兄と同じくらい一生懸命英語を勉強するつもりです。
> （2）　ケンはお母さんほど早く起きません。
> （3）　エミとアキでは，どちらのほうが上手に泳ぐことができます
> 　　　か？
> （4）　彼は，私たちの学校で最も人気がある先生です。

　英作文にチャレンジだ。いつも通り〈主語＋述語〉を中心に文の作りを考
えていくんだよ。（1）を，サクラさん。

「はい。『私は〜勉強するつもりです』が〈主語＋述語〉で，述語
のすぐあとには『英語を』ね。『一生懸命』は hard を使うと
　　I will study English hard.
そこに『○○と同じくらい』の as 〜 as ○○ をつけるから
Ans. （1）　**I will study English as hard as <u>my brother</u>.**」

　OK。述語は「〜するつもり」だから will を使うね。それに『兄』をちゃ
んと <u>my brother</u> にできているところもエラい。よくできました。基本の文
の作りがわかってしまえばそれほど難しくないよね。作文問題では当然だ
けど，それ以外の問題でも全体の文の作りがわかっていると解くヒントに
なるはずだよ。

次，(2)をケンタくん。

「はい。比較の意味をとっちゃえば『ケンは〜早く起きません』
だな。これなら簡単。

　Ken doesn't get up early.

そこに『お母さんほど〜』をつけ足すんだから

Ans. (2) **Ken doesn't get up as early as <u>his mother</u>.**

not as 〜 as … は『ほど〜ない』だ。覚えなきゃいけないやつだな。」

その通り！ 「起きる」の get up はもう覚えたね。「お母さん」にちゃ
んと his がついているのも素晴らしい！ 作文では文の作りだけじゃなく，
名詞・代名詞の使いかたにはいつも気を配らないといけない。日本語と特
に違う部分だからね。ここまで文が正しくできれば，比較表現はつけ足す
だけ。説明がいらないくらいだね。次，(3)をサクラさん。

「はい。これは who〔which〕を使う疑問文ね。〈主語＋述語〉が『ど
ちらが〜泳ぐことができますか』だから，主語をたずねる疑問
文にすればいいんだわ。

Ans. (3) **Who can swim better, Emi or Aki?**

『上手に』の well の比較級，不規則変化の better ね。」

正解。**日本語に「どちらが」とあっても，人の場合は who を使うよ。**
あと，コンマを忘れずに。最後(4)をケンタくん。

「はい。〈主語＋述語〉が『彼は〜先生です』で

　He is a teacher.

『最も人気がある〜』が『先生』について，最上級だから，a じゃ
なくて the にしないとな。最後に『私たちの学校で』だ。

Ans. (4) **He is the most popular teacher <u>in our school</u>.**

popular は more / the most のほうだよな。」

よくできました。最上級だから the をつけなきゃダメだよ。

　今までと変わらない文の作りの中の形容詞や副詞に，比較の表現がつけ足されているだけ，ということがわかってもらえたかな？ まずはそのことを意識して，比較表現の基本文をマスターしよう。それができれば，このあとに出てくる慣用表現もずっと覚えやすくなるはずだし，書きかえなどの問題にも落ち着いて対処できるようになるはずだよ。

☑CHECK 55

➡ 解答は別冊 p.38

次の日本文に合うように，（　　）に適語を書きなさい。

（1）あなたのコンピュータは私のほど古くない。
　　　Your computer is（　　）（　　）（　　）（　　）mine.
（2）私にとって英語は数学よりも難しいです。
　　　English is（　　）（　　）（　　）math for me.
（3）彼はその4人の中で，最もたくさん本をもっていた。
　　　He（　　）（　　）（　　）books（　　）the four.

ココで出てきた覚えなきゃいけない単語・熟語	
つづり	意味
クウェスチョン question	質問，問い
プラブレム problem	問題

18-3 注意すべき比較の表現

比較表現の中で，慣用的に使われるもの，覚えておかないと答えに困るものを集めたよ。
試験で問われるところだ。

　比較表現の基本文を学んだところで，今度は基本パターンにあてはまらないものや慣用表現を勉強しよう。試験でもよく出題されるものだからしっかり覚えてほしい。

Point 88 「好き」の比較表現

① like A better than B　「BよりAのほうが好き」

例1 My mother **likes** dogs **better than** cats.
（母は猫より犬のほうが好きです。）

例2 Which do you **like better**, tea or coffee ?
（あなたは紅茶とコーヒーではどちらのほうが好きですか？）

② like ～ (the) best in[of] ○○
「○○の中で最も～が好き」

例3 I like summer (**the**) **best** of all the seasons.
（私はすべての季節の中で最も夏が好きです。）

例4 What subject do you **like** (**the**) **best** ?
（あなたはどの科目が最も好きですか？）

※ like ～ the best の the はつけないこともあります。

18章

この表現で使う better / best は特別な使いかただ。better / best の原級は well だけど

　　　（×）I like dogs well.

とはいわない。 like の文の比較表現には better / best を使う ということを覚えて使うしかないんだ。

「たしかに知らなきゃできないですね。覚えておかないと。」

「日本語で『猫より犬のほうが好き』などといわれるとどっちが like の直後で，どっちが than のあとか，わからなくなっちゃいます。」

日本語の意味を考えて，「より好きなほう」を先に書けばいいよ。

コツ27 日本語 → like A better than B

日本語の意味を考え，「**より好きなほう**」を like の直後に。

「猫より犬のほうが好き」→「犬のほうが好き」ということ！

→　like dogs better than cats
　　　　↑好きなほうを先に書く

よし，次にいこう。

Point

89 比較級で「最も」を表す文

◎**比較級**（…）**than any other 単数名詞**

「ほかのどの○○よりも〜」

最上級への書きかえ問題としてよく出る！

例1 Mt. Fuji is **higher than any other** <u>mountain</u> in Japan.
単数名詞

（富士山は日本のほかのどの山よりも高い。）

= Mt. Fuji is <u>the highest</u> mountain in Japan.

例2 Tom can run **faster than any other** <u>student</u> in his class.
単数名詞

（トムはクラスのほかのどの生徒よりも速く走ることができます。）

=Tom can run <u>the fastest</u> of all the students in his class.

日本のほかのどの山よりも高いぞ

日本で最も高い山だなぁ

18
章

「比較級を使う文なのに，最上級の文と同じ意味を表しているんですね。」

「ほかのどの…より〜」ならば，それは「最も〜」ってことだよね。

この表現で注意しなきゃいけないのは any other のあとの名詞が単数形 だってこと。意味からいっても複数形を書きたくなるところだし，間違えやすい。この表現全体を１つのカタマリとして覚えよう。

　それじゃついでに書きかえパターンをもう１つ教えておこう。

Point 90 「…ほど〜ない」→「…より〜」の書きかえ

◎not as 原級（…）as ◯◯ ＝ 比較級（…）than △△

① I'm not as tall as Tom. （私はトムほど背が高くない。）

② Tom is taller than I. （トムは私より背が高い。）

③ I am shorter than Tom. （私はトムより背が低い。）

④ Tom isn't as short as I. （トムは私ほど背が低くない。）

特別に新しいことが出てくるわけじゃないんだけど，よく出題されるので確認しておこう。４文すべて同じ内容を表しているよ。

「本当だ。結局同じこといってる。後半の２つは tall から反対の意味の short を使っているな。」

形容詞・副詞を反意語にしてしまえば比較されるもの2つの位置が交換されるよね。やさしい例文を選んだけど，これと同じパターンの書きかえはいくらでも作ることができる。書きかえの形を覚えるのではなく，**「どちらがより〜なのか？」を理解して，単語をチョイスできるようにしよう。** のイラストのように状況を理解すれば

　　Tom is （　　　） than I.　のような問題も，

　　I am （　　　） than Tom.　のような問題も間違えないはずだ。

それじゃ最後に大事な表現をもう1つ。

━Point━

91　「最も〜なものの1つ」の表現

◎ **one of the 最上級 ＋ 複数名詞**「最も〜なものの1つ」

　例　She is **one of the most famous** singers in Japan.

　　　　　　　　　　　　　　　　　　複数名詞

（彼女は日本で最も有名な歌手の1人です。）

one of 〜が「〜の（うちの）1つ」という意味で，必ず後ろに複数名詞がくる表現なんだ。だって後ろが単数だったら「1つのうちの1つ」になっておかしいでしょ？　その **one of 複数名詞という表現の名詞の前に最上級の形容詞がついた**だけなので，難しいものじゃないんだけど，英語らしい表現で，よく使われるんだ。覚えておこう。

ここまで教えたことを例題で確認しておこう。

18
章

Ex. 日本文は英語にし，英文は同じ意味になるように
（　　）に適語を書きなさい。

(1) 私は走るより泳ぐほうが好きです。
(2) 彼は，私たちの学校で最も人気がある先生の１人です。
(3) Lake Biwa is the largest lake in Japan.
　　 Lake Biwa is (　) than (　) (　) (　) in Japan.
(4) Emi can swim better than Aki.
　　 Aki can't swim (　) (　) (　) Emi.

前半はまた英作文だ。(1)をケンタくん。

「はい。『私は～好きです』が〈主語＋述語〉で，『走る』より『泳
ぐ』のほうが好きだから，『泳ぐ』が先にくるな。better を使っ
て，『走る・泳ぐ』は『走ること・泳ぐこと』という意味だ。
Ans. (1)　**I like swimming better than running.**」

OK。like の文には better / best だね。それに「走るより泳ぐほうが」の
ところ，「～すること」の意味の動名詞だとよくわかったね。「～するのが
好き」の like ～ing だね。次，(2)をサクラさん。

「はい。〈主語＋述語〉は『彼は～です』で，『最も～のうちの１人』
だから one of the 最上級＋複数名詞を使って
Ans. (2)　**He is one of the most popular <u>teachers</u> in our school.**」
　　　　　　　　　　　　　　　　　　　　　　　複数名詞

正解。問題ないね。後半は書きかえ問題だ。(3)をケンタくん。

「え〜っと，もとの文が最上級で『琵琶湖は日本で最も大きい湖です。』で，書きかえる文には than が見えてる。比較級を使うんだ。ってことはアレだな。

Ans. (3) Lake Biwa is (**larger**) than (**any**) (**other**) (**lake**)
in Japan.
　　　　　　　　　　　　　　　　　　　　　　　　　　　単数名詞

『琵琶湖は日本のほかのどの湖より大きい。』だ。」

そうだ。くり返すけど，とても大事な表現だからね。早く覚えてしまうんだぞ。最後(4)をサクラさん。

「はい。『エミはアキより上手に泳ぐことができる。』を『アキは〜泳げない』に書きかえるのだから，『エミほど上手に泳げない』ってことね。この better の原級は『上手に』の well だわ。

Ans. (4) Aki can't swim (**as**) (**well**) (**as**) Emi.

『アキはエミほど上手に泳げません。』ですね。」

正解。better / best のように原級が2つ(good と well)ある語がこういう書きかえに出てくると，**原級がどちらなのか自分で判断しなければならなくなる**。意味が「上手な」という形容詞ならば good，「上手に」という副詞ならば well と，判断しなければならないってことだ。

さらに，比較の書きかえ問題では反意語に置きかえる必要があることもあるから，ただ単純に形だけ覚えてもダメだぞ。しっかり意味や使いかたを考え，判断するんだ。

18
章

これで比較の単元は終了。比較級・最上級の単語の作りかたから，原級・比較級・最上級の文の形，そして慣用表現と，盛りだくさんだったね。よく読みこんで復習しておこう！

☑CHECK 56

➡ 解答は別冊 p.38

次の各組の英文がほぼ同じ意味になるように，（　　）に適語を書きなさい。

(1) I like math the (　　) of all the subjects.
　　I like math (　　) (　　) any other (　　).
(2) Your camera is better than mine.
　　My camera isn't (　　) (　　) (　　) yours.

ココで出てきた覚えなきゃいけない単語・熟語	
つづり	意味
コ(ー)フィ coffee	コーヒー
サマァ summer	夏
スィーズン season	季節
サブヂェクト subject	教科，科目
ザン than	～よりも
エニ any	［肯定文で］どの～でも
アザァ other	ほかの
ハイ high	高い
マウンテン mountain	山
ショート short	背が低い
ワン（オ）ヴ one of ～	～のうちの１つ
フェイマス famous	有名な
スィンガァ singer	歌手

受動態

この章は「目的語」を理解しているとわかりやすいんだけど,「目的語」っていわれて,ピンとくるかな?

「動詞の後ろの『〜を・〜に』という意味になる名詞ですよね。」

「いわれればわかるんだけどな〜。」

そんなに難しいことじゃないのにいつまでも「わからない」つもりでいると,自分で判断できないぞ。「わかったぞ!」と思えるようにしてしまおうね。

受動態とは？

「態」というのは文の内容を，どういう立場で見て表現するかという視点の違いを表している。これだけ聞くと難しそうだけど，実はたいしたことはない。難しそうな言葉にだまされないでね！

　この章では**「〜される」という受け身のいいかた，受動態**を勉強するよ。受動態は，**be 動詞に過去分詞という形の動詞を組み合わせて作る，２語組み合わせ型の述語パターン**なんだ。

　表す意味は違うけど，同じく２語を組み合わせる述語パターンである**進行形とは，兄弟みたいなもの**なんだ。

「兄弟？　２語を組み合わせる述語だからですか？」

　それだけじゃない。16-1で，進行形で使う〜ing 形と動名詞は同じ形をしているけど別モノだ，っていったの，覚えてるかな？

　実は進行形に使う〜ing 形の名前は**現在分詞**というんだ。そして受動態で使うのが**過去分詞**。**進行形は〈be 動詞＋現在分詞〉，受動態は〈be 動詞＋過去分詞〉**。ほぼ同じでしょ？

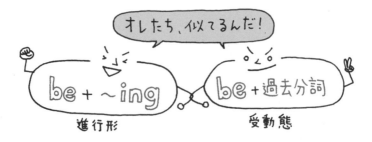

「なんで，今まで進行形の〜ing 形の名称を隠してたんですか？現在分詞っていう名前があるなんて。」

だって最初からそんな用語が出てきたら，キミたちビビるでしょ？

「たしかに。今だってちょっとイヤだし。」

　大丈夫だって。今は進行形や受動態が使いこなせるように，形をしっかり覚えてくれるだけでいいんだから。ちなみに，**現在分詞・過去分詞っていう名前だけど，「今のこと・前のこと」という意味ではなくて単なる名前**だから，気にしないでね。では，まずは過去分詞の形を確認しよう。

Point

 過去分詞

① 規則変化動詞は，**過去形と同じ形** ⟶ -ed

② 不規則変化動詞は，**下の表でしっかり覚えよう!**

原　形	過去形	過去分詞	原　形	過去形	過去分詞
ブレイク break	ブロック broke	ブロウクン broken	ビルド build	ビルト built	ビルト built
ドゥ do	ディド did	ダン done	バイ buy	ボート bought	ボート bought
ドゥロー draw	ドゥルー drew	ドゥローン drawn	キャッチ catch	コート caught	コート caught
イート eat	エイト ate	イートゥン eaten	ファインド find	ファウンド found	ファウンド found
ギヴ give	ゲイヴ gave	ギヴン given	ヒア hear	ハード heard	ハード heard
ノウ know	ニュー knew	ノウン known	メイク make	メイド made	メイド made
スィー see	ソー saw	スィーン seen	セル sell	ソウルド sold	ソウルド sold
ショウ show	ショウド showed	ショウン shown ※1	センド send	セント sent	セント sent
スィング sing	サング sang	サング sung	ティーチ teach	トート taught	トート taught
スピーク speak	スポウク spoke	スポウクン spoken	テル tell	トウルド told	トウルド told
テイク take	トゥック took	テイクン taken	リード read	レッド read ※2	レッド read ※2
ライト write	ロウト wrote	リトゥン written	カット cut	カット cut	カット cut

※1　過去形（規則変化）と同じ，showed となることもある。

※2　つづりは原形と変わらないが，発音がレッド[red]となる。

「過去分詞って過去形が -ed の動詞はそのままだし，不規則変化
　　　動詞も過去形と同じ形のが多いですね。」

　そうだね。でも，同じ形をしているものも「同じ形になる」ということ
を覚えておかないと使えないから気をつけてよ。

「覚えることメチャクチャあるのかと思ったけど，助かった～。」

　ちょっと待ってケンタくん，不規則変化動詞の過去形，これまでに出て
きたモノはぜんぶ覚えている？　こういうことをおろそかにしていると中
間・期末テストでだって点がとれないよ。ちょうどいいから，**この機
会に -ed のつけかた，不規則変化動詞の原形・過去形・過去分詞，ぜ
んぶ覚えてしまうこと！**　いいかい，ここでしっかり覚えるんだ！　ま
ずは今Point 92 に挙げた例と，学校の教科書に出てくる動詞だ。過去分詞はあ
との単元でも使うから，本気でやらないと，引きずるぞ～。

「やべー。わかりました，頑張ります。」

　今まで「間違えながらだんだんと慣れて」とずっといってきたけど，そ
ろそろ入試のことも意識しよう。いい加減にしていると，わからないまま
引きずって大変になるぞ。逆にいえば**ここできちんと身につけておけばあ
とがラク**，ということ。いずれはしなきゃいけないことをあとに回してい
つまでも苦労し続けるか，先に頑張ってあとはずーっとラクするか，好き
なほうを選ぶんだね。教えてはもらえても，代わりに覚えてもらうことは
できないんだからさ。

「私は頑張って早く覚えるようにします。」

応援するよ，頑張ってね。それじゃ，本題の受動態にいこう。

Point

93 受動態の文の作り

◎形…〈**主語 ＋ be動詞 ＋ 過去分詞 ＋ …**〉

◎訳…「**〜される・〜されている**」

※ 否定文・疑問文と答えかたは，be動詞の文と同じ作りかた。

例1 English │is used│ in many countries.
　　　㊤　　　　㊦

（英語は多くの国で**使われています**。）

例2 Eggs │aren't sold│ at the store.
　　 ㊤　　 ㊦

（その店ではタマゴは**売られていません**。）

・ **by ○○　⟹　「○○によって」**（行為をする人を表す）

例3 This book │was written│ by him.
　　　 ㊤　　　　 ㊦

（この本は彼によって**書かれました**。）

例4 │Is│ the room │cleaned│ by her？　—　Yes, it is.
　　　　　 ㊤　　　　 ㊦

（その部屋は彼女によって**掃除される**のですか？ —はい,そうです。）

　注意してほしいのは，ふつうの文が「〜する」人やモノを主語にしているのに対し，受動態の文では「〜される」人やモノが主語になる ことだ。

「主語が変わるってけっこう大きなことですよね。」

　たしかに主語は文の主人公みたいなものだからね。話の中心が変わるといってもいい。例1でいえば「誰が」使うかじゃなくて，「何語が」使われているか，が話の中心なんだ。

「『誰が使っているのか』は，例1 には出てこないや。」

　使っているのはその「多くの国の人たち」だろうけど，わざわざいう必要ないよね。いわなくてもわかるし。だから，English を主語にして，述語を〈be 動詞＋過去分詞〉の受動態にしたんだよ。

　受動態は「〜する」人がなくても文が作れる。これが受動態の特徴の1つめだ。ふつうの文だと「〜する」人を主語にしなきゃいけないけど，そういう場合ばかりじゃないからさ。

　次に **by** ○○が出てくる例3 を見てみよう。

「『○○によって』は，ふつうの文なら主語になる『〜する』人ですね。」

　その通り。このパターンの文ならふつうの文に書きかえるのも簡単だからやってみよう。まず，「この本は彼によって書かれました。」という日本語の文を，「〜する」人を主語にした日本語の文にしよう。ケンタくん。

「書いたのは彼だから，『彼はこの本を書きました。』です。」

　OK。次に英語にしよう。サクラさん。

「述語は過去形で

　He wrote this book.　です。」
　主　　述　　　　　目

準備完了。では，この２文を比べてみよう。

This book was written by him.　（受動態）
He wrote this book.　　　　　　（ふつうの文）

「この本」を話の中心とする視点で作った文が受動態，「彼」を話の中心とした視点で作った文がふつうの文だ。**どちらも同じことをいっているが視点が違っている**，ということだね。こういう視点の違う文が作れるというのが受動態の特徴の２つめだ。

「どちらを中心に考えて文を作るか，ってことですね。」

　そう。そうやって考えると [by ○○] が出てこない 例1 や 例2 の受動態
は，話の中心「～される」ほうしか見ていない感じだね。いずれにしても
受動態の文で主語だった「～される」ものは,ふつうの文にすると「～を」
の意味の目的語。日本語でいえば

「Ａは Ｂを～する」　⟷　「Ｂは Ａによって～される」

こういうふうに違っているわけだ。この文の変換はよく問題にもなると
ころだよ。それじゃ，例題で練習しよう。

> **Ex.** 次の日本文を受動態を使って英語にしなさい。
>
> (1) この車は，父によって毎週日曜日に洗われます。
> (2) これらのバッグは日本製ではありません。
> (3) あの写真はあなたが撮ったのですか？ － はい,そうです。
> (4) この家はいつ建てられたのですか？ － 10年前です。

「主語は何か」ということと，受動態の述語の形をしっかり確認しなが
ら解こう。(1)をケンタくん。

「はい。主語は『この車は』で洗うは wash,規則変化動詞だな。
受動態だから〈be 動詞＋過去分詞〉で
Ans. (1) **This car is washed by my father every Sunday.**」

正解。過去分詞はいつも同じ形だけど，**主語と「現在か過去か」によっ
て使う be 動詞をしっかり判断しよう。**

by ◯◯ と every Sunday はどちらも修飾語の副詞になるから，文のルー
ルとしてはどちらが先にきてもダメではない。意味のうえで大事なものを
先に置けばいいよ。ちなみに，**場所「どこで」・時「いつ」を表す副詞は
文の最後にあることが多い**んだ。覚えておこう。

それと，この文は by ◯◯ が出てくるし，ふつうの文に書きかえてもら
おうかな，ケンタくん。

「ふつうの文ということは『父は〜洗う』にするんだから
（✗）My father washed this car every Sunday. ですか？」

ねぇ，現在の文じゃなかった？　だって be 動詞は is だったよね。**受動
態の過去分詞につられて，書きかえで過去形の動詞を書いてしまう間違い
が多い**んだよね〜。**何も考えずに，もとの文から単語をそのまま引っ張っ
てきちゃダメ**だってば。

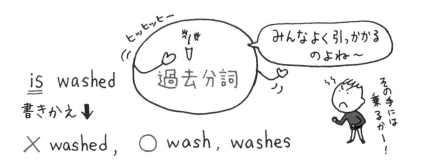

「あ，考えてなかった……。現在形だから -s がついて
My father **washes** this car every Sunday. でした。」

OK。それぞれの文のルールに合わせて述語の使いかたを正しく判断し
ないと。次，(2)をサクラさん。

「はい。『これらのバッグ』が主語で，『日本製』を『日本で作られた』と読みかえると，過去の文だから be 動詞は were かな？

Ans. (2) **These bags <u>weren't</u> <u>made</u> in Japan.**」

　その通り。**そのままでは英語にしにくいところは日本語を英語にしやすいように読みかえる**，前にも出てきたコツだね。ちなみに「日本で作られたものである」と，「日本製である」という「現在の状態」をいっていると考えて，be 動詞を現在形の aren't にしても正解になるよ。

　次，(3)をケンタくん。

　　　(3)　あの写真はあなたが撮ったのですか？
　　　　　－　はい，そうです。

「今度は疑問文だ。『あの写真』が主語で，とすると『あなたによって撮られましたか』ってことだな。過去の文だから be 動詞を was にして

Ans. (3) **Was that picture taken by you？**
　　　　　　－　**Yes, it was.**」

　そう。この問題はもとの日本文が「あなたが～撮った」と，ふつうの文を訳したような日本語になっている。それでも受動態の文を作るわけだから，日本語を読みかえないといけないね。ケンタくん，よくできたぞ。さて，また by ○○があるからふつうの文に書きかえてもらおうかな。

「え，疑問文ですよ～。できるかな……，えーっと，なんかわかんないぞ。どの語をどこにもっていけばいいんだ？」

　だからその発想はダメだってば。**書きかえは単なる並べかえじゃないんだよ。**もとの日本文，ふつうの文みたいだっただろう？　**もとの文からふつうの英語の文にしてごらん**よ。

「そっか，わざわざ受動態にしやすく直したんだっけ。『あなた
が～撮ったのですか』を英語にすればいいんだ。過去だから
Did you take that picture？ ― Yes, I did.
お，これなら難しくない。」

そうだろう？　形ばっかりなんとか作りあげようとしないで，意味を考
えて〈主語＋述語〉に注目してみようよ。そうすれば，難しくない。

コツ28 書きかえ問題への意識

書きかえは並べかえではない！
日本語の意味から考えると簡単に解けることもある！

それじゃ，（4）をサクラさん。

（4）　この家はいつ建てられたのですか？ ― 10年前です。

「はい。今度は『いつ？』とたずねる疑問文ね。主語は『この家』
で過去の文だから

Ans. （4）　**When <u>was</u> this house <u>built</u>？**
　　　― **It <u>was</u> <u>built</u> ten years ago.**
答えの文はこれでいいかしら。」

19
章

大丈夫。返答の文は〈主語＋述語〉を省略して **Ten years ago.** とすま
すこともできる。「いつ？」と聞かれているので，それだけでもわかるで
しょ。覚えておくといいよ。

☑CHECK 57

➡ 解答は別冊 p.38

次の日本文に合うように，（　　）に適語を書きなさい。

（1）その山はここからは見えません。

The mountain （　　）（　　）from here.

（2）これらの本はトムによって運ばれたのですか？ － はい，そうです。

（　　）these books （　　）（　　）Tom ?

－ Yes, （　　）（　　）.

ココで出てきた覚えなきゃいけない単語・熟語	
つづり	意味
ブレイク break	～をこわす，割る
ドゥロー draw	（線を引いて絵を）描く
スィー see	～を見る
ビルド build	～を建てる
セル sell	～を売る
スト－(ァ) store	店
バイ by ～	～によって，～のそばに， ～で（手段）　など
テイク take	（写真）を撮る

いろいろな文型の受動態

この単元では で勉強したいろいろな文型を，受動態に変換するよ。アヤシイ人はまず復習だよ～。

　受動態は，ふつうの文の目的語「～を・に」に当たる語を主語にして作った，「～は…される」という意味の文。だから，**目的語「～を・に」がある文ならば受動態に書きかえることができる**ということだ。
　この単元では14章で勉強した，目的語が２つある文と，目的語と補語が出てくる文を受動態にするよ。

「目的語が２つある文って，14-2でやった
　〈主語＋述語＋誰に（目的語）＋何を（目的語）〉
　の語順のやつですよね。」

「目的語が２つあるってことは，受動態への書きかえも２つできるってこと？」

　お，するどい！　その通りで，目的語が２つある文の受動態への書きかえは２つできるんだ。Point 94 と Point 95 でまとめるから，確認してくれよ。

19
章

Point 94　目的語が2つある文の受動態　①

◎書きかえ①　「モノを」を主語にするパターン

「…は⟨人⟩に⟨モノ⟩を〜する」⇄

　　　　　　　　　「⟨モノ⟩は（…によって）⟨人⟩に〜される」

① 「⟨モノ⟩を」の目的語を**主語**にして**受動態**にする。

② 「⟨人⟩に」の目的語は，**to**か**for**をつけて**述語のあとに残す。**

※ to がつかずにそのまま⟨人⟩が述語のあとにくることもある。

例1　He 〈gave〉 **her a present**.
　　　主語　述語　「⟨人⟩に」「⟨モノ⟩を」

　→ **A present** 〈was given〉 (**to**) **her** by him.
　　　主語「⟨モノ⟩は」　　述語（受動態）　　　「⟨人⟩に」

　　（**プレゼントが**，彼によって**彼女に**〈与えられました〉。）

例2　My father 〈bought〉 me **a watch**.
　　　　主語　　　述語　「⟨人⟩に」「⟨モノ⟩を」

　→ **A watch** 〈was bought〉 **for me** by my father.
　　　主語「⟨モノ⟩は」　　述語（受動態）　　「⟨人⟩に」

　　（**腕時計が**，父によって**私のために**〈買われました〉。）

※ make・buy などの場合，必ず **for 〜** とする。

　「書きかえると『⟨人⟩に』の目的語の前に to か for がつくんだ。」

　そう。make・buy の文を除けば，**「〜を」（モノ）が主語になって「〜に」（人）がもとの位置に残るときは to 〜をつけることが多い。**

　「make・buy の場合，for⟨人⟩となるのは，**14-2** の目的語の順序を入れかえる書きかえ**67**と同じですね。」

　よく覚えていたね。前のことをちゃんと覚えていると，新しい知識もリンクして身につけやすくなる。忘れてしまっていた人はを読み返してみてくれ。

　もう1パターンの書きかえもまとめるよ。

━Point━

95 目的語が2つある文の受動態　②

◎書きかえ②　「人に」を主語にするパターン

「…は人にモノを〜する」⇄

「人は（…によって）モノを〜される」

① 「人に」の目的語を**主語**にして**受動態**にする。

② 「モノを」の目的語は，**そのまま述語のあとに残す。**

③ **make・buy**などは「人に」を主語にした受動態は作れない。

例3 He | gave | her a present.
主語　　述語　　「人に」「モノを」

→ She | was given | a present by him.
主語「人は」　　述語（受動態）　　「モノを」

（**彼女**は，彼によって**プレゼントを**| 与えられました |。）

例4 Mr. Suzuki | teaches | us English.
　　　主語　　　　述語　　　「人に」「モノを」

→ We | are taught | English by Mr. Suzuki.
主語「人は」　　述語（受動態）　　「モノを」

（**私たち**は，スズキ先生によって**英語を**| 教えられています |。）

※文の作りがわかりやすいように，訳はあえて日本語らしくしていません。

19章

「今度は書きかえの受動態の文に to や for がない！」

　「△に」の目的語が主語になる書きかえの場合，もう１つの目的語の「モノを」はそのまま述語のあとに置いておけばいいんだ。受動態の作りかた自体は変わらないから，「モノを」が残った場合は何も前につけないというのは，ちゃんと覚えておかないといけないポイントだ。

　「『△に』が残った場合は［to △］か［for △］で，
　『モノを』が残った場合は何もつけないんですね。」

　また，**make や buy などの for を使う動詞は，「△に」の目的語が主語になる書きかえは作れない**ということも知っておこう。

　「なんで make と buy のときだけ，『△に』を主語にした書きかえができないんですか？『モノを』を主語にしたほうは受動態にできたのに。」

　14-2 で説明した話をもう一度するよ。make・buy には，「モノを作る」，「モノを買う」という意味はあるけど，「△に作ってあげる」とか「△に買ってあげる」という意味はもともとない。それを無理やり〈主語＋述語＋△に（目的語①）＋モノを（目的語②）〉の文型で使うことで「〜してあげる」という意味にしている。だから，make・buy は「モノを」を主語にした受動態はできるけど，「△に」を主語にした受動態はできないんだ。だってもともと「△に」の目的語はとらない動詞だったんだから。

　「単語のもともとの意味を考えると，『△に』を主語にした受動態はできないってことですか。」

　もっと直感的にいうと，「そのケーキは作られました」とか，「その本は買われました」という日本語はおかしくないけど，「お母さんは作られました」とか，「彼は買われました」とかって，表現としておかしいでしょ。だから make や buy の受動態では，人を主語にすると不自然なんだ。

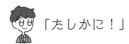

「たしかに！」

とにかく， でも でも make・buy を使うときは注意が必要なので，理解しておこう！　たくさん読んで解いて慣れていってほしいぞ。

「 例1 ～ 例4 の受動態の訳を見ると，なんだか不自然な日本語ですね。」

例1　**A present** was given (**to**) **her** by him.
（プレゼントが，彼によって**彼女に** 与えられました 。）

例2　**A watch** was bought **for me** by my father.
（腕時計が，父によって**私のために** 買われました 。）

例3　**She** was given **a present** by him.
（彼女は，彼によって**プレゼントを** 与えられました 。）

例4　**We** are taught **English** by Mr. Suzuki.
（私たちは，スズキ先生によって**英語を** 教えられています 。）

19
章

　　例1と例2の「モノを」を主語にするほうについては，日本語ではモノを主語にした文はふつう作らないから，どうやっても日本語らしくならないんだ。

　　例3と例4は日本語らしくないけど，わざとそのまま訳した直訳を書いた。主語が人だから日本語らしくできるよ。

　　例3なら

彼女は，彼によってプレゼントを与えられました。

↓

彼女は，彼に　　　プレゼントをもらった。

　こんな感じ。日本語らしいでしょ？　　例4のほうは，ケンタくん，訳しかえてごらん。

　『私たちは，スズキ先生に英語を**教わっています。**』ですね。うん，日本語らしい！」

　そんな感じで訳は日本語らしくするように。いつも日本語を使っているキミたちならラクにできるでしょ。まったく違う意味の訳に変えちゃったらダメだけどね。

　目的語が2つある文の，受動態への書きかえのお話はこれでおしまい。次は目的語と補語が出てくる文型の受動態にいこう。

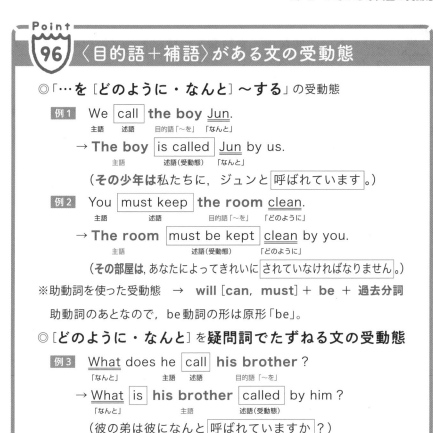

Point 96 〈目的語＋補語〉がある文の受動態

◎「…を［どのように・なんと］〜する」の受動態

例1 We call the boy Jun.
主語　述語　目的語「〜を」「なんと」

→ The boy is called Jun by us.
主語　述語（受動態）「なんと」

（その少年は私たちに，ジュンと呼ばれています。）

例2 You must keep the room clean.
主語　述語　目的語「〜を」「どのように」

→ The room must be kept clean by you.
主語　述語（受動態）「どのように」

（その部屋は，あなたによってきれいにされていなければなりません。）

※助動詞を使った受動態　→　will［can, must］＋ be ＋ 過去分詞

助動詞のあとなので，be動詞の形は原形「be」。

◎［どのように・なんと］を疑問詞でたずねる文の受動態

例3 What does he call his brother？
「なんと」　主語　述語　目的語「〜を」

→ What is his brother called by him？
「なんと」　主語　述語（受動態）

（彼の弟は彼になんと呼ばれていますか？）

「例1，例2では，補語（なんと，どのように）は述語のあとにそのまま置いてあるわ。」

補語というのは足りない動詞の意味を補う語。目的語じゃないから受動態の主語にはならないよ。だから，**受動態への書きかえに補語は関係ない**，と考えていい。目的語が２つある文に型が似ているだけだ。

19
章

「 例2 みたいに助動詞と受動態を一緒に使うこともあるんですね。」

形は特別に難しいわけではないでしょ？　**助動詞のあとだから be 動詞はいつも原形の be で，語形の変化はない。**たいしたことないって。

それと補語を疑問詞でたずねる文は，最初から順に 1 語ずつ決めるような英文の作りかたをすると大混乱するはず。**作りたい文全体の意味**を考え，**主語（もとの目的語「～を」）をしっかり確認**して，**疑問詞は最初に置き，be 動詞を主語の前に出して**，とわかっていることをきちんとこなしていけば，それほど難しいものじゃないんだ。

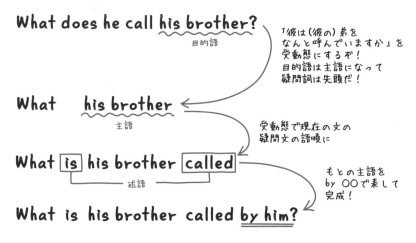

「1 つずつ手順を見れば難しくないですね。」

いつだってそうだっただろう？　1 つずつは知っていること，練習したことばかり。あわてずに，落ち着いて，自信をもって考えよう。それじゃ，例題だ。

Ex. 次の文を受動態の文にするとき，（　　）に適語を書きなさい。

(1) My father told us the story.
We (　　) (　　) (　　) (　　) by my father.

(2) Did you send him that letter?
(　　) that letter (　　) (　　) him by you?

(3) Her mother will make her a new dress.
A new dress (　　) (　　) (　　) (　　) her by her mother.

(4) We didn't paint the boxes green.
The boxes (　　) (　　) (　　) by us.

(5) What do you call this bird in Japanese?
What (　　) (　　) (　　) (　　) in Japanese?

　どの問題も主語は決まっているから，その主語に合わせた受動態の文を作ろう。(1)を，サクラさん。

　「もとの文は『父が，私たちに，その物語を，話してくれた。』で，『私たちは』を主語にするから，作りたい文は『私たちは，父によって，その物語を，話された。』，だわ。過去の文だから were を使って

Ans. (1) We (**were**) (**told**) (**the**) (**story**) by my father.
Ⓐが主語だから，残った目的語『～を』はそのまま置いておく，ですよね。」

　正解。日本語らしく訳すと，「**私たちは父にその物語を話してもらった。**」という感じがいいね。どんな問題も，形ばかり考えて最初から１語ずつ決めていくような考えかたをしてはいけない。まずは文全体の意味を考え，〈主語＋述語〉の作りから順に考えていくのが大事だよ。新たに主語にした語の人称や数，また「現在の文か過去の文か」に合わせて正しく be 動詞を決めよう。それじゃ，次(2)をケンタくん。

19
章

「『あなたは，彼に，あの手紙を，送りましたか？』がもとの文で，それを『あの手紙』を主語にするから，『あの手紙は，あなたによって，彼に，送られたのですか？』になるな。うーん……。」

　疑問文を受動態に書きかえるのがやりにくかったら，まず**ふつうの受動態の語順を考えて，そのあとに疑問文に変える**やりかたをしたらいいよ。

「えーと，過去形で主語が『あの手紙は』で『送られました』っていう受動態だから

　　That letter was sent　……

という語順になるな。これを疑問文にするのか！

Ans. (2)　（**Was**）that letter（**sent**）（**to**）him by you？

語数から判断して，to〜を使いましたけどいいんですか？」

　OK。to〜は使わないこともあるから，使うかどうかは語数によって決めればいい。でも使うことのほうが多い。穴埋めで空欄のままだと×になってしまうから気をつけてね。次，(3)をサクラさん。

（3）　Her mother will make her a new dress.
　　　A new dress（　　）（　　）（　　）（　　）her
　　　by her mother.

「はい。助動詞を使った文ね。もとの文は『彼女のお母さんは，彼女に，新しいドレスを，作ってくれるだろう。』，『新しいドレス』を主語にして受動態にすると『新しいドレスは，お母さんによって，彼女のために，作られるだろう。』ね。will のあとだから be 動詞は原形で

Ans. (3)　A new dress（**will**）（**be**）（**made**）（**for**）her by her mother.」

　助動詞を使った受動態は，be 動詞が必ず原形で主語による変化がないからかえってラクだね。make・buy など，もともと「〜してあげる」という意味でない動詞の場合は，[for 人]を使うんだった。ちゃんと覚えてね。

次からは〈目的語＋補語〉が出てくる文だ。(4)をケンタくん。

(4)　We didn't paint the boxes green.
　　　The boxes (　　) (　　) (　　) by us.

「はい。まずもとの文をちゃんと訳せるかな。『私たちは，その
箱を，緑に塗らなかった。』だ。受動態にすると，『その箱は，
私たちによって，緑に塗られなかった。』だな。おっと，主語
は複数だった。あぶないあぶない。過去の否定文だから

Ans. (4)　The boxes (**weren't**) (**painted**) (**green**) by us.

ほかのことに気をとられて be 動詞を間違えそうな気がするな。」

正解。ケンタくん，いいところに気づいたね。作りが変化した文型だっ
たり，難しい単語が使われてたりしても，それに気をとられて大事なこと
を飛ばしてしまわないように。英語でもほかの教科でも，**落ち着いて１つ
ひとつ確認している人は，ミスもしにくいし，成績も伸びやすい。**

　目的語「～を」のあとに「どのように・何と」という補語が出てくる文
型の受動態では，目的語が主語にかわって抜けてしまうので，補語はその
まま動詞のすぐあとにくっつくことになる。覚えておこう。

　さぁ，次は疑問詞を使った疑問文だよ，サクラさん。

(5)　What do you call this bird in Japanese?
　　　What (　　) (　　) (　　) (　　) in Japanese?

「はい。まずもとの文をちゃんと理解しなくちゃ。『あなたは，
この鳥を，なんと呼びますか？』という文だから，what は『何
を』じゃなくて『なんと』だわ。『この鳥を，なんと呼びますか？』
を，『この鳥は，なんと呼ばれますか？』にするのね。」

ちょっとおジャマしてヒントを出しておくよ。この場合 what は「なんと」
で補語だから，受動態とは無関係と思っていい。疑問詞だから最初に置い
ておくだけ。あとはふつうに受動態の疑問文を作るんだ。

19
章

「それじゃ，『この鳥』を主語にして受動態を作ると
　　This bird is called……となって，疑問文だから be 動詞を主
　語の前に出せばいいのね。
　Ans. (5)　What (**is**) (**this**) (**bird**) (**called**) in Japanese ?」

　正解。受動態もそうだけど，進行形や助動詞を使った文，現在形・過去形の文も疑問文だと，述語が2語組み合わせタイプになるね。述語が2つに分割される疑問文は，否定文やふつうの文よりちょっとだけハードルが高い。もとの文の作りにまどわされるから，書きかえ問題では特に，といえる。でも，**わかっていることを1つずつ落ち着いてしっかりこなしていけば大丈夫**。慣れてしまえばどうってことないものになるよ。

☑CHECK 58　　　　　　　　➡ 解答は別冊 p.38

　次の文を受動態の文にするとき，（　　）に適語を書きなさい。

(1) Tom showed me the picture.
　　I (　　) (　　) (　　) (　　) by Tom.
(2) Did you give him the CD ?
　　(　　) the CD (　　) (　　) him by you ?
(3) You can't buy me love.
　　Love can't (　　) (　　) (　　) me.
(4) We didn't leave him alone.
　　He (　　) (　　) (　　) by us.
(5) What do you call the flower in English ?
　　What (　　) (　　) (　　) (　　) in English ?

ココで出てきた覚えなきゃいけない単語・熟語	
つづり	意味
グリーン green	緑，緑色の
バード bird	鳥

学びをアシスト！ ④

一般の人を表す主語
you, we, they

さっきの **Ex.** の(5)についてだけど，もとの文の you が消えてしまっているのに気づいたかな？

What do **you** call this bird in Japanese ?
⇒ What is this bird called in Japanese ?

「あ，本当だ！　by you としないんですか？」

うん，しないのがふつうだ。このように by ○○ がなくなるのは，どういうときなのかを説明しよう。ケンタくん，書きかえる前のもとの文を訳してみて。

「『あなたはこの鳥を日本語でなんと呼びますか？』です。」

主語の you だけど，「あなた」に限ったことじゃないよね？　誰だって，日本語を話す人なら同じように呼ぶんじゃない？　これは「（日本語を話す）あなたがた」という意味なんだ。要するに，**この you は特別な誰かを指しているのではなく，「あなた」を含めた世間一般の人のことを広くいっているわけ。**

19
章

　この意味で使われている主語 you は，受動態に書きかえたとき，わざわざ by you と示さない。ふつうの文でも，意味のうえではいらないけど主語がないと文ができないからということで，使われている語だからね。

「もし英作文だったら，そういうときは by ○○にしなければいいんですね？」

そういうことだ。
　一般の人を広く指す主語は you だけじゃない。**自分が含まれる世間一般の人の場合は we，自分も相手も含まれなければ they が使われる。**

　もちろんこういう場合も，受動態への書きかえでは by us とか by them としない。受動態の書きかえだけじゃなく，長文などで使われたときに知っていると読解に役立つから，覚えておくといいよ。
　ちなみに，それ以外の主語は受動態に変換したとき，いらない意味かどうかはその文をいった本人にしかわからない。だから消さないで置いておけばいいぞ。

19-3 注意すべき受動態の表現

ここで学ぶのは，受動態としてではなく連語として覚えて使うべきもの。しっかり覚えよう。

　これまで主語や目的語に注目して，受動態という文の作りを考えてきた。ちょっと大変だったかな？　この単元で学ぶのは「単純に覚えて使おう」，というものだ。あれこれ考えることはない代わりに，覚えておかないと使えないぞ。

Point 97 連語として覚えるべき受動態

- be covered with ～ 「～でおおわれている」
- be made of ～ 「～で作られる［材料］」
- be made from ～ 「～から作られる［原料］」
- be known to ～ 「～に知られている」
- be interested in ～ 「～に興味がある」
- be surprised at ～ 「～に驚く」

「いろんな前置詞が出てくるな～。それに動詞も知らないのがけっこうあるぞ。」

19章

　覚えてそのまま使うものばかりだから，前置詞も含めて覚えてくれよ。例題を解きながら解説していくぞ。

> **Ex.** 日本文の意味に合うよう，（　　）に適語を書きなさい。
>
> (1) その山は，雪でおおわれていました。
> The mountain （　）（　）（　） snow.
> (2) 私のイスは木製ではありません。
> My chair （　）（　）（　） wood.
> (3) バターは牛乳から作られるのですか？
> （　） butter （　）（　） milk？
> (4) 彼の名前は，私の学校のみんなに知られている。
> His name （　）（　）（　） everyone in my school.
> (5) あなたは音楽に興味がありますか？
> （　） you （　）（　） music？
> (6) 私はそのニュースに驚いた。
> I （　）（　）（　） the news.

前半の3問を，ケンタくん。

「はい。日本語に合うのを選んで入れるだけだけど，be 動詞の形は気をつけないといけないな。『木製の』は，『木で作られた』でよさそうだ。『木から〜』とはいわないもんな。

Ans. (1) The mountain （**was**）（**covered**）（**with**） snow.
　　(2) My chair （**isn't**）（**made**）（**of**） wood.
　　(3) （**Is**） butter （**made**）（**from**） milk？
これでいいですか？」

　正解。連語として覚えておくことがいちばん大事だけど，be 動詞の形，否定文や疑問文の作りにも注意しよう。(1)の with 〜は「雪で」の「〜で」を表している。(2)の of 〜は材料，(3)の from 〜は原料を表しているよ。

「材料と原料って，どう違うんですか？」

「木でできたイス」は，イスになっていても「木」だよね？　それに対して「牛乳から作られたバター」は，牛乳ではなくなっている。**もとの材質をそのまま使っている場合には of，原料の性質が変化して違うものになってしまっている場合には from** を使えばいい。覚えておこう。

それじゃ後半3問を，サクラさん。

「**Ans.** (4)　His name (**is**)(**known**)(**to**) everyone in my school.
(5)　(**Are**) you (**interested**)(**in**) music ?
(6)　I (**was**)(**surprised**)(**at**) the news.
『〜に興味がある』と『〜に驚く』は，受動態じゃないみたいですね。」

そうだね。形は受動態だけど**受動態とは意識せず，連語として覚えるのがいい**だろう。

　be surprised at 〜の at 〜は，受動態に限らず「〜を見て・聞いて」という意味に使われることがある。覚えておくとよい。

19章

☑CHECK 59

➡ 解答は別冊 p.39

次の日本文に合うように，（　　）に適語を書きなさい。

（1）これらの花は紙でできています。
　　These flowers（　　）（　　）（　　）paper.
（2）紙は木から作られます。
　　Paper（　　）（　　）（　　）wood.

ココで出てきた覚えなきゃいけない単語・熟語	
つづり	意味
_{カヴァ} cover	～をおおう
_{スノウ} snow	雪
_{ウッド} wood	(用材としての)木，木材
_{バタァ} butter	バター
_{エヴリワン} everyone	すべての人，みんな，誰でも

現在完了形

この章で勉強するのは，前の章の「受動態」に続いて述語の新しい形だよ。

「まだあったんだ！」

述語はこの現在完了形で最後。もう出てこないよ。

「いろいろ出てきたけど，ちゃんと覚えているかしら？」

この章の最後にまとめよう。1つずつをマスターしたら，次に大事なことはそれぞれを正しく使い分けること。わかっているだけじゃ点にならないぞ。

20-1 現在完了形とは？

現在完了形でも，受動態で使った過去分詞を使うぞ。不規則変化動詞は早めに覚えよう！

　現在完了形は，いろいろな訳しかたができるちょっと変わった述語だ。まずは基本の形と意味を確認しよう。

Point 98　現在完了形の形と意味

◎形…　　〈**主語** + | **have** + **過去分詞** | + ～ .〉

※主語が３人称単数のときは has を使う。

◎否定文…〈**主語** + | **have** + **not** + **過去分詞** | + ～ .〉

※ have [has] not の短縮形は haven't [hasn't]。

◎疑問文…〈| **Have** | + **主語** + | **過去分詞** | + ～ ?

　　　　— Yes, 主語 have. ／ No, 主語 haven't [hasn't].〉

◎意味　①「(ずっと) ～している，～である」　　[継続]

　　　　②「～したことがある」　　　　　　　　[経験]

　　　　③「～してしまった，～し終えた」　　　[完了]

例1　Tom | **has studied** | Japanese for two years.
　　　　⊕　　　　　述

（トムは日本語を２年間**勉強しています**。）

例2　I | **have** | never | **talked** | with Mr. White.
　　　　　　　ネヴァ

（私は一度もホワイトさんと**話したことはありません**。）

※ never：「一度も～ない」の意味の否定語で，not と同じように have のあとに入れる。

例3　| **Have** | you | **done** | your homework yet ?
　　　　　　　　　　　　　　　　　　　イェット

　　　—　Yes, I have. ／ No, I haven't [I've not]. (I've ＝ I have)

（あなたはもう宿題を**してしまいましたか**？

　　　—　はい，**してしまいました**。／いいえ，まだです。）

「〈have ＋過去分詞〉で述語ですか？　今までの have の使いか
たとは違いますね。」

　そうなんだ。**完了形で使う have** は，「〜を持っている」という意味の
一般動詞の使いかたではなく，**進行形や受動態の be 動詞と同じ使いかた
をしている**。今までとはまるで違う使いかただから気をつけよう。

「受動態の be 動詞の部分が have や has になると考えればいい
んですね。」

「それにしても，なんでこんなに訳しかたがいろいろあるんです
か？」

　現在完了形にいろいろな訳しかたがある，というより現在完了形の表す
意味を日本語に直したとき，いろいろになってしまうというのが正しい。
訳を見て何か気づかない？　どれも，単純に現在とも過去とも断定できな
いような意味をしているだろう。

20
章

　　継続…**過去**に始まったことが**現在**でも 継続 していることを表す。
　　経験…**過去**にしたことを**現在**の自分の 経験 として表す。
　　完了…**過去**にしたことが**現在**は 完了 した状態であることを表す。

Point 98 の例文に合わせて具体的に説明すると，例1 の「(ずっと)勉強している」は，勉強し始めたのは過去で，それが今でも続いているね。例2 の「話したことがある」では，実際に話したのは過去だけど，それをふまえて今現在の経験として述べている(例文はそれを never で否定している形)。例3 の「宿題をしてしまった」は，過去に宿題を終えていて，そのことについて今はもう終わっている(状態だ)，と現在のこととして表現している。

　　「そうか。『～したことがある』は，結局今のことですね。『～した』までは過去だけど，最後の『ある』は現在だもの。」

　「～してしまった，～し終えた」も，実際に表す意味は「もう～してしまっている，～し終えている」という現在のこと。このように **現在完了形というのは現在のことを中心に表しながら，過去の意味も補足説明として含む表現** なんだ。で，それを日本語にあてはめてみたらいろいろになっちゃった，というわけ。
　日本人の私たちは，それぞれの訳になるときの特徴を理解して，使い分けていくのがいいんだ。

　　「こんなにいろいろな訳しかたがある述語は初めてだ。」

　でもさ，同じようにいろいろな意味を表した不定詞と違って，〈have ＋過去分詞〉が必ず述語になるという役割は変わらない。不定詞は名詞になったり，形容詞になったり，副詞になったり，役割も変わってしまっただろう？　それに比べたら簡単だよ。それぞれの訳になるときの使いかたと特徴は次の単元でくわしく学ぶとして，まずは基本の形と意味を例題で確認していこう。

> **Ex.** 次の日本文に合うように，（　）に適語を書きなさい。
>
> (1) 彼女は長い間日本に住んでいるのですか？　－　はい，そうです。
> 　　（　　）she（　　）in Japan for a long time？
> 　　－ Yes,（　　）（　　）.
> (2) 私は何度も京都を訪れたことがあります。
> 　　I（　　）（　　）Kyoto many times.
> (3) その電車はまだ出発していません。
> 　　The train（　　）（　　）yet.

　問題になっているのは，おもに述語のところ。述語の形だけじゃなく，意味もしっかり確認しながら答えていこう。(1)を，サクラさん。

「はい。『住んでいる』は live，彼女が主語だから has を使って，疑問文だから主語の前に出して

Ans. (1) （**Has**）she（**lived**）in Japan for a long time？
　　　　　－　Yes,（**she**）（**has**）.

『長い間～している』だから『継続』の意味です。」

　正解。〈**have ＋過去分詞**〉，まずは形をしっかり覚えること。過去分詞はいつも同じ形だけど**have の形は主語に合わせて have か has かをしっかり判断しよう**。それと，答えかたが〈主語＋have[has]〉だけであとを省略するのは，進行形や受動態で be 動詞だけで答えたのと同じだね。

　訳しかたについてはあとでくわしく説明するけど，「長い間」のような**修飾語の意味を考えると判断がつきやすい**。実は現在完了形の文にはそういう修飾語が使われることが多いんだ。「どの意味か」がわかるキーワードみたいなものだね。ここでは，それらのキーワードに赤い下線を引いておくよ。くわしくは **20-2** で見ていこう。

　それじゃ次，(2)をケンタくん。

20
章

「はい。主語が『私』だから have はそのままでよくて,『訪れる』
は visit。規則変化動詞だな。

Ans. (2)　I (**have**) (**visited**) Kyoto many times.

『何度も～したことがある』だからこれは簡単。『**経験**』です。」

　その通り。それぞれの訳しかたは特徴をつかんでいけばそれほどわかり
にくくはない。3パターンしかないしね。次，(3)をサクラさん。

　　(3)　その電車はまだ出発していません。
　　　　The train (　　) (　　) yet.

「『その電車』が主語で has,『出発する』は start かしら。

Ans. (3)　The train (**hasn't**) (**started**) yet.

『まだ～していない』は,『**完了**』していない，ってことね。」

　そう。この文は「(今は)まだ～してしまってはいない」という意味だ。「出
発する」は leave を使って，その過去分詞 left でもいいよ。英語は現在,
過去といった「時」を，述語の形ではっきり表すという特徴をもっている
から，「基本は現在だけど過去の意味も含んでいる」という場合は現在形
も過去形も使えない。現在完了形とは，そういうときに使う述語なんだ。

☑ CHECK 60

➡ 解答は別冊 p.39

次の日本文に合うように，(　　)に適語を書きなさい。

(1)　私は長い間ずっとブラウンさんに会っていません。
　　I (　　) (　　) Mr. Brown for a long time.

(2)　メアリーは以前納豆を食べたことがあります。
　　Mary (　　) (　　) *natto* before.

(3)　彼はもう彼の部屋を掃除してしまいましたか？
　　　　　　　　　　　　　　　　　　　－　はい，しました。
　　(　　) he (　　) his room yet？－ Yes, (　　) (　　).

20-2 現在完了形の3つの意味とそれぞれの特徴

現在完了形には3つの意味があるけど，根本は同じ考えかたから生まれたもの。それを意識しながら，しっかり訳し分けよう。

　現在完了形は，過去のことを説明的に含みながら現在のことを表現する述語。それを日本語にしようとすると訳しかたは3通り考えられるんだ。ここではそれぞれの特徴をつかみ，訳し分ける勉強をしていこう。

━Point━

99 「継続」の意味を表す現在完了形

◎意味…「（ずっと）～している，～である」

例1 He **has been** busy since yesterday.
（彼は昨日からずっと忙しいです。）

例2 I **have been reading** a book for two hours.
（私は2時間ずっと本を読んでいます。）

例3 How long **have** you **known** each other？
（あなたがたはどのくらいの間お互いを知っているのですか？
＝ あなたがたはいつから知り合いなのですか？）

◎この用法でよく使われる表現

for ～（**時の長さを表す語**）「**～の間ずっと**」

例4 **for** a long time「長い間」

since ～（**過去を表す語**）「**～から（以来）ずっと**」
　スィンス

例5 **since** yesterday「昨日から」

since we came here「私たちがここに来てから」

How long ～？「**どのくらいの間～？，いつから～？**」

　まずは「ずっと～している，～である」と継続の意味を表す現在完了形だよ。何度もいうけど，現在完了形の内容の中心は現在。「現在」完了形っ

ていうくらいだからね。意味が「継続」のときは，あることが始まったときから現在までの一連の過去を含めて，今のことを表現しているんだ。

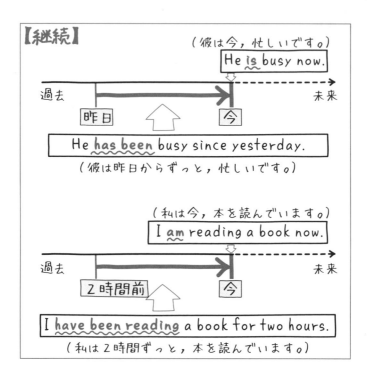

基本が現在を表す文で，それを過去にまで範囲を広げて表す感じだ。

「なるほど〜。過去から今までのことをまとめていえちゃうんだ。」

だから ⓼⓽ 例2 にあるように，**基本となる現在の内容が進行形ならそれが完了形となって現在完了進行形となる。**

「ん？　進行形の完了形？　なんだか複雑そうだなぁ。」

「え，そんなことないわよ。もとが進行形なんだから過去分詞に

かわる動詞は必ず be 動詞で been に決まってるわけだし。」

　そう！「現在完了進行形」なんて長い名前をいわれると大変そうだけど，サクラさんのいうとおり過去分詞にかわるのは必ず be 動詞で **been**。そのあとの動詞は現在分詞〜ing 形だからね。かえって簡単なくらいじゃないか？

「本当だ！　現在形や進行形なら簡単にわかるもんな。 例1 の例文は『忙しい』ことが，例2 は『本を読んでいる』ことが過去に始まってて今でも継続してるってわけだ。」

　その通りだ。そして継続の現在完了形の文には，「〜の間」と期間を表す修飾語や，「〜から」と始まった時を表す修飾語が一緒に使われるよ。まずは代表的な for 〜と since 〜を覚えよう。

「since は，前置詞としても接続詞としても使われるんですね。」

　そう，前置詞として後ろに名詞が続くこともあれば，接続詞として後ろに〈主語＋述語＋〜〉が続くこともある。前置詞・接続詞どちらとしても使うものがある，というのは勉強したね。忘れてしまった人は 17-2 を復習しておこう。

「たずねるときは **How long** 〜？をよく使うのか。『どのくらい長く』，という意味だ。」

「『いつから〜？』とたずねるときも How long 〜？なんですか？」

　そうなんだ。「いつから〜？」も「どのくらい（長く）〜？」も How long 〜？ですませちゃう。だいたい同じ意味だしね。覚えておこう。

　次は，「経験」の意味を表す現在完了形をくわしく見ていこう。

—Point—
(100) 「経験」の意味を表す現在完了形

◎意味…「〜したことがある」

例1 I**'ve visited** Kyoto once.（I've = I have）
（私は一度京都を**訪れたことがあります**。）

例2 **Has** he ever **climbed** Mt. Fuji? — No, he hasn't.
（彼は（今までに）富士山に**登ったことがある**のですか?
  — いいえ, ありません。）

例3 How often **have** you **played** tennis?
  — （I have played it）Twice.
（あなたは何回テニスを**したことがあります**か?
  — 2回です。）

◎この用法でよく使われる表現

【**過去分詞の前**】

ever	[疑問文]今までに〜?
never	[否定文]一度も〜ない
often	よく, 何度も（意味は**many times**とほぼ同じ）
sometimes	ときどき

【**通常の位置**（文末のあたり）】

before	前に, 以前
once	1度, 1回
twice	2度, 2回
many times	何度も
〜 times	〜度, 〜回

【**疑問詞**】

How often 〜?
How many times 〜?
}　何回〜?（回数・頻度をたずねる）

「**経験**」の意味を表す現在完了形は，過去にしたことを現在の経験として表現する。図で表すとこんな感じだ。

基本は過去にあって，それを現在につないでいる感じだね。過去に「訪れました」というときは，当然過去形だ。それに対して現在完了形では，「訪れた」という過去のこと自体ではなくて，**現在の自分の「訪れたことがある」という経験として表現する**んだ。それで，「今までに」という語や，回数を表す語が一緒に使われるわけ。

「過去分詞の前に置かれる副詞もあるんですね。」

often，sometimes は以前にも出てきたね。**ever，never** も一般動詞の前に置かれる語の仲間なんだ。ever は訳すなら「今までに」だけど，必ずしも日本語に訳す必要はない。never は否定文で使うというより，never 自身が not と同じはたらきをして否定文を作る語。**「経験」の現在完了形では否定文を never で作り，疑問文には ever を使う。**覚えておこう。

「１回，２回は単語があるんだ。〜 times は３回以上かな？」

正解！　**once，twice** は，one，two と似ているから覚えやすいよね？それ以外は **〜 times** を使う。time は今まで「時間」の意味で使ってきたけど，複数形の s がついたら「回数」を表すんだ。

「疑問詞は **How often** も **How many times** も同じ意味なんですか？」

どっちでも同じだと考えておいて OK だよ。how のあとの **often** は「よく，しばしば」，**many times** は回数がたくさんだから「何度も」。だいたい同じ意味だからね。

よし，それじゃ最後に「完了」の意味の現在完了形にいくよ。

「完了」の意味を表す現在完了形

◎意味…「**〜してしまった，し終えた**」

例1　**Have** you **done** your homework yet?
　　　— No, not yet.
　　　（あなたはもう宿題を**してしまいました**か？
　　　　　　　　　　　　　　　　　　　　— いいえ，まだです。）
　　　※ No, not yet. = No, (I have) not yet.

例2　I**'ve** already **done** my homework.
　　　（私はもう（すでに）宿題を**してしまいました。**）

例3　He**'s** just **finished** writing a letter.　(he's = he has)
　　　（彼はちょうど手紙を**書き終えたところ**です。）

◎この用法でよく使われる表現

【**過去分詞の前**】
　オールレディ
　already　　［肯定文］もう，すでに
　ヂャスト
　just　　　　ちょうど（〜したところ）

【**通常の位置**（文末のあたり）】
　イェット
　yet　　　　［疑問文］もう〜?
　　　　　　　［否定文］まだ〜（ない）

「完了」の意味の現在完了形は，過去にしたこと・していたことが，現在において完了していると表現する。

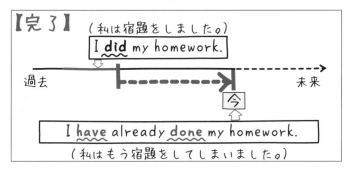

経験と同じく基本は過去で，それを現在につないでいる感じだ。**「してしまった」**から，**「今はもう終わっている状態だぞ。」といっている**んだね。

 「『ちょうど』の just は『してしまったばっかり』って感じだな。」

そうだね。だから「ちょうど〜したところです。」と訳すと日本語らしい。やっぱり「今はもう終えてしまっている」ということなのは同じだけど。

さぁ，これで現在完了の３つの意味について説明したぞ。訳しかたは３パターンしかないわけだし，たいがい判断の手がかりとなるキーワードもある。サボらず覚えるべきものを覚えれば使い分けはそれほど難しくない。それじゃ，例題で確認していこう。

Ex. 次の文を，[　　]内の意味を加えて現在完了形の文に書きかえるとき，（　　）に適語を書きなさい。

(1) She is sick in bed. [３日間]
She（　）（　）sick in bed（　）three days.

(2) Did you make a cake? [何回?]
（　）（　）（　）you（　）a cake?

(3) Tom didn't read the book. [まだ]
Tom（　）（　）the book（　）.

まずもとの文の意味をしっかり理解して，現在完了形に書きかえたとき
どんな意味になるか考えながら答えようね。(1)をケンタくん。

「はい。もとの文は『彼女は病気で寝ています。』，それが 3 日
間ずっと続いているってことだから

Ans. (1)　She (**has**) (**been**) sick in bed (**for**) three days.

『継続』ですね。」

正解。継続の意味の現在完了形は，もともと現在形の文を現在完了形に
して，「どのくらいの間」そうなのか，「いつから」そうなのかという内容
をつけ足したものだ。「3 日間」という**期間だから for ～**を使おう。**「～か
ら」と始まりの時(過去)を表すときは since を使う**よ。

次，(2)をサクラさん。

(2)　Did you make a cake？［何回？］
　　　(　　) (　　) (　　) you (　　) a cake？

「はい。もとの過去形の文『あなたはケーキを作りましたか？』
に，『何回？』をつけ足して，『何回作ったことがありますか？』
という疑問文にするのね。

Ans. (2)　(**How**) (**often**) (**have**) you (**made**) a cake？

回数をたずねるから，『経験』の意味です。」

OK。「作った」のは過去だから，経験の文では過去形を現在完了形に変
化させて作る感じになるね。「何回～したことがありますか」は，(　)の
数から考えると，How many times ではなく How often が入ることになる。

次，(3)をケンタくん。

(3)　Tom didn't read the book.［まだ］
　　　Tom (　　) (　　) the book (　　).

「はい。もとの文『トムはその本を読まなかった。』に『まだ』をつけて現在完了形にすると『まだ読み終えていない』，だな。

Ans. (3)　Tom (**hasn't**) (**read**) the book (**yet**).

これは『**完了**』の意味の文だ。」

　正解。完了の文も，「し終えた」のは過去だからもとは過去形の文だろう。同じ現在完了形の文でも，成り立ちがけっこう違うね。

　現在完了形の３用法，理解できたかな？　**３つの訳しかた・意味と，それぞれの用法で使われる表現（キーワード）をしっかり覚えて，**使いこなせるようにね。

☑**CHECK 61**　　　　　　　　　➡ 解答は別冊 p.39

次の日本文に合うように，（　　）に適語を書きなさい。

(1) あなたはどのくらい（の期間）英語を勉強しているのですか？
　　　– 去年からです。
　　How (　) (　) you (　) English？ – (　) last year.
(2) 彼は今までその本を読んだことがありません。
　　He (　) (　) (　) the book.
(3) 彼はもうお皿を洗ってしまいました。
　　He (　) (　) (　) the dishes.
(4) あなたは5時からずっと勉強しています。
　　You (　) (　) (　) (　) 5 o'clock.

ココで出てきた覚えなきゃいけない単語・熟語	
つづり	意味
イーチ　アザァ each other	お互い（に）
クライム climb	～に登る
be sick in bed	病気で寝ている

20
章

20-3 現在完了形の注意点

覚えて使うためには，とりあえず理解する努力をしよう。納得しているのとしていないのとでは，覚えやすさがぜんぜん違うぞ。

　基本を勉強したところで，覚えておかないと困るちょっと変わった「行く」の現在完了形と，間違えやすいほかの時制（特に過去形）との区別について学習しよう。

Point 102 「行く」の現在完了形

① **have gone**（**to 〜**）：「（〜に）行ってしまった」（完了）

例1　My mother **has** just **gone** out shopping.
　　　（母はちょうど買い物に出かけたところです。）

例2　Tom **has gone** back to America.
　　　（トムはアメリカに帰ってしまった。→今はここにいない。）

② **have been**（**to 〜**）：「（〜に）行ったことがある」（経験）

例3　I **have been to** the lake before.
　　　（私は以前その湖に行ったことがあります。）

例4　**Have** you ever **been to** Europe?
　　　（今までにヨーロッパに行ったことがありますか？）
　　　No, I**'ve** never **been** there.
　　　（いいえ，一度もそこへは行ったことがありません。）

※「（ずっと）〜である，〜に（ずっと）いる」（継続）と区別しよう。

例5　It**'s been** sunny since last week.
　　　（先週からずっと 晴れて います。）

例6　We **have been** in Tokyo for three days.
　　　（私たちはこの３日間 東京に います。）

「なんで『行ったことがある』が be 動詞の過去分詞の been なの？『行く』なんて意味, be 動詞にあったっけ？」

　当然の疑問だね。be 動詞自体に「行く」という意味はないよ。「行ったことがある」に be 動詞を使うのは, go という動詞が「目的地への移動」を表す動詞だから。「行ったことがある」という表現で大事なのは, 行ってそこで過ごした, ということでしょ？　要するに, そこに「行った」という移動より, そこに「いた」ことのほうが重要なの。だから be 動詞を使う。そう考えると「行ってしまった」が go でいいのも納得でしょ？

「でも, 『いる』の意味で be 動詞を使うのなら, 後ろの『〜へ』の to 〜はおかしくないですか？」

　そうだね。やっぱり英語でも単純に「〜にいたことがある」という意味だけではなくて, 「〜へ行ったことがある」のような感じを出したいんじゃないかな。そうなると **be 動詞は go の代用品**だね。本当のことは英語を作った人に聞いてみないとわからないけど, 先生はそう理解しているよ。

「『行った』ことより『いた』ことのほうが大事で be 動詞にしたけど, 『〜へ』というニュアンスも出したいから have been to 〜か。なんだか, ルールがどっかに行っちゃってません？」

言葉ってそういうものだよ。**英語は基本のルールがしっかりあって，実際に使うときには必要に応じて柔軟に変化する。**だから例外的なことだって出てきてしまうけど，だからこそ基本をしっかり理解することが大切だよ。なんでもアリってわけじゃないしね。

「ふーん。have been は【継続】の用法でも使いますよね。気をつけないと。」

うん，そうなんだ。have [has] been は Point 102 の 例4 ，2つめの文のように to がない場合もある。意味をちゃんと読みとって，以下のような「**（ずっと）～である，（ずっと）～にいる**」の継続の用法と区別しよう。

It's **been** fine since last week.
（先週からずっと晴れている。）【継続】
We **have been** in Tokyo for three days.
（私たちは3日間東京にいます。）【継続】

have [has] been in ～ だと，必ず継続の用法だ。そうじゃないときは，注意して意味をとらえよう。

「have gone のほうは『行ってしまった』，そして『今はいない』という意味になるんですね？」

現在完了形だからね。「行ってしまった」という過去のことがその結果として現在で表すのは，「今はいない」ということになる。日本語でも，電話がかかってきて「お母さんはご在宅ですか？」って聞かれて，「出かけました。」って答えたりするでしょ。そうすると相手に「今ここにいない」ということを伝えられるね。

「あ，たしかに。考えてみたら，『いるかいないか』の質問に直接答えているわけじゃないけど，ちゃんと答えになってるな。」

> 【完了】の意味を発展させたこの使いかたは，高校では【完了】とは別の【結果】という用法と教わるかもしれない。そのときが来たら思い出そう。

過去形の went なら「出かけた」といっているだけだから，そのあとのことには何も触れていない。そのあと，帰ってきているかもしれないわけ。

「そっか，それが過去形と違うところなんですね。」

現在完了形は，基本は現在なのに過去と近い意味をもっていることがあるよね。特に完了の意味の現在完了形は，今話したように過去形と区別がつきにくい。次は，過去形との区別をしていくうえで間違えやすいことを挙げていくよ。

20
章

Point

103 過去形と現在完了形

現在完了形は，**過去を表す語句と一緒に使えない！**

例　A：I've already done my homework.［現在完了形］

　　（ぼく，（もう）宿題やってあるよ。）

　　B：Really？ When did you do it？［過去形］

　　（ホント？　いつやったの？）

　　A：I did it yesterday.［過去形］

　　（昨日やったんだ。）

　　B：What should I do？ I've not finished it yet.

　　　　　　　　　　　　　　　　　　　［現在完了形］

　　（どうしよう。まだ終わってないんだ。）

「う，他人事とは思えないやりとり……。」

　宿題は早めにやるようにしようね。本題に移ろう。現在完了形が使われている文は，過去のことを内容として含んではいるけど結局「今のこと」をいっているね。それに対して過去形は，過去のことを中心としている。**疑問詞 when や，はっきりと過去を表す yesterday が使われている**ことでそれがわかるね。

「when は必ず過去の文で使うんですか？」

　そんなことはないよ。現在形の文や，will とも一緒に使えるけど，この場合は過去のことを聞いているだろう？　**過去のことを「いつ？」と聞くときは現在完了形は使えない**よ，ってことなんだ。前の文が現在完了形を使っているから，つられて使っちゃいそうでしょ？　間違えやすいところだよ。**現在完了形では when は使わない！**　覚えておこう。

　それじゃ例題だ。

Ex. 次の日本文に合うように,（　　）に適語を書きなさい。

(1) 彼はアメリカに行ってしまって，今はいません。
　　He（　　）（　　）to America.

(2) 彼は今まで，アメリカに行ったことがありません。
　　He（　　）never（　　）to America.

(3) 彼は先月からずっとアメリカにいます。
　　He（　　）（　　）（　　）America（　　）last month.

(4) 彼はいつアメリカに行ってしまったのですか？
　　When（　　）he（　　）to America？

(5) 彼は先月アメリカに行きませんでした。
　　He（　　）（　　）to America last month.

「彼」，「行く」，「アメリカ」でそろえてみたぞ。違いがわかりやすいはずだ。(1)をサクラさん。

「はい。『行ってしまった』は **have gone** ですよね。
Ans. (1)　He（**has**）（**gone**）to America.」

OK。「行ってしまった」の文には「完了」の文でよく使われる修飾語が何もつかないことがあるから，気をつけよう。でも，なくても意味から判断できるよね。もし just があれば「ちょうど行ったところ」，にすればいい。
　それじゃ次，(2)をケンタくん。

「はい。『行ったことがありません』，だから経験の現在完了形だな。never もあるし，間違いない。
Ans. (2)　He（**has**）never（**been**）to America.
『行ったことがある』は **have been** っと。」

そう。覚えておかなかったらふつうは go を使っちゃうよね。これは大事だぞ。しっかり覚えておこう。(3)をサクラさん。

(3)　彼は先月からずっとアメリカにいます。
　　　He (　　) (　　) (　　) America (　　) last month.

「はい。『ずっと～います』だから今もいるのだろうし，継続の現在完了形ね。動詞は『いる』の be 動詞で，『行ったことがある』なら to ～を使うところだけど，『～にいる』だから後ろは in。『～から』は since ～を使えばいいわね。

Ans. (3)　He (**has**) (**been**) (**in**) America (**since**) last month.」

正解。have been は，後ろに前置詞を使うときは注意しよう。**「～に行ったことがある」なら to ～，「(ずっと)～にいる」なら in ～**だ。前置詞を使わない場合だってあるからちゃんと確認してからね。

それじゃ，(4)をケンタくん。

(4)　彼はいつアメリカに行ってしまったのですか？
　　　When (　　) he (　　) to America？

「ん？　『いつ行ってしまったのですか』って，どっちだ？『行ってしまいました』は現在完了形を使うんじゃないのかな？」

ちょっとイジワルしました。**「いつ～したのか」をたずねるなら何があっても過去形**なの。こんなふうに，日本語が現在完了形を使う感じでもね。

「そうか。だったら過去形で文を作ればいいんだ。
　Ans. (4)　When (**did**) he (**go**) to America？
　なるほどね～。もうだまされないぞ。」

覚えておこう。それじゃ最後，(5)をサクラさん。

（5）　彼は先月アメリカに行きませんでした。

　　　　He（　　）（　　）to America last month.

「はい。これは『先月』だからはっきりと過去ね。

Ans.（5）　He（**didn't**）（**go**）to America last month.

あれ，（3）は現在完了形の文でも last month が出てきたけど，

それはいいんですか。」

　OK。これは過去の文なのがわかりやすいね。当然過去形を使えばいい。

（3）の last month は，since とカタマリになって since last month「先月か

ら（ずっと）」の意味だよね。こうなると過去を表す語句じゃない。ただ文

中に過去の語句があれば過去形，と単純に判断してはいけないよ。気をつ

けよう。

☑**CHECK 62**　　　　　　　　　　　➡ 解答は別冊 p.39

次の日本文に合うように，（　　）に適語を書きなさい。

（1）　あなたは今までに京都に行ったことがありますか？

　　　（　　）you ever（　　）（　　）Kyoto ?

（2）　彼は京都に行ってしまいました。

　　　He（　　）（　　）to Kyoto.

（3）　あなたはいつその手紙を書き終えたのですか？

　　　When（　　）you（　　）writing the letter ?

20
章

ココで出てきた覚えなきゃいけない単語・熟語	
つづり	意味
シャ ピ ング shopping	買い物，ショッピング
go back（to ～）	（～に）帰る，戻る
ユ （ア）ロプ Europe	ヨーロッパ
リー（ア）リィ really	本当に

述語のまとめ

1 英語は，ことば

　これまでに学んだことをひとつずつをしっかり運用していけるよう，英語を1つの「言語」としてとらえ，その核ともいえる述語のまとめをしよう。

「言語として？」

　そう。それぞれの文法も大事だけど，それを使って作る英語の文の**第一の目的は意思疎通・コミュニケーション**だからね。

「英語が母国語の人たちにとっては生活の一部ですよね。私たちにとっての日本語のように。」

「そんなこと言ったって，勉強したことを1つずつ覚えていくだけでいっぱいいっぱいで，ことばとして使う自信なんて全然ないですよ。」

　でもね，「ふだんの会話くらいなら，ここまで学んだことでそれほど困らない程度には話せる」ということを知っていてほしいんだ。

「え！　そうなの？」

　もちろん「文の作りのルール（文法）としては」という意味であって，

それだけじゃ無理だ。先生は会話の経験がほとんどないまま英語圏で暮らすことになったとき，まず知らない単語だらけで困ったよ。

「あー，なんとなくわかる気がします。」

そうなんだ。もう，本当に困った。それに慣れるまでは自信持って話せなくて，「これで通じるかな，大丈夫かな？」って，とても不安で。

「なーんだ，先生でも自信なかったんだ。」

でもさ，**大事なのは正しいかどうかじゃなくて，伝わるかどうか**だって気づいてからは「とにかく話してみて，経験を積みながらだんだん覚えていけばいいや」って考えるようにしたんだ。**だって，ことばなんだから。**

「なるほど，『習うより慣れろ』ですね。」

でも文法をしっかり学んでいたおかげで慣れるのは早かった。習ったこと，覚えたことが生きたんだ。だから先生がオススメするのは**「習って，そして慣れろ」**。どの文法も習って慣れてほしいけど，中でもことばとして文章を成立させる核となるのは述語だ。この述語をマスターしていたことが，英語を使い慣れていく上で先生の最大の強みだった。ここで今までに学んだ単元のうち，「述語」の役割を果たすものをまとめて整理しておこう。

2　述語のまとめ

Point
104　**述語パターンの種類**

① 現在形・過去形（平叙文）

　　〜する，〜である

② ［進行形］　be＋現在分詞（〜ing形）

　　〜しているところだ

③ 助動詞＋原形

　　〜できる（can），〜だろう・するつもりだ（will），

　　〜してもよい（can / may），〜しなければならない（must），

　　〜してはならない（must not）　など

④ ［受動態］　be＋過去分詞

　　〜される・されている

⑤ ［完了形］　have＋過去分詞

　　（ずっと）〜である・〜している，〜したことがある，〜してしまった

　単独（動詞1語）で述語になれるのは①の平叙文（ふつうの文）の現在形・過去形だけ。疑問文・否定文（平叙文以外）なら do（does, did）と組み合わせることになるから②〜⑤の仲間だね。

　「まとめるとこれだけなのね。全部やった覚えはあります。」

　ここで大事なのは分類を覚えることではなく，これらを「述語になるものの仲間」として認識すること。まとめて同じ引き出しに入れておくイメージだ。述語は必ずこの中のどれか。けっこうあるけど，なんとなく考えるよりは決まった範囲の中から選ぶほうが楽だろう。

20
章

「なるほど。それぞれが正しく使えるようになっていれば，あと
は選ぶだけか。」

　あやしいところがあったり問題を解いていて間違えたりしたら，各単元
に戻って学び直し，少しずつ自信をつけていけばいい。こういう認識があ
れば，各単元をマスターしていくことが「述語」そのものに対する自信に
なっていくよ。

 各述語パターンが更に組み合わされることもある。
・進行形＋受動態（be being 過去分詞）
・完了形＋進行形（have been 現在分詞）　→現在完了進行形
・完了形＋受動態（have been 過去分詞）
・助動詞＋進行形（will be 現在分詞 など）
・助動詞＋受動態（will be 過去分詞 など）
・助動詞＋完了形（will have 過去分詞 など）　など

3 **動詞のまとめ**

述語になるのは動詞だけど，「動詞＝述語」とはいえない。しっかりした認識がないとごっちゃになって動詞だか述語だか，わけがわからなくなりそうだよね。今度は見方を変えて「動詞」そのもののいろいろな形を整理しておこう。

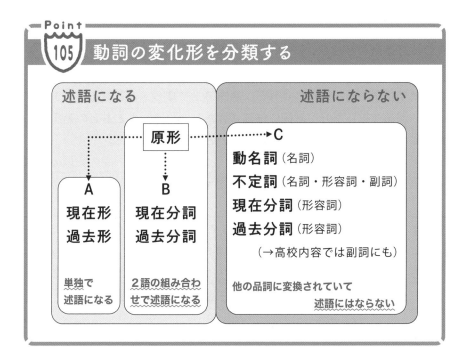

A は単独で述語になれるもの。時制，主語の人称・数によって自分自身が変化する。

 「現在形って原形と同じ形のことが多いですよね。」

原形と同じ形のまま現在形として使われることが多い，というのが正しいだろうね。動詞とか名詞とかの**「品詞」というのは語そのもののはたらきにつけられる名前**で，**「述語」は文中での役割**を表している。語とはいっ

ても1語とは限らないしね。

「**B**の時ですね。」

　Bは2語の組み合わせで述語になる。時制，主語の人称・数により形が変化するのは前に置かれる<u>助動詞・do・be動詞・have</u>。そして動詞は述語にならない形でも使われる。

　Cは「述語にならない」という点で**A**・**B**とは大きく異なる。はたらきが動詞ではない別の品詞になっちゃってるからね。述語にならないから形の上では主語や時制がないけれど，意味の上ではちゃんとあるよ。また目的語や補語を取ったり，副詞に修飾されたりという，もともとの動詞の性質は変わらずもっている。そこは動詞のときのままなんだ。

「動詞は本当に応用範囲が広いですねー。」

　さまざまな使い方がある「動詞」，そして文の核，木でいえば幹である「述語」にしっかりとした自信がもてるようになることはすごく重要なんだ。幹がしっかりしていれば枝や葉も安定していくはず。「ことば・言語」としての英語を使いこなしていくための王道だと先生は考えているよ。

21章

間接疑問・感嘆文・
いろいろな疑問文

この章では，それぞれを独立させて1つの
章にするほど多くの説明はない文法事項
を，まとめて勉強する。だからといって甘
く見てはいけないよ。どれも同じように大
事だから。

「はーい。」

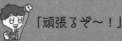「頑張るぞ〜！」

間接疑問

疑問詞はたずねるときに使うだけでなく，ほかにもいろいろな使いかたがあるよ。それぞれの用法をしっかりマスターしよう。

　ここでは，疑問詞が"カタマリを作る接続詞"のような役割をする「間接疑問」という文法を勉強するよ。

　「**17-2**で，when を『～するときに』という意味で接続詞として使いましたよね？」

　その when とは使いかたがちょっと違うんだ。「カタマリを作る」のは同じだけどね。**間接疑問は「～なのか」という意味の，名詞のはたらきをするカタマリを作る。**だから接続詞の that と同じようなはたらきだと思ってくれるといいよ。

　「間接疑問って，疑問文なんですか？」

　"間接疑問文"と呼ばれることもあるけど，**間接疑問は疑問文ではない**ぞ。文の作りに慣れればわかるようになるはずだ。作りも特徴があってわかりやすいから，そんなに心配することはない。さっそくまとめてみよう。

106　間接疑問

①　【what（**主**′）＋ **述**′ ＋ ～】：「**何（を，が）～のか**」

> 例1　I don't **know**【**what** he wants】.
> 　　　**主**　　**述**　　「何を」 **主**′　**述**′
> 　　　（私は，【彼が何をほしい**のか**】がわからない。）

例2　I can't **tell** 【**what** is in the box】.
　　　主　　述　　　「何が主′」　　　述′
　　　（私は,【その箱の中に**何がある**のか】いうことはできません。）

② 【who（主′）+ 述′ + 〜】:「**誰（が・を）〜のか**」

例3　I **know**【**who** took this picture】.
　　　主　述　　「誰が主′」　述′
　　　（私は【**誰が**この写真を撮った**のか**】知っています。）

例4　Do you **know**【**who** that tall man is】?
　　　　　主　　述　　「誰」　　　　主′　　述′
　　　（あなたは【あの背の高い男の人が**誰な**のか】, 知っていま
　　　すか?）

③ 【when 主′ + 述′ + 〜】:「**いつ〜のか**」

例5　I want to **know**【**when** she will arrive】.
　　　主　　述　　　　「いつ」　主′　　　述′
　　　（私は【彼女が**いつ**到着する**のか**】知りたいです。）

④ 【where 主′ + 述′ + 〜】:「**どこで（に）〜のか**」

例6　They **asked** me【**where** he lived】.
　　　主　　述　　　　「どこに」　主′　述′
　　　（彼らは,【彼が**どこに**住んでいる**のか**】私にたずねました。）

⑤ 【why 主′ + 述′ + 〜】:「**なぜ〜のか**」

例7　I couldn't **understand**【**why** Mary was angry】.
　　　主　　述　　　　　　「なぜ」　主′　述′
　　　（私は【メアリーが**なぜ**怒っている**のか**】理解できなかった。）

⑥ 【how 主′ + 述′ + 〜】:「**どのように（どう）〜のか**」

例8　**Tell** me【**how** you feel】.
　　　述　　　「どのように」主′ 述′
　　　（【あなたが**どのように**感じる**のか**】教えてください。）

はたらきがわかりやすいように【　】で間接疑問のカタマリの部分を囲ってみたよ。 17₋₂ で勉強した，接続詞の that と使いかたが似ているのがわかってもらえるかな？

　間接疑問では，カタマリ（節）が **「〜なのか」という意味を表して，「ことがら」を表す名詞のはたらきをしている**んだ。疑問詞自体の意味は，疑問文のときと同じだから，わかりやすいだろう？

「疑問文じゃなくて，文の一部となるカタマリなんですね」

　そう。疑問文じゃないから， 疑問詞のあとの語順が〈主語＋述語＋〜〉になる んだ。疑問詞のあとがふつうの文の語順ということだね。 例1 〜 例8 では do とか does とか did とか使ってないでしょ。

「あ，本当だ！　使ってない。」

　 例1 を見てごらん。[**what** he want<u>s</u>] と s がついているよね。もし，疑問文なら What does he want ？となるけど，間接疑問として文の一部になるときは，does がなくなるから want<u>s</u> と s がついた形になるんだよ。

　ここでは疑問詞を単独で使う例をたくさん挙げたけど，〈what ＋名詞〉や〈how ＋形容詞（副詞）〉といった，疑問詞をほかの語と組み合わせたものも，この使いかたができるよ。例えば

> I know 【**what color** he likes】.
> 　主　　述　　　　「何色が」　　　　　主′　述′
> （私は【彼が**何色が好きか**】を知っています。）

のようにね。

「 Point 106 を見ると，who と what だけ使いかたが多いみたいですね。」

　いいところに気づいたね。who や what は「誰が～？」，「何が～？」という意味になることがあるから，**カタマリの中の主語にもなっちゃうことがある**んだ。そういうときは，すぐ後ろは述語ということになるね。逆に主語になりようのない when や where などを使えば，必ず後ろに〈主語＋述語＋～〉がくるよ。

「 Point 106 の 例1 ～ 例8 を見ると，カタマリの前の動詞は know が多いですね。」

　「間接疑問」のカタマリは名詞のはたらきをするといったけど，ほとんどが動詞の後ろにあって「～を」の意味の目的語になる。よく使われる動詞には，例1 ～ 例8 にあった **tell，know，ask，understand など**があるけど，その中でも **know がダントツに多い**。覚えておくと役に立つぞ。それじゃ，例題を解きながらくわしく説明していこう。

21
章

Ex.　次の文をあとの指示にしたがって書きかえるとき，（　）に適語を書きなさい。

(1)　What does he mean?［I know に続けて］
　I know（　）（　）（　）.

(2)　Where did she buy the bag?
［Do you know に続けて］
　Do you know（　）（　）（　）the bag?

(3)　How many brothers do you have?
［Tell me に続けて］
　Tell me（　）（　）（　）（　）（　）.

(4)　I know what is in the box.［過去の文に］
　I（　）what（　）in the box.

(1)〜(3)はよく出題される，疑問文を間接疑問のカタマリに書きかえる問題だよ。(1)をサクラさん，mean は「〜を意味する，〜のつもりでいう」の意味だよ。

「はい。『彼は何のつもりでいっていますか？』を，間接疑問にして『**彼が何のつもりでいっているのか**を知っている』に書きかえるのね。疑問文じゃなく，ふつうの文の語順にすればいいんだわ。

Ans.　(1)　I know（**what**）（**he**）（**means**）.
「何を」　主´　述´

動詞はやっぱり know ですね。」

正解。**間接疑問は疑問文じゃないから，当然ふつうの文の語順**だ。主語が he だからふつうの語順にしたとき動詞に s をつけるのを忘れないようにね。次，(2)をケンタくん。

「はい。もうコツはつかんだもんね。『彼女がどこでそのかばん
を買ったか』にすればいいんでしょ？　buy を過去形に，だな。
Ans. (2)　Do you know（**where**）（**she**）（**bought**）the bag？
　　　　　　　　　　　　　「どこで」　　主´　　　述´
あれ，クエスチョンマークがあっていいのかな？」

21
章

　いいんだよ。**この文に？がついているのは文本体が疑問文だから。**Do
you know ～？という文でしょ？　間接疑問とは関係なく「？」が必要と
いうことだ。過去の文だから，間接疑問でふつうの文の語順にしたとき動
詞を過去形にするのを忘れないように。それじゃ，(3)をサクラさん。

「はい。**how many brothers がカタマリで使われる疑問詞**ね。
『あなたには何人の兄弟がいますか？』だから，『何人の兄弟が
いるのか』にすればいいんだわ。
Ans. (3)　Tell me（**how**）（**many**）（**brothers**）（**you**）（**have**）.
　　　　　　　　　「何人の兄弟を」　　　　　　　　　主´　　述´
疑問詞が１語じゃなくても同じ作りね。」

　よし，問題ないね。疑問詞を単独で使うものも，ほかの単語と組み合わ
せて２語以上で使われるものも，文の作りは同じ。間接疑問の前に使われ
る動詞もいくつかしかないし，慣れればどうってことなさそうだろ？
　それじゃ(4)で，ちょっとレベルの高い注意点に触れておこう。まずは
ケンタくん，もとの文を日本語にしてくれ。

「はい。これは最初から間接疑問を使った文だな。『私は，その
箱の中に何があるのか知っています。』です。」

　これを過去の文にするんだけど，**文本体の「時」が過去になると，それ
に合わせて間接疑問のカタマリの「時」も変えなければならない**んだ。ど
ういうことかというと，「その箱の中に何があるのか」は，「私が知ってい
る」というのと**同じ「現在」**のことだよね？　要するに「|今|何があるの

かを，| 今 |知っている」ということ。それを「私は知っていた」と過去にしたとき，間接疑問のカタマリも**「同じ時（過去）」を表す形にしておかなければならない**。こういうことだ。

I **know** what **is** in the box.
現在　← 同じ時 →　現在

（私は，その箱の中に何があるのか知っています。）

⬇ 過去の文にすると

I **knew** what **was** in the box.
過去　← 同じ時 →　過去

（私は，その箱の中に何があるのか知っていました。）

　これだけ見ると当たり前とも思えそうだよね。だって，もし過去の文を was にせず is のままにしたら，「| 今 |何があるのかを，| 過去 |に知っていた」みたいになっちゃう。これじゃ予知能力だ。英語は「時」にうるさいからね〜。

Ans. (4)　I（**knew**）what（**was**）in the box.
　　　　　　　「何が主´」　述´

「たしかに。過去形にするのがふつうだよな。」

　でも，日本語だけを与えられたら，両方とも過去形で書けるかな？　「何が**ある**のか知っていた」という日本語の表現から be 動詞を **was** にすることができると，自信をもっていえるかい？

「うーん，自信ないです。『知っていた』は knew にできると思うけど……。」

　そうだよね。was はそのまま訳すと「〜にあった」とか「〜でした」とかだもんね。今のところはこの **Ex.** の(4)のように，「文全体を過去形にしなさい」という問題にだけ対処できればいいけど，この「時」に注意して述語を選ぶ考えかたは，英語を勉強していく限りずっと大事になる。高校でもこの考えかたについては学ぶことになるよ。

この「同じ時を表す述語は同じ形で」という英語の文法のルールを時制の一致という。高校でもよく扱われる内容なので覚えておくとよい。

☑CHECK 63　　　　　　　　　　➡解答は別冊 p.39

次の文を，（　　）の語句に続ける間接疑問に書きかえなさい。

(1) Who is the woman ?　（Do you know ～ ?）
(2) When did they come to Japan ?　（I know ～ .）
(3) How long have you studied English ?
　　　　　　　　　　　　　　（I don't know ～ .）

ココで出てきた覚えなきゃいけない単語・熟語	
つづり	意味
mean ミーン	～を意味する，～のつもりでいう

21-2 感嘆文

「感嘆」とは，感心してほめたたえること。いくつかのポイントをつかんでしまえば "簡単" だよ。

ここでは「なんて〜なんだろう！」などと驚き感心する表現，感嘆文を勉強するよ。さっそく文の作りをまとめていこう。

Point 107　感嘆文

◎意味…「なんて〜なんだろう！」

① ［What + (a) + 形容詞 + 名詞］+ 主語 + 述語（+ 〜）！

例1　**What a nice bag** you have！
　　　　形容詞　名詞　　主　述
（きみはなんてすてきなバッグをもっているんだ！）

例2　**What beautiful flowers** these are！
　　　　形容詞　　　名詞　　主　述
（これらはなんてきれいな花なのかしら！）

② ［How + 形容詞（副詞）］+ 主語 + 述語（+ 〜）！

例3　**How nice** your bag is！
　　　　形容詞　　主　述
（きみのバッグはなんてすてきなんだろう！）

例4　**How beautiful** these flowers are！
　　　　形容詞　　　主　　述
（これらの花はなんてきれいなのかしら！）

例5　**How fast** he runs！
　　　　副詞　主　述
（彼はなんて速く走るんだ！）

「感嘆文って２つあるんですね。あ，ビックリマークだ！」

うん，what を使うものと how を使うものがあるんだよ。「！」はエクスクラメーションマークというんだけど，名称は知らなくてもいいや。

まず，感嘆文がどうやってこんな文の作りになったのか説明しておこう。 の 例1 を感嘆文ではないふつうの文にすると，こんな感じになるね。

You have **a nice bag**.
主　　述　　形容詞　名詞
（あなたは**すてきなバッグ**をもっています。）

これはよく見るふつうの文で，単に状況を説明している。でもバッグを見て「おお，すてきだ！」と思い，その驚きや感動を表現しようとすると，**まずその感動の中心が真っ先に言葉として出てくる**よね？　「なんてすてきなバッグ！」って。「なんて」という驚きを表すのに what を使って，こうなるんだ。

What a nice bag！

その後，残った文の作りを後ろにそのまま続けて感嘆文のできあがり。〈主語＋述語〉がないと文にならないからね。

What a nice bag you have！
　　　　　　　　　　　主　　述

※英会話などでは，すてきなバッグを見て What a nice bag！（なんてすてきなバッグ），美しい景色などを見て How beautiful！（なんて美しいんだ）などと，〈主語＋述語〉が省略されることも多い。

要するに感嘆文というのは，**感動の中心に what か how をつけて，ただ文頭に出しただけ**という，ものすごく単純な文なんだ。

「たしかに，驚いてるのに『あなたは～をもってます。』なんて
落ち着いていっていたら，そっちのほうが変だな。」

でしょ？　大事なのは文頭にくる感動の中心部分だ。だから会話表現で
は〈主語＋述語〉から後ろが省略されてなくなっている場合も多いんだよ。

「感動の中心って，形容詞か副詞なんですね？　なんて**すてきな**
～とか，なんて**速く**とか。」

そう。で，形容詞の後ろに名詞がくっついてカタマリになっている場合
は **what** を使い，単独で使われている形容詞の場合と副詞の場合は **how**
を使う。

「名詞があれば what，なければ how，ってことですね。」

まぁそうなんだけど，[**What ＋(a)＋形容詞＋名詞**] や [**How ＋形容
詞(副詞)**] の**カタマリを意識する**ようにしよう。特に [**What ＋(a)＋形
容詞＋名詞**] で a がつかない場合は要注意！　^{Point}107 の 例2 のような flowers
と名詞が複数の場合だね。

　　　例2 **What beautiful flowers these are !**

この最初の What の部分が（　　）になっている場合，How を書いて間違
える人が多い。「How の後ろが形容詞(副詞)」とだけ覚えていると，そう
やって答えてしまうんだろうね。

「すぐ後ろの単語だけを見て判断しちゃダメなんだな。」

そう。ちゃんとカタマリを意識しよう。**〈主語＋述語〉を確認してごらん。その前までがカタマリ**のはず。これがいちばん簡単な方法だよ。

「107 の例文をよく見たら，what・how のそれぞれの例文，例1 と 例3，例2 と 例4 はよく似ていますね。」

そうなんだ。文の作りを変えれば what・how どちらでも同じような意味の感嘆文が作れる場合がけっこうある。例2 と 例4 を見てみると

　　　例2 **What beautiful <u>flowers</u>** these are **!**

　　　例4 **How beautiful** these flowers are **!**

what・how 以外は，使っている単語はすべて同じで語順が違うだけなのがわかるでしょ。こういう書きかえは入試にも出題されているぞ。でも，それぞれの文の作りがしっかり理解できていればそれほどハードルは高くない。具体的なことを例題を解きながら説明していこう。

Ex. 次の日本文に合う英文になるように，(　)に適語を書きなさい。

(1) これはなんて大きい公園なんだろう！
　　(　)(　)(　) park this is !
(2) この問題はなんて簡単なのでしょう！
　　(　)(　) this question is !
(3) 彼はなんて上手に泳ぐのだろう！
　　(　)(　) he (　)!

語のカタマリを意識してね。(1)をケンタくん。

「はい。『なんて大きい公園』だから，what だな。parks じゃなくて park っていう単数だから a がついて

Ans. (1) (**What**)(**a**)(**large**) park this is !」
　　　　　　　　形容詞　　名詞　主　述

正解。「大きい」は big でもいいよ。じゃあ(1)の文を how を使って書きかえてみようか。「なんて〜」の部分に名詞が入らないようにすればいいんだよ。

「『公園』が入らない，ってことは『なんて大きいのだろう！』にすればいいんだ。How large 〜！だな。同じ意味にしなきゃいけないんだから，『公園』をどこかに入れないと……。」

そうそう。そういう考えかたでいいよ。この場合「この公園は，なんて大きいのだろう！」と，主語のほうに使えばいいね。

(1)´ **How large** this park is !
　　　形容詞　　主　　述

これでできあがり。ね，そんなに難しくないだろう？　次，(2)をサクラさん。書きかえもやってみてくれるかな？

「はい。『なんて簡単なのでしょう！』だから名詞はなしね。そうか，この文は今の(1)を書きかえた文と同じように，主語のほうに名詞が使われているんだわ。

Ans. (2) (**How**)(**easy**) this question is！
　　　　　　 形容詞　　　　　 ㊒　　㊟

書きかえは(1)の逆，ということですね。question を easy のあとに置いてカタマリにして，単数だから an をつけて

(2)´ **What an easy question** this is！
　　　　形容詞　　　名詞　　　 ㊒　㊟

これでいいですね？」

それでいい。こっちのパターンのほうが少し難しいかな？ a じゃなくて an だということに気づいたところはさすが。気をつけないといけないところだよ。次，(3)をケンタくん。

「はい。『なんて上手に』だからこれも名詞なしだ。

Ans. (3) (**How**)(**well**) he (**swims**)！

ちゃんと動詞に s もつけたぞ。」

正解。この文も what を使って書きかえられるんだけど，これは前の2問と違って単純に置きかえればできるものではないんだ。でも，入試でもよく見るパターンだからチャレンジしよう。まず what を使うということは「なんて〜」の部分に名詞を使うということだから，日本語でいうとこういう文になるだろう。

(3)´　彼はなんて上手な泳ぎ手(泳ぐ人)なのだろう！

ちょっと日本語らしくないけど，英語での作りがわかりやすいようにあえてそのままにするよ。この書きかえパターンのカギは「泳ぎ手(泳ぐ人)＝ swimmer」。とにかく書きかえた文を見てもらおう。

(3)′　**What a good swimmer** he is !
　　　　　　形容詞　　　名詞　　　　主　述

動詞の swim を,「泳ぐ人」を表す名詞 swimmer に変えたので, それを修飾する語も, 副詞から形容詞へ変化しなきゃいけなくなったんだ。

同じように「上手」を表す修飾語は, 動詞を修飾する副詞は well, 名詞を修飾する形容詞は good に変えなきゃいけないというわけ。

でも形容詞としても副詞としても使える語なら, 同じパターンの書きかえをしてもこの変化は必要ないよ。例えば **107** の **例5** で使われている fast がそうだ。

He **runs fast**.
　　　動詞　←　副詞(速く)

　→　**How fast** he runs !

He is a **fast runner**.
　　　　　形容詞(速い)　→　名詞

　→　**What a fast runner** he is !

これならそんなに難しくないだろう？　たくさん問題を解いて慣れればこのくらいならラクラクできるようになるよ。

☑ CHECK 64

➡ 解答は別冊 p.39

（　　）に適語を書き，感嘆文を完成させなさい。

(1) （　　）a tall boy he is !
(2) （　　）tall he is !
(3) （　　）well your mother cooks !
  = （　　）a good cook your mother is !

ココで出てきた覚えなきゃいけない単語・熟語	
つづり	意味
スウィマァ swimmer	泳ぎ手，泳ぐ人
ラナァ runner	走者，走る人
クック cook	料理をする

いろいろな疑問文

今まで勉強してきたすべての述語パターンが出てくるよ。自信のないものがあれば復習しようね。

　ここでは疑問文の応用編を勉強しよう。疑問文の作りは，述語（またはその一部）が主語の前に出るというのが基本だったね。それはこの応用編でも変わらないよ。まずは疑問文を否定文にした否定疑問文だ。

Point

108 否定疑問文

◎作りかた…**疑問文に not をつける**

◎答えかた…**日本語と英語のズレに注意！**

　　　　日本語は「たずねられた内容を否定するかどうか」で，はい /
　　　　いいえを決めるのに対し，英語は「疑問文の述語を否定するか
　　　　どうか」で Yes/No を決める。

例1　Is**n't** he a teacher ？　—　**Yes**, he is.
　　（彼は先生では**ないのですか**？　—　**いいえ**，彼は先生です。）

例2　Did**n't** you know it ？　—　**No**, I didn't.
　　（あなたはそれを知ら**なかったのですか**？　—　**はい**，知り
　　ませんでした。）

例3　Can**'t** they swim ？　—　**Yes**, they can.
　　（彼らは泳げ**ないのですか**？　—　**いいえ**，泳げます。）

例4　Have**n't** you done your homework yet ？
　　—　**No**, not yet.
　　（宿題まだ**やってないの**？　—　**うん**，まだなんだ。）

　「なーんだ，疑問文に not をつけるだけだ。」

　否定疑問文は，**疑問文を作るときに前に出す語に not をつければできあがり**。簡単でしょ？　ただ，**必ず短縮形を使うようにね**。例文として挙げなかった，進行形や受動態などのほかの述語パターンも，同じようにして否定疑問文にできるよ。

「でも答えかたの日本語訳がめちゃくちゃになってますよ！だって，『Yes』なのに『いいえ』なんて，ありえなくないですか？」

　そうなんだ。⑩にも書いたけど，**日本語は「たずねられた内容を否定するかどうか」で，まず「はい / いいえ」の返答を決めている**んだ。だから後ろに肯定文が続く場合でも，まず「いいえ」と答えることもある。

「『いいえ，しました』とか『はい，しません』って，日本語ではおかしくないですもんね。」

　対して**英語は「疑問文の述語を否定するかどうか」で Yes/No を決める**。

> 例1 Is**n't** he a teacher？　—　**Yes**, he is.
> （彼は先生ではないのですか？　—　いいえ，彼は先生です。）
> 例2 Did**n't** you know it？　—　**No**, I didn't.
> （あなたはそれを知らなかったのですか？
> 　　　　　　　　　　　　　　—　はい，知りませんでした。）

　例1 なら「先生である」という述語に注目して**「先生である」から Yes** と答えているし，例2 なら「知っていた」という述語に注目して**「知らなかった」のだから No** と答えている。
　英語は，**後ろに肯定文が続くのに「No」は絶対にないし，後ろに否定文が続くのに「Yes」はない**。（×）No, he is. とか，（×）Yes, I didn't. という答えはありえないんだ。とにかく**後ろに肯定文なら Yes，否定文なら No**。だから 例1 では「いいえ，先生です。」を Yes, he is. と答えているし，例2 では「はい，知りませんでした。」を No, I didn't. と答えてい

るんだ。

「ほぁ〜。述語に注目すればいいのか。」

　考えかたは単純でしょ？　これは日本語と英語の考えかたの違いによるもので，Yes を「いいえ」と訳しているわけじゃないんだよ。

「なるほど，わかりました。でも，できる気がしないですよ〜。」

　そりゃそうだ。すぐに，すんなりなじむのは日本人には無理だよ。まったく違う，どころか正反対になってしまうんだからね。でもどうだい，最初のころにも同じようなことを思ったんじゃなかったかな？

「英語と日本語とはまったく違う言葉なんだから，変に感じて当　然，でしたよね。」

　そうそう。今では日本語とまったく違う「英語」の考えかたにもだいぶ慣れて，例えば「〈主語＋述語〉の位置」なんて当たり前になったでしょ？**「これが英語」と割り切って，ついでに日本語の特徴にも興味を示しながらそれぞれを正しく使えるように慣れればいいん**だって。

「わかりました。『これが英語』なんですね。」

違うからこそ，練習して慣れておかないと正解できないのはたしかだ。どの章の内容も，しっかり慣れるまで練習してほしい。それじゃ次の応用的な疑問文，付加疑問文にいこう。

=Point=
109 付加疑問文

文末に疑問文のパターンをつけ足し，「**〜ね?**」という
①「**確認**」や，②「**念押し**」の意味を表す。

※①「確認」のときは上げ調子，②「念押し」のときは下げ調子で発音する。

> **例1** Mr. Brown is a teacher, **isn't he ?** — Yes, he is.
> （ブラウンさんは先生です**ね?** — はい, 彼は先生です。）

> **例2** You didn't know it, **did you ?** — **Yes**, I did.
> （あなたはそれを知らなかったのです**ね?** — **いいえ**, 知っていました。）

> **例3** They can swim, **can't they ?** — No, they can't.
> （彼らは泳げます**ね?** — いいえ, 泳げません。）

> **例4** You haven't done your homework yet, **have you ?**
> — **No**, not yet.
> （宿題をまだやってないです**ね?** — はい, まだです。）

「つけ足し型の疑問文ですね。」

文末につけ足すのは，**その文を疑問文にするときに前に出す語と，代名詞に変えた主語**だ。そして**文自体が肯定文なら否定文で，否定文なら肯定文でつけ足す**。具体的にいえば，**例1** は be 動詞 is の文で，Mr. Brown を代名詞にすると he，もともとがふつうの文（肯定文）だから，否定文の isn't になって **isn't he ?** をつけ足しているってことだ。訳は，もとの文の訳を基本に「〜ね?」といった意味をつけ足してあげれば OK だ。

「なんでつけ足すの？　ふつうに疑問文にすればいいのに。」

　それはそれなりに意味があるからさ。ふつうの疑問文が Yes なのか No なのかをたずねる「質問」なのに対して，付加疑問文は「確認」や「念押し」。どちらもある程度答えはわかっているんだ。

「そういうときってありますよね。『あれ，どうだったろう？』とか，『〜よね？』みたいに。」

　「確認」のほうはどちらかといえば質問っぽい「〜だったっけ？」のような感じ。質問に近いからふつうの疑問文のように最後を上げ調子でいう。「念押し」はほぼ間違いないとわかってる感じだ。「〜だね？」と同意を求めてる。こういう場合は下げ調子でいう。どちらなのかは問題を解くときには判断する必要ないよ。

「例4 は，学校の先生によくいわれるけど，やってないのばれてるんだな，と思います。」

　これは「念押し」だね。だから下げ調子だ。そういわれると「やってあります。」とか，嘘つきにくいよね。「わかっているんだぞ。」っていわれている感じで。ね，ふつうの疑問文とは違うでしょ？

例2 や 例4 のように，否定文に付加疑問をつけた文では，答えかたが
また Yes →いいえ，No →はい，になっているけど，これは否定疑問文で
勉強したからわかるね。それじゃ，例題で練習しよう。

21
章

Ex. 次の日本文の意味に合うように，（　　）に適語を書
きなさい。

(1) あなたは昨日忙しくなかったのですか？
　－　はい，忙しくありませんでした。
（　　）you busy yesterday？ －（　　），I wasn't.

(2) ケンはテニスをしないのですか？　－　いいえ，します。
（　　）Ken（　　）tennis？ －（　　），he does.

(3) メアリーはテレビを見ているところですね？
　－　はい，そうです。
Mary is watching TV,（　　）（　　）？
－（　　），（　　）is.

(4) タロウとケンは明日そこに行かないつもりですね？
　－　いいえ，行くつもりです。
Taro and Ken won't go there tomorrow,
（　　）（　　）？
－（　　），（　　）will.

(5) 窓を開けてくれませんか？　－　いいですよ。
Open the window,（　　）（　　）？ － OK.

(1)，(2)が否定疑問文，(3)～(5)が付加疑問文の問題だ。答えかたに
は気をつけようね。(1)をサクラさん。

「はい。ふつうなら『忙しかったですか？』だから，be動詞を
使えばいいんだわ。主語は『あなた』で，過去の文だから

Ans. (1)（**Weren't**）you busy yesterday？
　－（**No**），I wasn't.

　　答えは『忙しくなかった』のだから No ね。けど，日本語との違
　　いに混乱しそうだわ。』

　OK。答えかたについては慣れていくしかないぞ。気をつけようね。でも，
（×）**Yes, I wasn't. はおかしい**ってことはわかるんじゃない？　Yes の
あとは肯定文，No のあとは否定文，これをちゃんと覚えておけば大丈夫
だよ。それじゃ次，（2）をケンタくん。

　　(2)　ケンはテニスをしないのですか？　―　いいえ，します。
　　　　（　　）Ken（　　）tennis？ ― （　　）, he does.

　　「はい。これは一般動詞の文だな。『しないのですか？』だから
　　　現在形で，『ケン』が主語だから doesn't を使って
　　Ans. (2)　（ **Doesn't** ）Ken（ **play** ）tennis？
　　　　　　　― （ **Yes** ）, he does.
　　　日本語は『いいえ』だけど，するんだから Yes ですよね？」

　そうだ。早く慣れていこうね。否定疑問ではない，基本の疑問文の作り
はもう大丈夫かな？　応用ができるようになるには，まず基本が身につい
ていないといけない。Does Ken play tennis？ の文を作れない人は，Doesn't
Ken play tennis？ の文も作れないからね。簡単なことをおろそかにしない
意識が大切なんだよ。
　それじゃ次，（3）をサクラさん。ここからは付加疑問文の問題だ。

　　(3)　メアリーはテレビを見ているところですね？
　　　　　―　はい，そうです。
　　　　Mary is watching TV,（　　）（　　）？
　　　　　― （　　）,（　　）is.

　　「はい。これは現在の進行形ね。be 動詞を使えばいいんだわ。
　　　もとの文が肯定文だから否定にして
　　Ans. (3)　Mary is watching TV,（ **isn't** ）（ **she** ）？
　　　　　　　― （ **Yes** ）,（ **she** ）is.

メアリーは女の子だから，代名詞は she ですね。」

　正解。進行形の文だからつけ足すのは be 動詞だね。例えば受動態の文に付加疑問をつけるとしても，使うのはやはり be 動詞だ。現在完了形では have，助動詞を使った文では助動詞が使われる。主語を代名詞にするのも忘れずにね。それじゃ，(4)をケンタくん。

　　(4)　タロウとケンは明日そこに行かないつもりですね？
　　　　　―　いいえ，行くつもりです。
　　　　Taro and Ken won't go there tomorrow,
　　　　(　　)(　　)？
　　　　―　(　　)(　　) will.

「はい。もとの文は否定文だな。won't は will not の短縮形だ。『タロウとケン』は複数で 3 人称だから，they を使って

Ans. (4)　Taro and Ken won't go there tomorrow,(**will**)(**they**)？
　　　　　―　(**Yes**),(**they**) will.」

　よし，OK。慣れてきたかな？　後ろが否定文じゃないから，答えかたは Yes だ。won't はちょっと変わったつづりだから覚えておかないとね。
　それじゃ最後，(5)をサクラさん。通常パターンではないので自分で工夫して考えないといけないぞ。ヒントは，「助動詞での書きかえ」。

　　(5)　窓を開けてくれませんか？　―　いいですよ。
　　　　Open the window, (　　)(　　)？　―　OK.

「はい。これ命令文ですよね？　命令文って疑問文になるのかしら？　『開けてくれませんか？』，よね。『書きかえ』がヒント？　あ，そうか。please を使った文の書きかえね！

Ans. (5)　Open the window, (**will**)(**you**)？　―　OK.」

　よくできたね！　命令文に付加疑問文をつければ「～してください

ね？」のような意味になり，please を使ったていねいな命令文と考えられる。Open the window, <u>please</u>. を Open the window, <u>will you</u>？と書きかえて，「～してくれますか」と頼む will you ～ を使った付加疑問文を作るんだ。否定の won't you ～ を使ってもいい。

　　　will you ～？　　（～してくれますか？）

　　　won't you ～？　　（～してくれませんか？）

ていねいに頼んでいるのは同じだけど，否定のほうがよりていねいだ。

 「(5)はもとの命令文が否定文じゃないから won't にするべきだったかしら？」

命令文の付加疑問文は will you？を使っておけば大丈夫！　(5)のようなふつうの命令文のときは won't you？でもいいんだけど，**禁止の命令文 Don't ～. のときは will you？しか使えないんだ**。だから命令文の付加疑問は will you？と覚えておけば間違えることがない。

ほかにも，Let's ～. の文は shall we？を使えば付加疑問文を作れるぞ。

　　　Let's play tennis, shall we？　（テニスをしようか。）

☑CHECK 65　　　　　　　　　　　➡ 解答は別冊 p.39

次の日本文に合うように，（　　）に適語を書きなさい。

(1) あなたは紅茶が好きではないのですか？
　　－　はい，好きではありません。
　　（　　）you like tea？ － （　　），I don't.

(2) 彼はここに来なかったのですか？　－　いいえ，来ました。
　　（　　）he（　　）here？ － （　　），he did.

(3) この電車は東京へ行きますね？　－　はい，行きます。
　　This train goes to Tokyo,（　　）（　　）？
　　－（　　），（　　）does.

(4) トムは日本語が話せないのですね？　－　いいえ，話せます。
　　Tom can't speak Japanese,（　　）（　　）？
　　－（　　），（　　）can.

不定詞 II

「あれ，また不定詞？」

ここで勉強する「不定詞 II」は，決まった形で使う，慣用表現や構文なんだ。〜用法とか訳し分けとか考える必要ないよ。

「じゃあちゃんと覚えなきゃ，ですね？」

そうだ。試験でもとても出やすいところだ。でも，ただ覚えただけでは使いこなせない。使いかたをしっかり練習しよう。

疑問詞＋不定詞

動詞をほかの品詞に変換できる不定詞はとても便利なもの。いろんな応用法があるんだ。

　この章で勉強するのは，不定詞を使った慣用表現や構文。はたらきを考えて訳し分ける必要があったふつうの不定詞と違って，文の作りを覚えてあてはめるように使ったり，連語として覚えて使うものだ。使いこなせるようにしっかり練習しよう。

110 疑問詞＋不定詞

◎形…〈**疑問詞** + to 動詞の原形 〜〉

◎意味…「(疑問詞の意味) + 〜すべきか, したらよいか」

例1 I didn't know **what** to say.

　　（私は **なんと** いったらいいかわからなかった。）

例2 Please tell me **which bus** to take.

　　（ **どのバスに** 乗ればいいか私に教えてください。）

例3 I asked him **when** to start.

　　（私は彼に， **いつ** 出発すべきかたずねた。）

例4 I want to know **where** to go in Tokyo.

　　（私は東京では **どこに** 行ったらよいか知りたい。）

例5 She showed me **how** to make a cake.

　　（彼女は **どのように** ケーキを作ればいいか私に教えてくれた。

　　→　彼女は私にケーキの**作りかた**を教えてくれた。）

　　※「どのように〜したらいいか」＝「〜のしかた」

例6 Do you know **how many books** to read ?

　　（あなたは **何冊の本を** 読めばいいのか知っていますか？）

　疑問詞と後ろの不定詞をカタマリにして，**「(疑問詞の意味)＋～すべきか，～したらよいか」**という感じに訳す。**全体で「ことがら」を表す名詞のはたらき**をするよ。

　「～用法とか考えなくていいんだ。覚えちゃえば，訳しかたは決まってるし使うのはラクそうだぞ。」

　「カタマリで名詞の役割をするってことね。」

　そうだね。それにこの**カタマリの前にくる動詞も，間接疑問のときとだいたい同じ**ものだ。

　「本当だ！　know とか tell とか ask とか，**21-1** の間接疑問のときも使いましたね。」

　「間接疑問も全体で『ことがら』を表す名詞の役割をしていましたし，よく似ているんですね。」

　その通り。間接疑問は「(疑問詞の意味)＋～するのか」だったよね。これに「～すべき」という意味をつけ足せば今回の表現とまったく同じになるでしょ。だから，この〈疑問詞＋ to 動詞の原形～〉の表現は**助動詞 should(～すべき)を使って間接疑問に書きかえができる**んだ。

　I didn't know what to say.
　（私は なんと いったらいいか（いうべきか）わからなかった。）
＝ I didn't know what I should say.
　Please tell me which bus to take.
　（ どのバスに 乗ればいいか（乗るべきか）私に教えてください。）
＝ Please tell me which bus I should take.

　不定詞の部分を should を使って〈主語＋述語〉の形に変えたらできあが
り。主語は意味を考えればわかりそうだね。どの例文も同じように書きか
えられるよ。

「間接疑問にして should を使うんだな！　覚えておこう！」

　その意気だ！「またあとで復習すればいいや」って思っていて，全教科
でそんなことしているとあとが地獄だ。「今覚えてやる！」って意気ごむ
のはいいことだよ。

　それと，**how to ～** はそのまま訳したら「どのように～すべきか・～し
たらいいか」だけど，「**～のしかた**」と訳すと日本語らしくなることが多い。
覚えておこう。余談だけど日本語で「ハウツー本」なんて言葉は，やりか
たを学ぶような本のことだ。how to を日本語っぽくしてハウツーね。聞
いたことあるかな？

「あります！　そういうことだったんですね。」

「オレは聞いたことないな。」

　まぁ日本語の表現に組みこまれるくらい，よく知られている英語表現っ
てことだ。それじゃ，例題をやってみよう。

次の日本文に合うように，（　　）内の語を並べかえなさい。

(1) 次に何をしたらいいか私に教えてくれませんか？
（tell, what, you, do, me, will, to）next ?

(2) 私は図書館への行きかたがわかりません。
（how, know, I, get, don't, to）to the library.

(3) 私はどんな本を読むべきか彼にたずねました。
（read, him, book, asked, what, to, I）.

22
章

　文頭の〈主語＋述語〉から並べかえる問題だ。(1)をサクラさん，いつものように主語と述語を確認しながらね。

「はい。まず相手に聞いているのだから主語はあなたで，述語は『教えてくれませんか？』だわ。？がついているから疑問文で，Will you tell me ～ ? にすればいいのね。『何をしたらよいか』という名詞のカタマリを後ろに続けて

Ans. (1)　（ **Will you tell me what to do** ）next ?」

　正解。この文の述語 **tell** のような目的語を２つとる動詞は，〈疑問詞＋to 動詞の原形 ～〉の前にもう１つの目的語「Ⓐに」を置くのがふつうだ。ask や show などもそうだね。

　　tell［ask,show］＋Ⓐ＋〈疑問詞＋ **to 動詞の原形 ～**〉

　１つずつを細かく覚えるのではなくて，全体として文の作りに慣れていくといい。それじゃ次，(2)をケンタくん。

「〈主語＋述語〉が『私は〜わかりません』で，後ろに『図書館への行きかた』だな。『〜のしかた』は how to 〜だから
Ans. (2)　(**I don't know how to get**) to the library.
get to 〜は，『〜へ行く』って意味か。」

　その通り。**「〜への行きかた」というときの「行く」は，go to 〜としてもいいが，get to 〜をよく使う。**よく出てくる表現だから覚えておこう。次，(3)をサクラさん。

　　(3)　私はどんな本を読むべきか彼にたずねました。
　　　　(read, him, book, asked, what, to, I).

「『私は〜たずねました』が〈主語＋述語〉で，後ろに『どんな本を読むべきか』，ということね。疑問詞『どんな○○』というときは what ＋名詞，**5-1** で教わったわ。
Ans. (3)　(**I asked him what book to read**).
『Ⓐに』が入るパターンですね。」

　OK。難しい表現ではないからね。早くマスターしてしまおう。

☑ **CHECK 66**　　　　　　　　　　　　　➡ 解答は別冊 p.39

　次の日本文に合うように，(　　)に適語を書きなさい。

(1)　私はピアノの弾きかたを習いたい。
　　I want to learn (　　)(　　)(　　) the piano.
(2)　彼はどの辞書を買ったらよいかわからなかった。
　　He didn't know (　　)(　　)(　　)(　　).
(3)　どこでその辞書を買ったらいいか教えてください。
　　Please tell me (　　)(　　)(　　) the dictionary.

22-2 tell ＋人＋不定詞

ある決まった文の作りである「構文」はとても便利なもの。だからよく使われる。全体としての文の作りに慣れていこう。

ここからは不定詞を使った「構文」を勉強していくよ。「構文」というのは決まった構造（作り）で作った文。しっかりマスターしてほしいぞ。

22章

Point

111 tell〔ask, want〕＋人＋不定詞

① 〈tell＋人＋to動詞の原形 〜〉：「人に〜するようにいう」

> 例1 Could you **tell him** to call me back ?
> 　　　　　 述語　目的語　　不定詞「〜するように」
>
> （彼に, 私へ折り返し電話をくれるように いってもらえ
> ますか？）

② 〈ask＋人＋to動詞の原形 〜〉：「人に〜するように頼む」

> 例2 My father **asked me** to wash his car .
> 　　　　　 述語　 目的語　　不定詞「〜するように」
>
> （父は私に, 彼の車を洗うよう 頼みました。）

③ 〈want＋人＋to動詞の原形 〜〉：「人に〜してほしい」

> 例3 I **want you** to play the piano .
> 　　 述語　 目的語　　不定詞「〜するように」
>
> （私はあなたに ピアノを弾いて ほしい。）

1つめは述語 tell / ask / want のあとに目的語「〜に」をとり, そのあとに不定詞(to動詞の原形 〜)を使う, この構文だ。

「tell や ask は〈疑問詞 + to 動詞の原形 〜〉の前によくくる
　動詞でしたよね。いろんな作りの文で使われるのね。」

　そうなんだ。いろいろなところで使われる動詞は要注意だよ！　「この
動詞だからこの表現」って決めつけちゃうと，並べかえ問題のときに間違
えてしまうことも多い。ここでも出てきた **tell** や **ask** もそうだし，もっ
というとふつうの使いかた以外に進行形や受動態などでも使う **be 動詞**
や，現在完了形の **have** なんかもそうだ。have はふつうの一般動詞とし
ても意味が多いよね。

「そうかー。こういう動詞が使われているときは考えずに決めつ
　けちゃダメなんだな。」

　**「まず考える」というのは，自分が間違えない，損をしないためにもと
ても大切なこと**なんだ。知らなかったことでも考えたら「わかる」ことだっ
てあるんだからね。いつだって『**知らないこと**』＝『**わからないこと**』じゃ
ないんだぞ。

「〈want ＋⊕＋不定詞〉は，want to 〜と似てますね。」

　そうだね。比べてみようか。

I want 　　　　　　 to play the piano .
（私は　　　　　　　ピアノを弾きたい。）
I want 　**you** 　　 to play the piano .
（私は　**あなたに**　ピアノを弾いてほしい。）

「want to 〜のほうは，私が自分で弾きたいんだ。」

対して〈want ＋人＋ to ～〉では，私が「ほしい」のは**あなたに弾いてもらうこと**だね。**「誰が弾くのか」が違ってしまっている。**この表現で使う動詞の中で，want だけは訳しかたも少し違う感じだから注意しておこう。それと，この構文では to がつかない**原形不定詞**を使うものもあるので，それも学んでおこう。

②と③は使役動詞という種類の動詞でどちらも「～させる」と訳せるけ

ど，②は「強制的に〜させる」，③は「〜するのを許す」，という意味で使い分けが必要だ。

「to がつかない不定詞って，それもうふつうの動詞じゃん！」

　形の上ではそうだね。このパターンの構文では目的語と後ろの不定詞が意味の上で〈主語＋述語〉の関係になるんだけど，原形不定詞になっちゃうのはその意味上のつながりが強いものなんだ。そして構文中に to がなくてもそれが不定詞だとはっきりわかる。それなら to がなくても，いやこういう場合ないほうがかえっていいんじゃない？ってことで消えちゃったんじゃないかと先生は考えているんだ。

「私なんとなくわかる気がします。日本語でも似たようなことありますよね？」

「なんだかいい加減だなぁ。」

　そういういい方もできるね。言葉というのは人々が使っていく中でだんだん変化してしまうもので，もともとは文法的に正しくない使い方でも，多くの人がそう使うようになって定着してしまえばそれが「その時の正しい使い方」ということになってしまう。そういうところがあるんだ。

「to がつかない以外，文の作りは同じですね。」

「なるほど，〈述語＋人〉のすぐ後にある動詞がまた述語になるわけないんだから，そりゃ不定詞だろってことか。」

　そういうことだ。to があるのもないのも，慣れちゃえばそれほど使いにくい構文じゃないから頑張ろう。それじゃ，例題で練習するよ。

Ex. 次の２つの文が同じ意味になるように，（　　）内に適語を書きなさい。

(1) My mother said to me, "Stop watching TV!"
　　My mother （　） me （　）（　） watching TV.

(2) She said to Ken, "Please lend me your comics."
　　She （　）（　）（　）（　） her his comics.

(3) Shall I carry your bag?
　　Do you （　）（　）（　） carry your bag?

(4) I will clean my room. Can you help me?
　　Can you （　）（　）（　） my room?

(5) Please tell me your phone number.
　　Please （　）（　） know your phone number.

22
章

　書きかえ問題ではまずもとの文の意味をしっかり理解することが大事だぞ。(1)をケンタくん。

「はい。『母は私に，「テレビを見るのをやめなさい」といいました。』だな。『～するようにいう』だ。
Ans. (1)　My mother (**told**) me (**to**) (**stop**) watching TV.
使うものがわかっていれば簡単だな。」

　使うものがわかっていれば，構文は使いやすいもの。問題は何を使えばいいかを正しく判断することだ。この問題のような書きかえパターンはよく出題されるから，「待ってました！」と解けるように覚えておきたいところだね。ちなみに **" "（引用符）を使って人の発言を表現するとき，使う動詞はたいがい say** だ。これも覚えておこう。次，(2)をサクラさん。

「はい。もとの文は『彼女は「どうぞあなたのマンガを私に貸してください」と，ケンにいいました。』。『どうぞ〜してください』とていねいに頼んでいるわけだから

Ans. (2)　She（**asked**）（**Ken**）（**to**）（**lend**）her his comics.

（　）の後ろに続く部分で，me が her，your が his に変わっているのはなぜかしら。」

OK。『どうぞ〜してください』と**ていねいに頼んでいる文からの書きかえなら動詞は ask を使えばいい**ね。

me が her，your が his になったのは見かたが変わったから。もとの文の " " の中は彼女がケンに直接いった文だから，ケンは2人称の「あなた」だった。でも書きかえた文の中では，ケンは話している相手ではないだろう？　だから「彼」に変えたんだ。

「" " がついているほうは，実際に『彼女』が話しているシーンで，セリフになっている感じですね。」

「書きかえたほうは，その状況を淡々と説明している感じだな。」

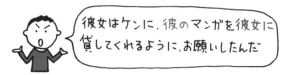

「もし問題で his のところが（　）になっていたりしたら，きっと
できなかったと思います。」

　うん。たしかに難しいから，公立高校の入試のレベルではそこまでは問
われないことが多いね。でも，もとの文に使われていた語をそのまま使う
というやりかたをやめて，**それぞれの文をそれぞれに正しく作る意識を
もって練習**していけば，こういうことを判断するのだってできるようにな
るよ。

　次，(3)をケンタくん。

(3)　Shall I carry your bag ?
　　　Do you（　　）（　　）（　　）carry your bag ?

「はい。もとの文が前の2問とぜんぜん違うな。Shall I ～？は
『（私が）～しましょうか』だから，『あなたのかばんを運びま
しょうか？』になるぞ。書きかえたら主語が you になるとい
うことは，『あなたは，私に～してほしいですか？』だな！
Ans. (3)　Do you（**want**）（**me**）（**to**）carry your bag ?
なんだかぜんぜん違う文になっちゃった。」

　意味は同じだけど，作りはまったくといっていいほど違う。me を使っ
て「私に～してほしいですか？」とするなんて思いつかない人が多いよ。
知らなければ正解を出すのは難しいから，覚えておこうね。次，(4)をサ
クラさん。

(4)　I will clean my room. Can you help me?
　　　Can you (　　) (　　) (　　) my room?

「はい。もとの文は『私は部屋を掃除するつもりです。手伝って
くれますか?』だから,

Ans. (4)　Can you (**help**) (**me**) (**clean**) my room?
原形不定詞ってなんだか違和感あるわ。」

　わかる。同じ構文なのに述語になる動詞によって to をつけてないんだ
から, 最初は違和感があって当然だと先生は思うよ。この構文に限らず,
**自然に思えるまで自分で話しているように感情をこめて全文をしっかり声
に出して読んで慣らす,** というのが構文攻略のカギになる。先生はそうやっ
て身につけたんだ。構文は覚えてしまえばあとがラクだぞー。よし, 最後
(5)をケンタくん。

(5)　Please tell me your phone number.
　　　Please (　　) (　　) know your phone number.

「はい。もとの文は『あなたの電話番号を私に教えてください。』
だな。書きかえた文では know を使ってる。『知らせてください』
だ。

Ans. (5)　Please (**let**) (**me**) know your phone number.
こっちはそれほど違和感ないな。」

　その理由こそが**慣れ,** なんだよ。let me ～のパターンはどこかで聞いた
ことがあるんじゃないかな。me の代わりに it だともっとなじみがあるか
もしれない。テレビとか, 映画とかでね。

☑CHECK 67

➡ 解答は別冊 p.39

次の日本文に合うように，（　　）内の語句を並べかえなさい。

(1) 彼女に私を手伝ってくれるように頼んでください。
(me, her, ask, please, to, help).

(2) 母は私に，教師になってもらいたいと思っている。
(to, me, a teacher, wants, my mother, be).

(3) あなたは彼らに，何をするようにいったのですか？
(you, do, them, did, tell, what, to)？

(4) 晩ご飯作るの手伝って。
(dinner, me, please, cook, help).

(5) なんで泣いているの？
(made, cry, what, you)？

ココで出てきた覚えなきゃいけない単語・熟語	
つづり	意味
call 〜 back	折り返し〜に電話する
comic（カミク）	マンガ，コミック

22
章

22-3 It … (for ー) to ～ .

この構文は文の作りが変わっているけど，それもやはり英語特有の考えかたによるんだよ。

　ここで勉強する不定詞構文は，文の作りに特徴があるぞ。さっそくまとめていこう。

Point 113　It … (for ー) to ～ .構文

◎It … (for ー) to 動詞の原形 ～

：「(ーにとって) ～することは…だ」

例1　It is dangerous | to swim in this river |.
　　　　　　　　　　　　　　　　　主語

（| この川で泳ぐのは | 危険です。）

例2　It wasn't easy **for** him | to understand Japanese |.
　　　　　　　　　　　　　　　　　　　主語

（彼にとって | 日本語を理解することは | 簡単ではありませんでした。）

例3　Is it difficult **for** you | to learn English words |?
　　　　　　　　　　　　　　　　　　主語

（あなたには | 英単語を覚えることは | 難しいのですか？）

例4　It's a lot of fun **for** me | to play video games |.
　　　　　　　　　　　　　　　　　　主語

（| テレビゲームをするのは | 私にとってとても楽しいことです。）

※ fun「楽しみ」は名詞なので，「とても～」に very は使わず，
　　a lot of fun とする。

「なんだコレ？　it は主語じゃないの？　主語が最後にありますよ。」

そうなんだ。 後ろのほうにある不定詞部分が本当の主語で，it は形の うえで主語になっていて，日本語には訳さない。 ちなみに主語になる わけだから不定詞は名詞としてはたらいていることになるね。なぜこんな 変な作りの文ができたのか説明しておこう。

「主語を後ろに移動して，代わりに形だけの主語を置いてるって こと？　どうしてこんなことをしなきゃいけないんですか？」

英語が長い主語を嫌うのは，**大事な述語が目立たなくなるから**。もとの 文では，主語は文の真ん中あたりまであるだろう？　何度もいってきた が，〈主語＋述語〉のセットは，そのあとの作りを決める文の核だ。主語 ばかりが目立つとバランスが崩れてしまう。**文の作りを示すために，なる べく早くわかりやすい形で〈主語＋述語〉を登場させたかった**んだ。だか ら「形だけでも……」ってことで It is となったわけ。

「なんだかスゴイ無茶なことしてる気がするけど……。」

先生も中学で最初に習ったときはそう思った。でも不思議なことに慣れ るとまったく違和感がないんだ。コレが当たり前だ，って気がしてくる。 だから心配いらないよ。たくさん練習して早く慣れよう。さっそく例題だ。

Ex. 次の日本文に合うように，（　）に適語を書きなさい。

(1) 一生懸命勉強することは，あなたたちにとって大切です。
（　）is important（　）you（　）study hard.

(2) その山に登るのは，私には大変でした。
（　）（　）hard（　）me（　）（　）the mountain.

(3) テレビの見すぎは目に悪い。
（　）（　）（　）your eyes（　）（　）TV too much.

(4) 本をたくさん読むことは，私たちにとってよいことです。
（　）（　）（　）（　）（　）（　）a lot of books.

空欄がだんだん増えていくぞ。(1)をケンタくん。

「はい。これは構文の骨組みが消えているだけだな。
　Ans. (1) (**It**) is important (**for**) you (**to**) study hard.
　これなら簡単。」

OK。だけど，簡単なのは当然だ。今はこの構文を使う問題とわかっているからね。いつどこで出題されても簡単に答えられるかな？　**「ーにとって，〜することは…である」という表現**に出会ったらすぐピンときて，It … for ー to 動詞の原形 〜. の構文を思い出せるようにしておこう。

それじゃ次，(2)をサクラさん。

「はい。『登る』は climb，『〜でした』だから過去形を使えばいいわ。構文って文の作りができあがっているからラクよね〜。」

Ans. (2)　(**It**)(**was**) hard (**for**) me (**to**)(**climb**) the mountain.
述語は be 動詞でいいんですね。」

　正解。サクラさんのいう通り，**it の後ろに使われる述語動詞は，ほとん
どが be 動詞だ**。使える動詞は実はほかにもあるんだけど，問題で出され
るのは be 動詞ばかり。主語が it なんだから, is か was しかありえないけど,
現在か過去かに注意して，否定文・疑問文の作りも間違えないように。
　次，(3)をケンタくん。

　　「はい。日本語が短いな。本当にこの構文使うの？　日本語を変
　　えてみよう。『テレビを見すぎることは，目にとって悪いで
　　す。』ってことか。It is bad for …, おっと(　)が足らなくなっ
　　ちゃう。
　　Ans. (3)　(**It's**)(**bad**)(**for**) your eyes (**to**)(**watch**) TV too
　　　　much.
　　こういうときは短縮形だ。」

　OK。よくできたね。**まず日本語を読みかえて違う日本語にする**のもポ
イントだし，**(　　) の数が足りないから短縮形を使う**というのもポイン
トだ。こういう問題が解けるのはだいぶ力がついてきたということだ。(3)
みたいな問題だと日本語から推測するのも骨が折れるし，問題によっては
日本語訳がない場合だってある。何か 1 つに頼り切ってしまわずに，いつ
もいろんな面から考えるようにしようね。ついでにいうと, your eyes の
your は「あなたたちの」ということでなく，世間一般の人を広く指して
いるよ。
　それじゃ，(4)をサクラさん。

(4)　本をたくさん読むことは，私たちにとってよいことです。

（　　）（　　）（　　）（　　）（　　）（　　）a lot of
books.

「はい。『～することは…だ』だからこの構文なのは間違いない
わね。あとは時制に注意して，短縮形で語数を合わせて

Ans. (4)　（**It's**）（**good**）（**for**）（**us**）（**to**）（**read**）a lot of books.」

正解。とても重要な構文だから早く使いこなせるように練習しようね。

☑CHECK 68   ➡ 解答は別冊 p.39

次の日本文に合うように，（　　）に適語を書きなさい。

(1)　サッカーの試合を見るのはワクワクする。
　　　（　　）is exciting（　　）（　　）soccer games.
(2)　古いお寺を訪ねるのは，私にとって興味深いことです。
　　　（　　）is interesting（　　）（　　）（　　）（　　）old
　　　temples.
(3)　私たちにとって歴史を学ぶことは重要ですか？
　　　（　　）（　　）（　　）for（　　）（　　）learn history ?

ココで出てきた覚えなきゃいけない単語・熟語	
つづり	意味
デインヂ(ャ)ラス dangerous	危険な
ワード word	語，単語
ヴィディオウ　ゲイム video game	テレビゲーム
テンプル temple	寺
ヒスト(ゥ)リィ history	歴史

too … to 〜構文と
so … that 〜構文

too…to 〜構文は肯定文なのに否定文のような意味を表すよ。書きかえができる so…
that 〜構文もしっかり覚えよう。

　ここで教える不定詞構文は，文の作りは単純だけど表す意味・訳しかた
に注意が必要だ。なぜそういう意味になるか理解しておくと使いやすいぞ。

22
章

Point

114 too …（for ー）to＋動詞の原形〜

① **too … to動詞の原形 〜**

　　　　　　　　　　:「あまりに…なので〜できない」

例1　I am **too** busy to watch TV .
　　　あまりに…すぎる　　　　　〜するには

　　（私は，テレビを見るにはあまりに忙しすぎます。

　　→私は**あまりに**忙しい**ので**テレビを見ることが**できません**。）

例2　He was **too** tired to walk any more .

　　（彼はそれ以上歩くにはあまりに疲れすぎていました。

　　→彼は**あまりに**疲れていた**ので**それ以上歩くことが**でき
ませんでした**。）

② **too … for ー to動詞の原形 〜**

　　　　　　　　　　:「あまりに…なのでーは〜できない」

例3　This book is **too** difficult **for** my brother to read .

　　（この本は弟にとって，読むにはあまりに難しすぎます。

　　→この本は**あまりに**難しい**ので**弟**には**読め**ません**。）

例4　It was **too** hot **for** me to sleep well .

　　（よく眠るには私にとってあまりにも暑すぎました。

　　→**あまりに**暑かった**ので**私はよく眠ることが**できません
でした**。）

「〜するにはあまりにも…すぎる」というのがもともとの意味。それは，
「あまりに…すぎるから〜できない」ってことでしょ？

「『テレビを見るには忙しすぎる』，なら『忙しすぎてテレビが見
られない』ってことだもんな。」

もともと否定文ではないけど，わかりやすく「〜できない」と訳そう，
ということなんだ。**肯定文なのに，まるで否定文のような訳しかたになる
ところがポイント**だよ。文の作りも訳しかたと直結しにくいから，この構
文が出てきたらすぐ「コレだ！」とわかるようにしっかり練習しておこう。

「for － は Point113 の It … for － to 〜. 構文でも出てきました。位置
は必ず不定詞の前なんですね。」

「弟にとっては→難しすぎる」，「私にとっては→暑すぎる」のように，
前にある語（おもに形容詞や副詞）に意味がかかっているからね。構文は覚
えて使えるようにしておけば簡単だけど，知らなければ手も足も出ない。
まずは for 〜も含めて，文の作りをしっかり覚えよう。

「なんかふつうと違うし，たしかに知らなかったらまったくでき
ないな。しっかり覚えなきゃ。」

次に，この構文と書きかえができる重要な構文を勉強するよ。不定詞は
使わないけど，too … to 〜構文と関係が深いから一緒に勉強しよう。

Point 115 so … that 〜

① so … that + 主′ + 述′ 〜:「とても … なので〜」

例1 Mary is **so** kind **that** everyone likes her.
とても… 接続詞 主′ 述′
(メアリーはとても親切なので, みんな彼女が好きです。)

例2 The sky was **so** clear **that** we could see a lot of stars.
(空がとても澄んでいたので, たくさんの星を見ることが
できました。)

② so … that + 主′ + can't 〜:「とても … なので〜できない」

例3 I am **so** busy **that** I can't watch TV.
とても… 接続詞 主′ 述′
(私はとても忙しいので, テレビを見ることができません。)

例4 He was **so** tired **that** he **couldn't** walk any more.
(彼はとても疲れていたので, それ以上歩くことができま
せんでした。)

例5 This book is **so** difficult **that** my brother **can't** read it.
(この本はとても難しいので, 弟は読むことができません。)

例6 It was **so** hot **that** I **couldn't** sleep well.
(とても暑かったので, 私はよく眠ることができませんでした。)

22
章

「so 〜を, 『とても〜』と訳すんですね。『とても〜』は very 〜
だと思っていました。」

　so 〜は「それほどに」という意味をもっているので, あとに「どれほ
どなのか」を表す表現が続くのが自然な語なんだ。最初の例文でいえば,「み
んなが彼女を大好きな**ほど**, メアリーは**親切だ**」という感じ。実際にそう
いう訳しかたをしたほうがいい場合もあるよ。だから**この構文で使うのは
very 〜ではなく, 必ず so 〜**。全体の意味からすれば,「**とても親切なの
で**みんなが大好きだ」と訳されるのはおかしくないだろう？

「that が『なので』の意味，なのかな？」

うん。ただし，前に so ～ が出てくるときね。まずは，**so ～があって，後ろに〈that ＋⊕′＋㉜′〉なら，「とても…なので～」と訳す**，と覚えよう。ちなみに後ろに〈主語＋述語〉が続くのだから，that は接続詞だ。

 「接続詞 that のあとの〈主語＋述語〉のところに can't ～があると，too… to ～構文と同じ意味になりますね。」

その通り。さっそく書きかえを勉強していこう。

─Point─

116 too … (for ─) to ～ ⟺ so … that ～

① too … to ～ ⟺ so … that ＋ ⊕′ ＋ can't ～

例1 I am **too** busy │**to** watch TV│.
（私は**あまりに**忙しい**ので**，テレビを見ることが**できません。**）
＝I am **so** busy **that** I **can't** watch TV.

例2 He was **too** tired │**to** walk any more│.
（彼は**あまりに**疲れていた**ので**，それ以上歩くことが**できませんでした。**）
＝He was **so** tired **that** he **couldn't** walk any more.

② too … for ─ to ～ ⟺ so … that ＋ ⊕′ ＋ can't ～

例3 This book is **too** difficult **for** my brother │**to** read│.
（この本は**あまりに**難しい**ので**，弟には読め**ません。**）
＝This book is **so** difficult **that** my brother **can't** read <u>it</u>.

例4 It was **too** hot **for** me │**to** sleep well│.
（**あまりに**暑かった**ので**，私はよく眠ることが**できませんでした。**）
＝It was **so** hot **that** I **couldn't** sleep well.

too … to ～の文はあまり問題ないのだけど，so … that ～のほうは that のあとに続くところで注意が必要だ。注意点を３つまとめていくよ。

まず１つめは 過去の文のとき，so … that ～の文では that のあとの 動詞も過去形にするのを忘れないこと！ の 例2 と 例4 を見てみよう。

例2　He <u>was</u> too tired to walk any more.

（彼はあまりに疲れていたので，それ以上歩くことができませんでした。）

＝He <u>was</u> so tired that he <u>couldn't</u> walk any more.

例4　It <u>was</u> too hot for me to sleep well.

（あまりに暑かったので，私はよく眠ることができませんでした。）

＝It was so hot that I <u>couldn't</u> sleep well.

＿＿＿を引いたところが注意点だ。too … to ～の文は述語の was が１か所だけだね。それに対し so … that ～のほうは**接続詞の that の後ろを文と同じ作り**にしなければならないから，述語が２つになっている。書きかえで，最初の was は過去形にできるけど，couldn't を can't としてしまう人がとても多い。

「**文の述語が過去形だと，that のあとも過去形になる**のか。うーん，これは知らないと間違えていたな。」

「 の Ex. の (4) でやったヤツね。同じ『時』にそろえるんだわ。」

　そう。よく覚えていたね。不定詞には現在形・過去形という形の変化は
ないけど，もともと動詞なんだから「時」の意味はあるんだ。いってみれ
ば**不定詞の「時」は，文の述語と同じ**と決まっている。わかりやすいだろ
う？　ちなみに，不定詞の「時」が述語の「時」とズレるときの表しかた
は高校で勉強するよ。

　注意点の２つめは，　too … for ― to 動詞の原形～と so … that ～の文
の書きかえでは that のあとの主語に注意せよ！　ということだ。ま
た 例2 と 例4 で解説するよ。

> 例2　He was too tired to walk any more.
> 　＝He was so tired that <u>he</u> couldn't walk any more.

> 例4　It was too hot for <u>me</u> to sleep well.
> 　＝It was so hot that <u>I</u> couldn't sleep well.

　「例2 のように for ―がない場合は，文の主語と that のあとの
　主語が一緒になるんですね。」

　その通り。逆に 例4 のように for ―がある文は，so … that ～構文に書
きかえれば，for ―で表されていた人が主語になるんだ。これは意味で考
えてみれば判断はそう難しくないよね。that のあとの主語を自動的に文の
主語と同じにしないように，意味を考えるのが大事なんだ。

　そして，最後に３つめの注意点だ。例3 を見てみよう。

> 例3　This book is too difficult for my brother to read.
> 　　（この本はあまりに難しいので，弟には読めません。）
> 　＝This book is so difficult that my brother can't read <u>it</u>.

「あれ？　不定詞のほうにはないのに <u>it</u> がある。なんで？」

that は接続詞だから，後ろには文と同じ作りが続かないといけないんだったよね。例文の read は,「～を読む」という意味で目的語をとる動詞。この場合は文の主語になっている,「この本」を読むことができないといっている。文と同じ作りを成立させるために,「この本」を指す <u>it</u> が必要なんだ。

22
章

「逆に，不定詞のときには it がいらない，ってことに今気づいたわ。考えてみたらそっちのほうが変な気もします。」

不定詞は，意味のうえでいらないものならば「なし」にできちゃう，便利なもの，ということなんだろうね。必要最低限のシンプルな文が作れそうじゃない？　使いこなせれば超便利，だからこそ使いこなすのには練習が必要だ。そうとわかればさっそく例題で練習だ。

今挙げた３つの注意点

① **so … that ～の文では，過去の文のとき that のあとの動詞も過去形にするのを忘れないこと！**

② **too … <u>for －</u> to 動詞の原形～と so … that ～の文の書きかえでは that のあとの主語に注意せよ！**

③ **so … that ～の文では that のあとの動詞に目的語(it など)をつけることがある！**

というのを気をつけてね。難易度としては①から順に難しくなって，③がいちばん難しい。たぶん，③は学校でも知らない人が多いかもね。

Ex. 日本文の意味に合うように，（　）に適語を書きなさい。

(1) 私の妹はまだ学校に通う年齢ではありません。
→ 私の妹はとても若いので，学校に通えません。
My sister is (　) (　) (　) go to school.

(2) とても暗いので，私たちは何も見えなかった。
It was (　) dark (　) we (　) see anything.

(3) 私はとてもお腹が空いていたので，おにぎりを5つ食べました。
I was (　) hungry (　) I (　) five rice balls.

(4) 彼がとても速く走るので，私は彼を捕まえることができなかった。
He ran (　) fast that (　) (　) catch him.

(5) その箱はとても重くて，彼には運べません。
The box is (　) heavy (　) (　) (　) carry.

できるものは書きかえもやっていこう。(1)をサクラさん。問題でもよく見る文だけど，そのままだとわかりにくいから英語に直しやすい日本語をつけておいたよ。

「はい。『とても…なので〜できない』ね。so … that 〜だと空欄が足りないわ。
Ans. (1)　My sister is (**too**) (**young**) (**to**) go to school.
書きかえると
　= My sister is **so** young **that** she **can't** go to school.
主語は my sister を表す she，現在形だから can't ね。」

OK。It … to ～. のときにもいったけど，この構文を使う，ということがわかっているから簡単だ。**「とても…なので～（できない）」という表現に出会ったらすぐピンときて，この構文を思い出せるように。**

　それじゃ次，(2)をケンタくん。

「はい。これは we という主語が見えてるから簡単。so … that ～だ。もし too … for － to ～なら we じゃなくて for のあとだから us だもん。
Ans. (2)　It was (**so**) dark (**that**) we (**couldn't**) see anything.
文の述語が過去だから that のあとも過去形だ。書きかえは
　　= It was **too** dark **for** us **to** see anything.」

　正解。さっき説明した注意点の①だ。「時」を合わせよう。次，(3)をサクラさん。

「はい。これは『～できない』じゃない，ふつうの so … that ～だわ。述語の『時』に注意して
Ans. (3)　I was (**so**) hungry (**that**) I (**ate**) five rice balls.
書きかえはなしですね。」

　OK だ。ate（食べた）は had でもいいよ。too … to ～と書きかえられる場合は，that のあとに can't(couldn't) が必ずあるけど，そうでなければ that の後ろにはいろんなパターンの述語がくる。意味をしっかり確認して，動詞が現在形か過去形か判断してほしい。

　それじゃ，(4)をケンタくん。

「はい。これは that があるから so … that ～のほうだ。
Ans. (4)　He ran (**so**) fast that (**I**) (**couldn't**) catch him.
書きかえると
　　= He ran **too** fast **for** me **to** catch him.
文の主語と that のあとの主語が違っているから for me を入れ

ないといけないな。」

　正解。注意点の②だ。so … that ～から too … for － to ～の書きかえだね。
so … that ～で２つの主語が違うときは for －で表そう。
　それじゃ最後(5)をサクラさん。

　(5)　その箱はとても重くて彼には運べません。
　　　The box is (　　) heavy (　　) (　　) (　　) carry.

「あら，この問題どちらだかわからないわ。語数からすると，
too … for － to ～でも so … that ～でもどっちでも作れそう。」

　この問題の判断ポイントはちょっと難しい。もし so … that ～なら，最
後には何かがあるはずじゃないかな？

「そうか！　不定詞だから，carry の目的語になる，文の主語の
『箱』のことを指す it がなくなっているんだわ。
　Ans. (5)　The box is (**too**) heavy (**for**) (**him**) (**to**) carry.
　ということは書きかえると
　　= The box is **so** heavy **that** he **can't** carry **it**.
　目的語があるかないかも見ないといけないんですね。」

　正解。注意点の③だね。不定詞を使った文ではこの it（主語などを置き
かえた代名詞）はなくていい。ただし，**that のあとの「文と同じ作り」の
中では，動詞が目的語をとるならこういう代名詞があるのは絶対だ！**　こ
れはしっかり覚えないといけないよ。

「なかなかこの例題，手ごわかったですね。」

　入試でも頻出のところだからね。しっかりクリアすれば，必ず得点がと
れるところでもある。頑張ろう！

さて，ここで公立の入試では問われないけど，ちょっとレベルの高い私立高校入試では出題されることもある書きかえをついでに教えるよ。

「なんか本格的に受験モードですね。」

そういうのも少しずつ知っていかないとね。so … that 〜の文の書きかえ，もう1パターンだ。

Point

117 so … that 〜構文 ⟺ … enough to 〜構文

◎ so … that + 主′ + 述′ 〜

　　⟺ … enough（for ー）to 動詞の原形 〜

例1 Mary is **so kind** that she helps me.

（メアリーは**とても**親切**なので**私を手伝ってくれます。）

= Mary is **kind enough** to help me .

（メアリーは私を手伝ってくれる（のに**十分な**）**ほど**親切です。）

例2 The book is **so easy** that he can read it.

（その本は**とても**簡単**なので**，彼は読むことができます。）

= The book is **easy enough** for him to read .

（その本は彼**にとって**読むのに**十分なほど**簡単です。）

22
章

too … to ～は「…すぎて～できない」だったけど，今度は否定の意味ではないよ。「とても…なので～です」とか，「～できるのに十分なほど…です」という，いい意味だ。

「kind enough ってなんか語順おかしくありません？」

そうやって感じるのは英語に慣れたからだ。いいことだね。too ～ や very ～のような副詞は，too kind や very kind のように，修飾する語（ここでは kind）の前に置かれるのがふつうだけど，enough という副詞は後ろに置かれるんだ。だから kind enough の語順になる。

「例外ってことですね。**kind enough to って響きで覚えちゃおう。**」

うん，15-3 で「『何か冷たい飲み物』は something cold to drink を響きで覚えてしまおう」といったけど，これも同じで，覚えてしまえばいいよ。kind enough to ～で『～してくれるほど十分に親切』だ。

enough to ～さえ知ってしまえば，あとは too … to ～と注意点は同じだ。

☑**CHECK 69**　　　　　　　　　　　➡ 解答は別冊 p.40

次の日本文に合うように，（　　）に適語を書きなさい。

(1) 私は昨日とても眠くて，テレビを見られなかった。
　　I was （　）sleepy （　）watch TV yesterday.
　＝ I was （　）sleepy （　）（　）（　）watch TV yesterday.
(2) そのバッグは高すぎて，彼女には買えない。
　　The bag is （　）expensive （　）（　）（　）buy.
　＝ The bag is （　）expensive （　）（　）（　）buy it.
(3) この物語は彼女にも読めるほど十分に簡単だ。
　　This story is （　）（　）（　）she can read it.
　＝ This story is （　）（　）（　）her （　）read.

ココで出てきた覚えなきゃいけない単語・熟語	
つづり	**意味**
エニ モー(ァ) any more	[否定文で]これ以上(〜ない)
スカイ sky	空
スター star	星
エニスィング anything	[否定文で]何も(〜ない)
ハングリィ hungry	空腹の，お腹が空いた
ヘヴィ heavy	重い
スリーピィ sleepy	眠い
イクスペンスィヴ expensive	高い，高価な

23章

分詞の形容詞用法

「分詞っていうと受動態で使ったア
レかな？」

受動態で使ったのが過去分詞ね。それと進
行形で使った〜ing形が現在分詞。

「今度は述語になるのではないので
すね。」

「形容詞用法」と聞いてどんな使いかたが
想像できるかな？　形容詞は $\frac{3}{5}$ で教えた
よ。

名詞を修飾する分詞

名詞を修飾する形容詞のはたらきは，**3−5**で勉強したぞ。必要なら復習しよう。

まずはこれまでどんなときに分詞を使ったかを確認しよう。

述語になる分詞
◎進行形　…………　be 動詞＋現在分詞（〜ing）
◎受動態　…………　be 動詞＋過去分詞
◎現在完了形　……　have＋過去分詞

今までは分詞は 2 語組み合わせの述語として使われていた。

 「過去分詞は，受動態と現在完了形で立て続けに使ったから記憶に新しいです。」

 「現在進行形や過去進行形のときの〜ing 形の名前を，現在分詞っていうんでしたよね。」

　今まで進行形で使っていた〜ing 形が現在分詞だ。名詞のはたらきをする動名詞と同じ形をしているから気をつけなきゃね。
　述語として使っていた，現在分詞（〜ing）や過去分詞が形容詞のはたらきをする場合はどうなるかをこの章では学んでいくよ。
　その前に形容詞のはたらきを見ていこう。名詞を修飾するのが形容詞のはたらきだ。今まで出てきた名詞を修飾するいろいろな語や語句をまとめて復習しよう。

名詞を修飾する語・語句

① **形容詞など，単独の「語」は修飾する名詞の前に置く。**

【形容詞】

例1　He has an old car.（彼は 古い 車をもっている。）

　　　　　　　形容詞 ↑ 名詞

② **2語以上でカタマリを作る「語句」は修飾する名詞の後ろに置く。**

【前置詞＋名詞】

例2　This is a **picture** of my family.

　　　　　　　名詞 ↑ 【前置詞＋名詞】

　　　（これは 私の家族の **写真**です。）

例3　The **books** on the table are mine.

　　　　名詞 ↑ 【前置詞＋名詞】

　　　（テーブルの上にある **本**は，私のものです。）

【不定詞(形容詞用法)】

例4　We have a lot of **things** to do today.

　　　　　　　　　名詞 ↑ 【不定詞(形容詞用法)】

　　　（今日，私たちには， すべき **こと**がたくさんあります。）

　単独で名詞を修飾する形容詞などは名詞の前に置き，【前置詞＋名詞】や不定詞といったカタマリで名詞を修飾するものは名詞のあとに置くんだ。

　「なるほど。**1語なら前，カタマリなら後ろ**，ということね。」

　実は，1語の形容詞が後ろに置かれる場合もあるんだけど，今は「必ず前」と覚えておいていい。「前置詞で作ったカタマリが名詞を修飾する」については，**4-2** の「もっとくわしく」で説明しているよ。

「a picture | of my family | で『| 私の家族の | 写真』か。こういう of を使った表現ってたしかによく見かける気がします。」

そうだね。of ～で「～の」というのはよく使うね。

「| 例4 | の a lot of ～は名詞の前にあるけど，カタマリじゃないんですか？」

たしかに1つの形容詞のようにはたらいているね。a lot of ～は，細かくいえば of ～のカタマリが前の lot（名詞）を修飾しているからルール通りなんだけど，**例外として a lot of ～は「カタマリで前」と考えても問題ない**よ。

「じゃあそれ以外はやっぱり，**カタマリなら後ろ！**　ですね。」

その通り！　そしてこの名詞を修飾する語や語句のルールは，形容詞用法の分詞でも同じだ。
　それではいよいよこの章の本題，形容詞としての分詞の使われかたを見ていこう。

━Point━

　名詞を修飾する分詞

意味：**現在分詞　⟶　「～する○○，～している○○」**
　　　過去分詞　⟶　「～される○○，～してしまった○○」
① **単独の分詞は名詞の前に置かれる。**

　例1　I like the | rising | sun better than the | setting | sun.
　　　　　　　　　現在分詞└┐名詞　　　　　　　　　　現在分詞└┐名詞

　　　（私は夕日[| 沈む | 太陽]より朝日[| 昇る | 太陽]のほうが好きです。）

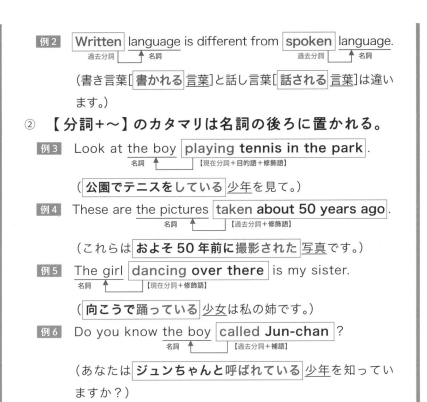

例2　Written language is different from spoken language.
　　　過去分詞↑名詞　　　　　　　　　　過去分詞↑名詞

（書き言葉［書かれる言葉］と話し言葉［話される言葉］は違います。）

② 【分詞+〜】のカタマリは名詞の後ろに置かれる。

例3　Look at the boy playing tennis in the park.
　　　　　　　　名詞↑【現在分詞＋目的語＋修飾語】

（公園でテニスをしている少年を見て。）

例4　These are the pictures taken about 50 years ago.
　　　　　　　　　　名詞↑【過去分詞＋修飾語】

（これらはおよそ50年前に撮影された写真です。）

例5　The girl dancing over there is my sister.
　　　名詞↑【現在分詞＋修飾語】

（向こうで踊っている少女は私の姉です。）

例6　Do you know the boy called Jun-chan?
　　　　　　　　　名詞↑【過去分詞＋補語】

（あなたはジュンちゃんと呼ばれている少年を知っていますか？）

23
章

「これも1語なら前，カタマリなら後ろですね。」

　名詞を修飾するときのルール通りだ。カタマリを作っていたら後ろにきているよね。
　それと，前にもいったけど分詞の前につく「現在・過去」は単なる名前だからね。現在の文だから現在分詞とか過去の文だから過去分詞などというルールはないよ。

「分詞はもともと動詞だから，目的語とか修飾語が分詞の後ろに
　　続くんですね？」

そう。いろんなパターンが続くけど，**意味のまとまりをしっかりつかんで「カタマリ」を判断する**こと。どこまでが【分詞＋〜】のカタマリになって，名詞の後ろに置かれているのかを判断するのが大事なんだよ。並びかえ問題では苦労する人も多いんだ。

「訳しかたは**現在分詞が『〜する，〜している〇〇』，過去分詞が『〜された，〜してしまった〇〇』**でいいですか？」

一応そうやってまとめてあるけど，あまり決まった訳しかたをあてはめるのはオススメしない。**日本語らしくなるように工夫して訳そう。**あとは，分詞のもつ意味を知っておくことも大事だ。まとめておくよ。

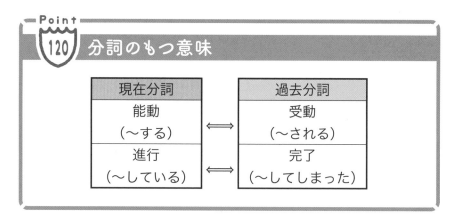

```
━ Point ━
 120   分詞のもつ意味
```

現在分詞		過去分詞
能動 （〜する）	⟺	受動 （〜される）
進行 （〜している）	⟺	完了 （〜してしまった）

「『進行』，『完了』，『受動』は意味がなんとなくわかりますけど，『能動』ってなんですか？」

能動っていうのは，受動の反対だ。受動は「〜される」だけど，能動は「（自分から）〜する」っていう意味だ。実はこの**「現在分詞は能動で過去分詞は受動」**っていうのはとても大事な認識なんだ。ちょっと問題で説明しよう。

問　次の(1)，(2)の（　　）の中の動詞を適する形に直しなさい。

(1)　My father likes <u>cameras</u> (make) in Japan.
名詞↑　　　分詞　　+　　修飾語

(2)　I know <u>the man</u> (make) a speech over there.
名詞↑　　分詞　　+　　目的語　　+　　修飾語

※make a speech：スピーチ(演説)をする

まだ練習段階だから，分詞が名詞を修飾しているという，作りがわかるようにはしてあるよ。（　　）の中の make は現在分詞になるか，過去分詞になるかわかる？　まず(1)をケンタくん。

「日本語の訳が書いてない……。『日本で作っているカメラ』だから making？　それとも『日本で作られたカメラ』だから made？」

日本語の訳だけにとらわれると間違えてしまう。こういう問題を解くときに判断のポイントになるのが，能動と受動の考えかただ。**修飾される名詞，(1)なら camera が make という行動を「(自分で)する」（能動）なら現在分詞 making，「される」なら過去分詞 made** だ。

「ということは，カメラは作られるものだから made ですね。」

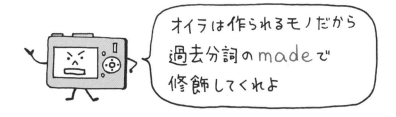
オイラは作られるモノだから過去分詞の made で修飾してくれよ

正解！　**修飾される名詞は，意味のうえで分詞になっている動詞の主語にあたる。**この考えかたを知っていれば，日本語がなくても解けるでしょ。

「はい，(2)はその男の人が『スピーチする』から making だ。」

その通り。よくできました。この勢いで例題にもチャレンジしてみよう。

 次の日本文に合うように，（　　）内の語句を並べかえなさい。ただし，下線の語は適する形に直しなさい。

(1) 彼は先月，中古車を買いました。
（ month, car, last, he, bought, <u>use</u>, a ）.
(2) あなたは，あの飛んでいる鳥の名前を知っていますか？
（ you, of, <u>fly</u>, that, the name, know, bird, do ）?
(3) 通りを歩いている女性は私のおばです。
（ on, my aunt, is, <u>walk</u>, the street, woman, the ）.
(4) 私は今，簡単な英語で書かれた本を読んでいます。
（ English, I, <u>write</u>, in, <u>read</u>, easy, am, a book ）.

　並べかえと語形変化の合体問題だ。日本語がついているから，まずしっかり意味を理解するんだぞ。(1)をサクラさん。

「はい。『彼は～買いました』だからまずは He bought ～ で，last month で『先月』ね。『中古車』ってなんていうのかしら？ use の形が変わるんだから……。そうか，『使われた車』になるのね！
Ans. (1) **He bought <u>a</u> used car last month.**」

　正解。「車」を意味のうえで主語と考えると，使われる（受動）のだから過去分詞。1語だから置く場所は前だね。よく出てくる表現だから a used car で「中古車」というのは覚えておくといいよ。次，(2)をケンタくん。

「はい。〈主語＋述語〉が『あなたは～を知っていますか？』で，Do you know だな。後ろに『あの飛んでいる鳥の名前』ってことか。『飛んでいる～』が分詞で『鳥』を修飾するんだ。『～の名前』はどう作ったらいいかな。」

最初に勉強したぞ。 にカタマリになって「〜の○○」と前の名詞につなげる使いかたをする前置詞があっただろう？　「私の家族の写真」，a picture of my family のパターンだよ。

「そうか！　of 〜だ。a picture of 〜で『〜の写真』だから，同じパターンで作ると『〜の名前』は the name of 〜だな。『飛んでいる〜』でカタマリになる語はないから，flying は bird の前に置いて

Ans. (2)　**Do you know the name of that flying bird**？

これは難しかった。今やっていることばかりに気をとられてちゃダメだな。」

その通り。今までいろいろ勉強してきたもののうち，どれがいつどこで出るかわからないからね。そういう意識の準備はとても大事だよ。

次，(3)をサクラさん。

「『あの女性は，私のおばです』が〈主語＋述語〉で The woman is my aunt. ね。『通りを歩いている〜』が，主語の The woman を修飾するんだわ。

Ans. (3)　**The woman walking on the street is my aunt**.

カタマリだから，これは名詞の後ろね。」

OK だ。手順を確認してみよう。
① **日本語から〈主語＋述語〉を確認。**
② **日本語から語のカタマリを作る。**
③ **修飾する・されるの関係を判断して分詞にし，カタマリの置き位置（前 or 後）を判断する。**

この３つでほぼ文はできあがってるよ。並べかえはコツをつかめば簡単。必要な語がぜんぶわかっていると考えると，難しく感じないでしょ。

それじゃ最後，(4)をケンタくん。

「〈主語＋述語〉が『私は～を読んでいます』。『簡単な英語で書かれた本』は，『本』の a book の後ろに，修飾するカタマリが続くぞ。『本』は『書かれる』から過去分詞だ。

Ans.（4）　**I am reading <u>a book</u> | written in easy English |.」**

その通り。ところで，「英語<u>で</u>」の「～で」は in を使っているね。「○○語<u>で</u>」というときは <u>in</u> ○○とするんだ。例えば「日本語<u>で</u>」だと <u>in</u> Japanese になる。こういう，**問題の中心にならないところまで意識すると，勉強の効率がよくなって少ない時間で多くのことを学べる**ようになる。

☑CHECK 70

➡ 解答は別冊 p.40

次の日本文に合うように，(　　　)内の語句を並べかえなさい。ただし，下線の語は適する形に直しなさい。

(1) テーブルの上に割れたカップがあります。
　　(table, there, is, the, <u>break</u>, on, a, cup).
(2) ギターを弾いている少女は誰ですか？
　　(<u>play</u>, is, girl, who, the guitar, the)?
(3) 彼はアメリカ製の車をもっています。
　　(in, he, America, <u>make</u>, a car, has).

ココで出てきた覚えなきゃいけない単語・熟語	
つづり	意味
ライズ rise	昇る
サン sun	太陽
ディフ(ェ)レント be different from ～	～と違う
オウヴァ　ゼア over there	向こうで，向こうに
メイク　ア　スピーチ make a speech	スピーチ(演説)する
アント aunt	おば
ストゥリート street	通り

関係代名詞

この章では関係代名詞を学ぶよ。手ごわい
相手だから頑張ろうね。

「関係代名詞って何かしら？　代名
詞の仲間ですよね。」

関係代名詞は，代名詞なんだけど「形容詞
用法の分詞」の仲間でもある。「接続詞」の
仲間でもあるんだよ。

「代名詞で形容詞で接続詞なのか。
なんかスゴそう……。」

ここまで来たキミたちなら大丈夫。怖がら
ずに頑張ろう。

主格・目的格の関係代名詞

関係代名詞は代名詞だけど，接続詞と形容詞を合わせたようなはたらきをする。最初はとまどうかもしれないけど，慣れれば簡単だよ。

　ここで勉強する「関係代名詞」は，「形容詞用法の分詞」と同じように**カタマリを作って前の名詞を修飾するもの**。違うのは，その**カタマリが〈主語＋述語〉という文と同じ作りをもっている**点だ。まずはどういうものなのか，実際に文を見てもらおう。

Point 121　関係代名詞のはたらき

◎はたらき…接続詞のように〈**主語＋述語**〉を含む**カタマリ**を作り，
　　　　　　前の名詞（先行詞）を修飾する。

例1　I know the scientist who wrote this book.
　　　　　　　先行詞　　　　　主′　　述′
　　　（私は，この本を書いた科学者を知っています。）

例2　What is the language which is spoken in Australia?
　　　　　　　先行詞　　　　主′　　述′
　　　（オーストラリアで話されている言語はなんですか？）

例3　The girl that [whom] I met there was Mary.
　　　先行詞　　　　目的語′　主′ 述′
　　　（私がそこで会った少女は，メアリーでした。）

例4　Meg broke the cup which she bought yesterday.
　　　　　　　先行詞　　　　目的語′ 主′　述′
　　　（メグは彼女が昨日買ったカップを割りました。）

例1 〜 例4 で赤文字にした who, which, that, whom などが関係代名詞だ。まず，ここで確認してほしいことは，これらの**関係代名詞が接続詞のようにはたらいて〈主語＋述語〉の作りをもったカタマリ（節）を作っていること**。そして**そのカタマリが前の名詞を修飾していること**。それだけわかれば意味はわかるし訳せてしまうね。

「後ろに〈主語＋述語〉の作りがくるカタマリを作るのは，接続詞でしたね。17-2 で習ったわ。」

「〈when ＋主´＋述´〜〉で『〜とき』とか，〈that ＋主´＋述´〜〉で『〜ということ』とかでしたよね。
関係代名詞は訳すとどういう意味になるの？」

関係代名詞自体にあてはまる訳はないんだ。「ここから前の名詞を修飾するカタマリ（節）が始まっていますよ」という目印のようなものと思ってもらえればいい。

「前の名詞を修飾するカタマリだから，たしかに分詞（形容詞用法）と同じだな。」

関係代名詞のカタマリに修飾される名詞のことを特別に**先行詞**と呼ぶんだ。文の作りを説明するときに必要だから覚えておいてほしい。**名詞を修飾するのだから，関係代名詞のカタマリ（節）は形容詞のようにはたらいている**，ということだね。

「はたらきがわかっていれば，訳すのはそんなに難しいことじゃないですね。」

そう。訳せるようにするだけなら，これだけで関係代名詞の章を終わりにしてもいいくらいだよ。

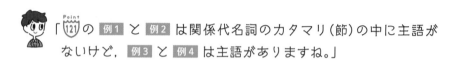

「 の 例1 と 例2 は関係代名詞のカタマリ（節）の中に主語がないけど，例3 と 例4 は主語がありますね。」

例1 I know the scientist **who** wrote this book.
先行詞　　　　　主　　述

（私は，この本を書いた科学者を知っています。）

例2 What is the language **which** is spoken in Australia?
先行詞　　　　　主　　述

（オーストラリアで話されている言語はなんですか？）

例3 The girl **that [whom]** I met there was Mary.
先行詞　　　目的語　　主　述

（私がそこで会った少女は，メアリーでした。）

例4 Meg broke the cup **which** she bought yesterday.
先行詞　　目的語　主　述

（メグは彼女が昨日買ったカップを割りました。）

いいところに気がついたね。例1 と 例2 はカタマリ（節）の中の主語の役割を関係代名詞が受けもっているんだ。例3 と 例4 は主語が別にあるんだけどね。

例1 と 例2 のような主語の役割もする関係代名詞を**主格の関係代名詞**，例3 と 例4 のような関係代名詞を**目的格の関係代名詞**という。これらの関係代名詞のカタマリ（節）の作りを勉強して，理解していこう。

Point

122 主格の関係代名詞を使ったカタマリ（節）の作り

先行詞（名詞）＋ who［which, that］＋ 述'＋ 〜
　　　　　　　　　　　　　　主

同じもの

例　What is the language？ It is spoken in Australia.
　　　　　　　　　　　　　　主　　　述（受動態）

→　What is the language which is spoken in Australia？
　　　　　　　　　　　先行詞　　　主'　　　述'

（ オーストラリアで話されている 言語はなんですか？）

※関係代名詞whichは，もとのItと同じく**カタマリ（節）の中の主語**。

【成り立ち解説】
2つめの文を，関係代名詞を使ってthe languageを修飾するカタマリ（節）に変換する。

手順① 先行詞となる名詞を指す代名詞 It（主格）を，関係代名詞 which（主格）に変える。→　文がカタマリ（節）に変わる。

It is spoken in Australia.
↓
which is spoken in Australia

手順② できたカタマリ（節）を，先行詞の後ろに置いて完成。

What is the language which is spoken in Australia？

24
章

「もともと2つの文だったのが，1つになった感じですね。」

そうだね。2つめの文で代名詞だったものが，関係代名詞になっている。
もともと主格の代名詞（主語）だったものを関係代名詞にしたから，
主格の関係代名詞 なんだ。

「ということは，もともと目的格の代名詞だったものを関係代名詞にしたから目的格の関係代名詞ですか？」

その通り！　目的格の関係代名詞のカタマリの成り立ちも見ていこう！

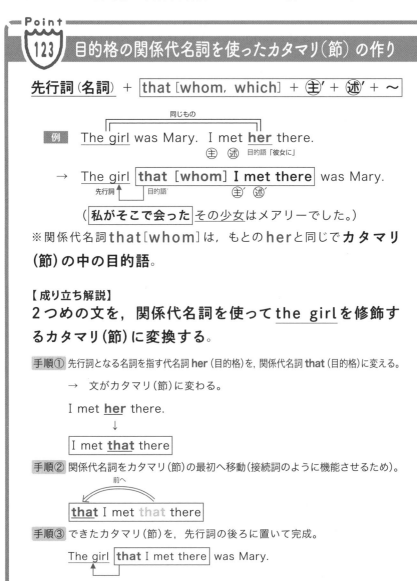

Point 123　目的格の関係代名詞を使ったカタマリ（節）の作り

先行詞（名詞）　＋　that［whom, which］＋ 主′ ＋ 述′ ＋ 〜

　　　　　　　　　　　　　同じもの

例　The girl was Mary.　I met **her** there.
　　　　　　　　　　　　　　主　述　目的語「彼女に」

→　The girl **that ［whom］ I met there** was Mary.
　　先行詞　　　目的語′　　　主′ 述′

（私がそこで会った その少女はメアリーでした。）

※関係代名詞 that［whom］は，もとの her と同じで**カタマリ（節）の中の目的語**。

【成り立ち解説】
2つめの文を，関係代名詞を使って the girl を修飾するカタマリ（節）に変換する。

手順① 先行詞となる名詞を指す代名詞 her（目的格）を, 関係代名詞 that（目的格）に変える。

　　→　文がカタマリ（節）に変わる。

I met **her** there.
　　↓
I met **that** there

手順② 関係代名詞をカタマリ（節）の最初へ移動（接続詞のように機能させるため）。

　　　前へ

that I met that there

手順③ できたカタマリ（節）を，先行詞の後ろに置いて完成。

The girl **that** I met there was Mary.

今度はもともと2つめの文で目的語だった her を関係代名詞に変えている。関係代名詞はカタマリ（節）の先頭にくるので，移動させて，それから先行詞の後ろに置いたんだ。

「関係代名詞がカタマリ（節）の中の**目的語のときは，述語の後ろから先頭に移動させないといけない**んですね。」

接続詞のようにはたらくからね。だから，**目的格の関係代名詞のあとには〈主語＋述語〉が続くことになる。**主格の場合は当然述語が続くよ。

「主語が先行詞になる場合は，主語と述語の距離が遠くなりますね。もともとの文は The girl was Mary. だったのに。」

そうだね。こういう文を見ると，わからないと思ってしまう人も多いみたいだ。どこからどこまでが関係代名詞のカタマリ（節）かというのを意識しよう！　カタマリ（節）がどこまでかがわかれば，そのカタマリ（節）が先行詞を修飾しているとわかるからね。

「どこがカタマリかわかれば，そのカタマリをとったらもとの文になるわけだから，意味も読みとれるしね。」

その通り。文をなんとなく見て「わからない」となっているだけじゃなく，そうやって分解して理解しようとできる人は，力がついていくよ。

　さて，関係代名詞のはたらきをまとめると関係代名詞は，代名詞として
カタマリ（節）の中の主語や目的語でありながら，接続詞のようにもはたら
き，カタマリ（節）全体で前の名詞（先行詞）を修飾する。言葉にするとちょっ
と難しいかな？

「成り立ちを見て，だいたいわかりました！」

「関係代名詞は who，which，that，whom といろいろ出てき
　ましたけど，どんなときにどれを使うんですか？」

　いろいろ出てきたのは，関係代名詞もふつうの代名詞のように，置きか
える名詞の種類と格によって使い分けなきゃいけないからなんだ。「私」
のときの I・my ～・me のようにね。

Point 124　関係代名詞の種類と格変化

先行詞	主格	所有格	目的格
人	who	whose ～	(whom)
人以外	which	whose ～	(which)
なんでも	that	―	(that)

※話し言葉では先行詞が人で目的格のときに who を使うこともある。

「えー，所有格もあるの？　説明してなかったじゃん。」

　一応，表にはのせておいたけど，**所有格の関係代名詞は，中学校では習
わない**んだ。だから今は無理して覚えなくていいよ。高校では絶対に使え
ないとダメだけどね。

　もっというと，**whom も今は中学校では教えない**。先行詞が人で目的格の場合，関係代名詞は that と中学校では教わると思うよ。だけど，これから英語の学習を高校へと続けていくと whom に出会うこともあると思うから，この本ではのせているんだ。そんなに難しいことではないしね。

　「まぁ人が先行詞の場合，主格が who で目的格が whom なら形も似ていて覚えやすいですしね。」

　「目的格の関係代名詞にぜんぶ（　　）がついているのは，どうしてですか？」

　目的格の関係代名詞は省略してしまうことができる んだ。例えばこんなふうに。

24章

　　　The girl I met there was Mary.

　作りを表す主語とか述語とかを書かなかったのだけど，どこからが関係代名詞で作ったカタマリなのか，わかるんじゃない？　だって，**The girl のあとに述語がなくて，すぐまた〈主語＋述語〉があるんだから変な感じするでしょ？**

　　　The girl │I met there│ was Mary.
　　　先行詞　　 主́ 述́

　目的格の関係代名詞が省略できるのは，あとに〈主語＋述語〉という，カタマリ（節）だということがわかりやすい形が続くからだ。**17₂** では「～ということ」という意味の接続詞 that も省略できると教えたよね。これも作りがわかりやすいからだった。

　「**124** を見ると，that ってどんな先行詞にも使えて，主格でも目的格でも使っていいんだ！　だったらぜんぶ that でいいや！」

そうやってすぐラクしようとするんだから。作文なんかで自分で使うの
ならそれでいいけど，それだけで慣れちゃうと英文で使ってある who や
which に出会ったとき，意味がわからなくなっちゃうでしょ！　とりあえ
ず，that は封印して，ほかをきちんと使い分ける練習をしておこうよ。ちゃ
んとわかったらあとは好きにしていいからさ。

　それじゃ，例題にいくよ。

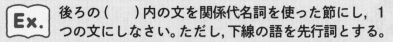

Ex. 後ろの（　　）内の文を関係代名詞を使った節にし，1
つの文にしなさい。ただし，下線の語を先行詞とする。

(1) I have <u>a sister</u>. (She plays the piano well.)
(2) He is <u>the man</u>. (I spoke to him at the station.)
(3) This is <u>a song</u>. (It makes us happy.)
(4) <u>The dishes</u> are good.
　　(My mother cooks them for us.)

　日本語訳はないけど，それぞれの文は訳せるよね。だったら先にできあ
がった文がどういう日本語になるか，訳を考えてしまおう。(1)を，ケン
タくん。

「はい。下線の語が先行詞になるんだよな。『私には<u>妹</u>がいます。』
の『<u>妹</u>』を修飾すればいいのか。『彼女はピアノを上手に弾き
ます。』だから……，**『私には，ピアノを上手に弾く<u>妹</u>がいます』**
だ！」

　そうだ。ここで考えてほしい。「妹」を説明する「ピアノを上手に弾く」
という内容の中に，妹を指す「彼女」という語は必要ないよね。「私には
彼女はピアノを上手に弾く妹がいます。」なんておかしいでしょ？　だか
ら，そのいらない語(代名詞 she)は関係代名詞に変えて接続詞のように使
うんだ。

「関係代名詞に置きかえる she がもともと主語で主格だったから，関係代名詞も主格の who を使えばいいんだ。先行詞のあとに続けて

Ans. (1)　I have <u>a sister</u> **who plays the piano well.**

plays の s はこのままでいいのかな？」

　正解。**関係代名詞は先行詞を置きかえた代名詞だから，動詞の形は先行詞の人称や数に合わせる**んだ。こういう問題ならそのままでいいけど，作文だったら自分で判断しなきゃいけないぞ。覚えておこう。

　次，(2)をサクラさん。

「はい。（　　）の中の文が『私は駅で彼に話しかけました。』で，それを先行詞 the man を説明する内容に変えたら，いらないのは先行詞を置きかえた代名詞の him ね。『私が駅で話しかけた<u>男の人</u>』にすればいいわ。目的格の him を関係代名詞にするのだから，関係代名詞も目的格の whom をカタマリ(節)の先頭にして

Ans. (2)　He is <u>the man</u> **(whom) I spoke to at the station.**

訳は『彼が私が駅で話しかけた<u>男の人</u>です。』ですね。

あら，to at と前置詞が2個並んじゃったけどいいのかしら？」

　OK。もとの文で speak to 〜のあとにあった語を関係代名詞に置きかえて前に出したから，to のあとの語がなくなっちゃったんだね。そのあとにまた前置詞 at があるから2つの前置詞が並ぶことになるけど，意味のうえでは区切れているから問題ないよ。こういうこともあるから覚えておくといい。

それじゃ，(3)をケンタくん。

(3)　This is <u>a song</u>. (It makes us happy.)

「はい。『それは私たちを幸せにします。』で，『それ』っていうのが先行詞 a song のことだから，『私たちを幸せにする<u>曲</u>です。』になればいいな。it は主語だったんだから主格で

Ans. (3)　This is <u>a song</u> **which makes us happy**.

訳は『**これは私たちを幸せにする<u>曲</u>です。**』だな。先行詞が人以外のときは主格でも目的格でも which だ。」

正解。which のときは主格でも目的格でも同じ形だけど，文の作りはしっかり確認してくれよ。

それじゃ最後，(4)をサクラさん。

(4)　<u>The dishes</u> are good.
　　（My mother cooks them for us.）

「はい。先行詞は『お皿』で，(　　)の中のそれを指す代名詞は them だわ。複数形だし。『母が私たちに作ってくれる〜』にすればいいのね。……ということは，dishes は『お皿』じゃなくて『料理』だわ。them を置きかえるのだから関係代名詞は目的格ね。これをカタマリ(節)の先頭にして，カタマリ(節)全体を先行詞のすぐ後ろにくっつけて……

Ans. (4)　<u>The dishes</u> **(which) my mother cooks for us** are good.

先行詞が主語のときは，文の述語がカタマリ(節)のあとになっちゃいますね。訳は『**お母さんが私たちに作ってくれる<u>料理</u>はおいしい。**』だわ。」

OK。サクラさんのいう通り，**主語が先行詞になっているときは述語の前に関係代名詞で作ったカタマリ（節）が入りこむ**ことになる。

☑CHECK 71

➡ 解答は別冊 p.40

次の2つの文を関係代名詞を使って1つの文に書きかえるとき，（ ）に適語を書きなさい。また，日本語訳を完成させなさい。

(1) The fish was very big. They caught it last week.
= The fish（ ）（ ）（ ）last week was very big.
（ ）魚はとても大きかった。

(2) I have a friend. He lives in America.
= I have a friend（ ）（ ）in America.
私には，（ ）友だちがいます。

(3) Is this the train？ It leaves for Kyoto at three.
= Is this the train（ ）（ ）for Kyoto at three？
これが（ ）電車ですか？

(4) The teacher is Mr. Sato. We like him very much.
= The teacher（ ）（ ）（ ）very much is Mr. Sato.
（ ）先生は，サトウ先生です。

24
章

ココで出てきた覚えなきゃいけない単語・熟語	
つづり	意味
サイエンティスト scientist	科学者
ラングウィヂ language	言語，言葉
オ(ー)ストゥレイリャ Australia	オーストラリア
speak to ～	～に話しかける
ソ(ー)ング song	歌，曲
ディッシ dish	料理

24-2 関係代名詞と分詞（形容詞用法）

形容詞用法の分詞は，関係代名詞を使った表現をもとに作られたもの。書きかえ問題にもよく出るんだ。

　関係代名詞と分詞（形容詞用法）は，作りは違うけど「名詞を修飾する」という役割は同じ。比較してそれぞれをより深く理解しよう。

Point 125　関係代名詞と分詞（形容詞用法）①

主格の関係代名詞 ＋ 進行形 ＝ 現在分詞
主格の関係代名詞 ＋ 受動態 ＝ 過去分詞

例1　I know the boy who is sitting on the bench.
　　　　　　　先行詞　　　主'　　　述'（進行形）

例2　I know the boy sitting on the bench.
　　　　　　　　　　　　　　　現在分詞

（私は，ベンチに座っている少年を知っています。）

例3　What is the language which is spoken in Australia?
　　　　　　　　　先行詞　　　主'　　述'（受動態）

例4　What is the language spoken in Australia?
　　　　　　　　　　　　　　　　　過去分詞

（オーストラリアで話されている言語はなんですか？）

「例1 と 例2，例3 と 例4 はまったく同じ意味なんだ。」

　そう。実は**形容詞用法の分詞は，主格の関係代名詞と後ろの進行形・受動態の be 動詞を省略してできた表現**なんだ。

　この書きかえは知っておこう！　そしてさらにもう１つ，これを応用した書きかえもやってみよう。

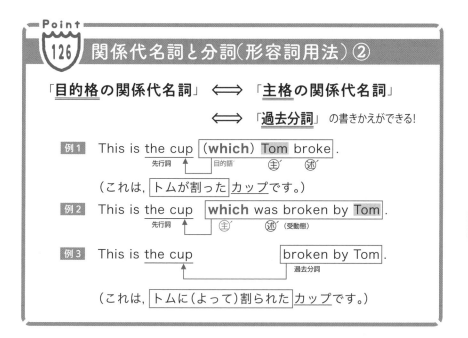

Point 126　関係代名詞と分詞（形容詞用法）②

「**目的格の関係代名詞**」　⟺　「**主格の関係代名詞**」

⟺　「**過去分詞**」 の書きかえができる!

例1　This is the cup **(which)** Tom broke .
先行詞　目的語　主´　述´

（これは，トムが割ったカップです。）

例2　This is the cup **which** was broken by Tom .
先行詞　主´　述´（受動態）

例3　This is the cup　　　　broken by Tom .
過去分詞

（これは，トムに（よって）割られたカップです。）

24章

　例1 も 例2 も 例3 も同じ意味の文だから，書きかえができる。例1 から 例2 への書きかえは，関係代名詞のカタマリ（節）の中を受動態に変換しているんだ。「トムが割ったカップ」を「トムによって割られたカップ」というふうにね。例1 ，例2 をもとの２つの文から考えると次のようになるよ。

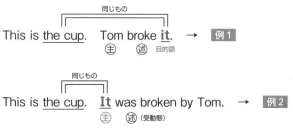

同じもの
This is the cup.　Tom broke it. → 例1
主　述　目的語

同じもの
This is the cup.　It was broken by Tom. → 例2
主　述（受動態）

「そっか，上の文を関係代名詞でつないだのが 例1 で，下の文を関係代名詞でつないだのが 例2 ですね。」

「そして，例3 は 例2 の which was を省略して，分詞の表現に
しているんだわ。コレは⑫の書きかえね。」

例1 からイッキに 例3 の分詞の表現への書きかえも出題されるし，逆
に 例3 から 例1 への書きかえだって出題されるぞ。

> **Ex.** 2つの文が同じ内容になるように，（　）に適語を
> 書きなさい。
>
> (1) ⎰Look at the birds flying over there.
> ⎱Look at the birds （　）（　）（　） over there.
>
> (2) ⎰I'm reading a book which is written in easy
> ⎱English.
> ⎱I'm reading a book （　） in easy English.
>
> (3) ⎰This is the watch given to me by my father.
> ⎱This is the watch （　）（　）（　） to me.

今習ったばかりの書きかえパターンだから簡単だよ。(1) をサクラさん。

「はい。1つめの文は分詞を使っていて，**『向こうで飛んでいる
鳥を見て。』** という意味ね。（　）が3つだから，関係代名詞
which と be 動詞を入れて進行形にすればできちゃうわ。」

ここで1つ注意しておこう。be 動詞の形に気をつけて。

「be 動詞の形……？　あ，そうか！　**主格の関係代名詞のあと
の述語の形は，先行詞に合わせて決める**のね。
Ans. (1)　Look at the birds （**which**）（**are**）（**flying**） over there.
これ間違えやすいわ。is って書いちゃいそう。注意しないと。」

　正解。関係代名詞は，先行詞を置きかえた代名詞だから which ＝ the birds だね。ということは主語は複数で，be 動詞は are になる。みんな引っかかるところだから気をつけよう。

　次，(2)をケンタくん。

　「これは簡単。関係代名詞と be 動詞を消してしまえば終わりだ。
　Ans. (2)　I'm reading a book（ **written** ）in easy English.
　『私は簡単な英語で書かれた本を読んでいます。』だな。」

　OK。何もいうことはないね。それじゃ，(3)をサクラさん。

　「はい。これも(1)や(2)と同じで関係代名詞と be 動詞を入れればいいのかしら？」

　それだと by my father が消えちゃってて同じ意味にならないんじゃない？

　「そっか。じゃあ Point 126 でやったパターンね。『お父さんによって私に与えられた』が，『お父さんが私にくれた』になればいいんだわ。
　Ans. (3)　This is the watch（ **my** ）（ **father** ）（ **gave** ）to me.
　（　　）の数が足りないから関係代名詞は省略ね。
　『これはお父さんが私にくれた時計です。』だわ。」

　正解。〈主語＋述語〉の作りの前にくる関係代名詞は目的格だから省略できるね。省略するかしないかは語数で決めればいい。
　2人ともよくできた。けど，ここで考えてみよう。教わったばかりでなく，いろんな問題とごっちゃに出されても簡単にできたかな？

　「う〜ん，それはやっぱ，無理かな……。『これだとわかっているから簡単』，なんですよね。」

24
章

例えばのような書きかえ問題だったら，実際のテストでは受動態に変換すること自体より，**「トムが割った」という表現を「トムによって割られた」という表現に変えれば書きかえができると気づくことが重要**だろう。試験中にいちいちルールに照らし合わせて細かい文法を思い出し，作文している時間はないから，**「こういう書きかえパターンを知っている」ということが問題を解く大きなカギとなる**。「そういう経験をした」というのを忘れないことが大事だ。いくら文法を知っていても，どれをどのように使うのかがわからなければ，テストでは点数につながらないよ。

「何が出題されても，『すぐ何を使うかわかる』ようになったら怖いものはないですね。」

書きかえの問題に限らず，よく出題される問題パターンを多く知っていればそれだけすぐ気づけるようになる。そのためには実際の入試問題などの総合問題をできるだけ解いて，練習することが必要だ。各文法をある程度理解しておいて，あとは問題を解きながら復習していくのがいいんだよ。

☑CHECK 72

➡ 解答は別冊 p.40

2つの文が同じ内容になるように，（　　）に適語を書きなさい。

(1) { The boy who is running in the park is Bob.
    { The boy （　　） in the park is Bob.

(2) { These are the cakes made this morning.
    { These are the cakes （　　）（　　） made this morning.

(3) { I like the pictures taken by Ken in America.
    { I like the pictures （　　）（　　） in America.

ココで出てきた覚えなきゃいけない単語・熟語	
つづり	意味
フライ fly	飛ぶ

関係代名詞を深く知ってみよう！

関係代名詞は高校に入っても多くの人が苦戦する単元だ。中学の範囲を越えてしまうけど，前もって高校の内容もちょっと見てみようか。

1 所有格の関係代名詞

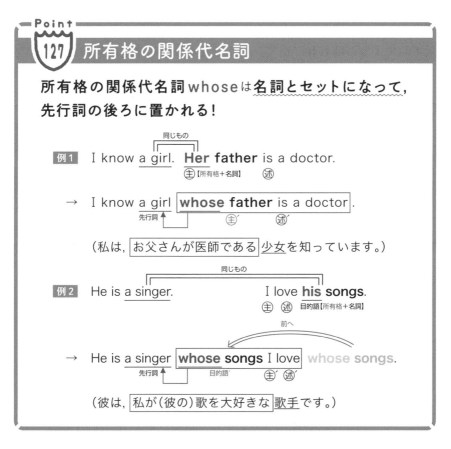

Point

127 所有格の関係代名詞

所有格の関係代名詞whoseは名詞とセットになって，先行詞の後ろに置かれる！

例1
同じもの
I know a girl. **Her father** is a doctor.
主【所有格＋名詞】　述

→ I know a girl ⎡**whose father** is a doctor⎤.
先行詞　主′　述′

（私は，お父さんが医師である少女を知っています。）

例2
同じもの
He is a singer.　　I love **his songs**.
主　述　目的語【所有格＋名詞】

前へ

→ He is a singer ⎡**whose songs** I love⎤ whose songs.
先行詞　目的語′　主′　述′

（彼は，私が（彼の）歌を大好きな歌手です。）

24章

で少し触れた所有格の関係代名詞をで解説してみたよ。成り立ちを確認してね。

「後ろの名詞とセットなんですね。」

そうだね。所有格は後ろの名詞とセットになる。単独では「～の」という意味をもつだけだからね。

「【所有格＋名詞】のセットが，例1 では主語の役割，例2 では目的語の役割になってますね。」

うん，主格や目的格の関係代名詞が１語でやっていた役割を，所有格の関係代名詞は名詞とセットになってやるんだ。例1 を見ると主格の関係代名詞のように使われていて，例2 を見ると目的格の関係代名詞のようになっているでしょ。

とりあえず，今の段階では【whose ＋名詞】がセットになってカタマリ(節)の先頭にくることを理解しておこう。

2 関係代名詞に that を使ったほうがよい場合

先行詞が人でも人以外でも，主格でも目的格でも使える便利な関係代名詞が that だったね。

「さっき，使うのは封印されましたよね。」

そうだね。「なんでも that を使えばいいや」って思われたら，英語の力がつかないからさ。

でも，先行詞によっては that を使うのが好まれる場合があるからその例を挙げておこう。

Point 128

関係代名詞 that が好まれる場合

以下の場合，関係代名詞に **that** を使うのが好まれる！

① 先行詞が，**人＋人以外**のとき（必ず **that** を使う）

例1 I saw ***a man and a dog*** that were running in the park.
　　　　　　　　　先行詞

　　　（私は，公園で走っている 男の人と犬 を見ました。）

② **先行詞に限定的な語**がついているとき

[1] **最上級**の形容詞

例2 He is one of ***the best*** singers that ever lived.
　　　　　　　　　　　先行詞

　　　（彼は 史上最高の 歌手 の1人だ。）

[2] **the only**［**first, same**］，**all, no** など

例3 He is ***the only*** man that can do this work.
　　　　　　　　　　先行詞

　　　（彼は この仕事ができる たった1人の男だ。）

③ **先行詞が all, something** など，**不定代名詞**のとき

例4 This is ***all*** (that) I know about her.
　　　　　　　先行詞

　　　（これが，私が彼女について知っている ことのすべてだ。）

④ メインの文が**疑問詞 who・which を使った疑問文**のとき

例5 ***Who*** is the lady that is standing at the door ?
　　　　　　　　先行詞

　　　（ドアのところに立っている 女性は誰？）

　上の①の場合は必ず that を使い，②〜④の場合は，that を使うのが好まれるよ。

「好まれるってことは，必ずではないんですね。」

「英語は言葉だから，例外もあるし時代とともに使われかたも変わるのね。」

　そうだ。そこが英語学習の難しいところでもあり，楽しいところでもある。10年後，もしキミたちが英語を教える立場になっていたら，中学生のときに教わったことが「もう古い」ってなってしまっていることもあるぞ。先生たちも日々勉強しているんだ。

　まぁ中学生の今はそんなこと心配しないで，しっかり教わったことを使えるようにしていればいい。ちゃんと勉強して受験を乗り切る経験をした人は，日々勉強することだって苦しくは感じないからね。

25章

仮定法

この章でとうとう，それぞれの文法の学習
は終了だよ。

「カテイホウ？」

「なんで『法』なの？　法律とか規則
とかそういうことかしら。」

そうではないよ。文法でいうところの『法』
は文にこめられた気持ちの分類。ちなみに
これまで学んできた文法は命令文の『命令
法』以外は全部『直説法』。専門家でもなけ
れば気にしなくていいことだよ。

「カテーホーとかヤラケーホーとか，
そんな感じでいいですか？」

それは力抜き過ぎだって。

仮定？　条件？

仮定法も日本語にはない感覚の表現のひとつ。「仮に定める」とはどういうことだろう。

「仮定？　『もし〜なら』っていうあの仮定ですか？」

　そう，それだ。なんらかの条件を表すのは間違いない。言葉の意味としては，「実際とは無関係の想定・条件」というものでよさそうだ。
　ここで日本語の「もし〜なら」の文をいくつか挙げるよ。日本語ではこれらが仮定になっていることがわかるかな？

例1　もし明日晴れたらテニスをしようよ。
例2　辞書もってたら貸してくれない？
例3　もし私に翼があったらあなたのところに飛んでいくのに。
例4　1万円もってたらあの服買うのに！

「日本語だけ？　なら簡単にわかるよ。」

　だよね。でもこれを英語にしようとすると使い分けが必要になってくる。この章で学ぶ「仮定法」を使うのは例3と例4の文なんだ。

「『もし』があるかないか，は関係ないんですね。」

　例2や例4は「もし」を省略しているだけ。あってもおかしくないし，逆に例1・例3の「もし」だって省略しようとすればできちゃうよね。「仮定＝もし」だと思っていたら間違いのもとってことだ。この「もし」に限らず日本語の特に口語では「なくても大丈夫なもの」を省略しちゃうことが多い。同じ意味を英語で表現しようとしたら，省略されている言葉を補って考えないとうまくいかないこともあるからね。

「はい。」

　さて本題だ。実は 例1・例2と例3・例4の文では大きく違っているところがある。仮定とは「実際とは無関係の想定・条件」だといったけど，例1～例4で仮定部分の「実際」はどうなのか，それぞれ考えてみてほしい。

「例1の文は『明日晴れるかどうか』か。そんなの明日になってみなきゃわからないよ。例2も『もってたら』なんだからもっているかどうかは聞いてみなきゃわからない。」

「例3・例4は実際のこととは逆のことをいってます！　実際には私に翼はないし，１万円はもってない，けどもしあったら・もっていたら，と言っているんですね。」

　その通り。例1・例2の文は実際とは無関係，つまり「実際そうかもしれないし，そうでないかもしれない」。だけど例3・例4のほうは実際とは明らかに異なっている。実は「仮定法」の表現は「実際＝本当のところ・現実」と無関係ではなくて，**実際そうではないのだけれど仮にもしそうだったら**という条件を表すんだ。

「え，でもそんなこと区別して使ったことないですよ。」

　そりゃそうだよ。日本語ではそんな区別が必要ないもの。でも，日本語でいうところの「仮定」を英語では，

１．実際とは無関係の単なる条件
２．実際とは異なる仮定の条件

の２つに分けてとらえ，文の作りを変えるんだ。ふだんそんな区別をして

いない日本人が「仮定法」を使いこなすには，最初にこのことを理解しておくべきだと先生は考えているんだ。**0章**で日本語と英語の違いについて学んだのを覚えているかな？　それと同じだよ。では英語の仮定法がどんな表現かわかったところで，**25-2**で具体的に仮定法の文を学んでいこう。

☑CHECK 73

➡ 解答は別冊 p.40

次の日本語を英語にするとき仮定法を使うものを選びなさい。

（1）晴れてたらサッカーできるのに！
（2）じゃんけんで勝ったら教えてあげるよ。
（3）宿題が終わったら遊びに行っていいわよ。
（4）宿題が終わっていたらすぐに遊びに行けるのになぁ。

25-2 仮定法の文

実際とは異なることを仮定するのが「仮定法」です。表現内容が理解できたら，次は文の作りを学びましょう。

━Point━

129 仮定法

① If 主' + 過去形 ～ , 主 + would〔could〕…．

　もし～だった（した）なら，…なのに（するのに）

> **例1** If I **had** wings, I **would** fly to you.
> 　　　　　主'　述'　　　　　主　　述
> 　　（もし私に翼が**あったら**，あなたのところに**飛んでいくのに**。）

> **例2** If I **had** ten thousand yen, I **would** buy those clothes.
> 　　　　　主'述'　　　　　　　　　　主　　述
> 　　（もし私が1万円も**っていたら**，あの服を**買うのに**。）

> **例3** If I **were** a bird, I **would** fly to you.
> 　　　　　主'　述'　　　　　主　　述
> 　　（もし私が鳥**だったら**，あなたのところに**飛んでいくのに**。）

② 主 + wish (that) 主' + 過去形 ～．

　（もし）～だった（した）ならいいのに

> **例4** I wish I **were** a bird.
> 　　　　主　述　主'　述'
> 　　（私が鳥**だったらいいのに**。）

> **例5** I wish I **had** an umbrella with me.
> 　　　　主　述　主'　述'
> 　　（傘を**もっていればよかった**。）

接続詞 if 〜の使い方は勉強したね。あやしいなら へ go だ。要は **if の節で述語を過去形に**して，**主節（文本体）で would か could を**使う，ということ。その時の実際と異なることを仮定するなら，時をさかのぼって過去から変えなければ無理だと思わない？　例えば，最初から鳥として生まれてこなかったら鳥でいられるはずがないでしょ。先生は仮定法をそんなふうに解釈しているんだ。

「なるほど，だから過去形ってわけね。あれ，今気づいたけど日本語も過去形じゃない？」

そうなんだ。日本語でもはっきり区別はしないけどこういう使い方はあるし，みんなふつうに使ってる。でも の 例2 「辞書もってたら貸して」は「もっていたなら〜」と過去形にしても意味はほぼ変わらないし，反対に 例3 も「翼があるなら〜」と言えないこともない。やはり日本語には英語と同様の仮定法の考え方はないみたいだね。

「 Point 129 の②は if を使っていないけど，これも仮定法なんですか？」

wish っていう述語がカギだ。実現の可能性が低いことや，単なる願望を述べるときに使う語で，実際とは異なることを望む意味で使っているから仮定法になるんだ。ちなみに同じように願望を表す hope は仮定法の文では使わない。これから頑張って実現していこう，といったニュアンスがあるからね。

「ふっふっふ。先生の間違い見つけましたよ。」

あー，were でしょ？　そう思うのも当然だけど間違いじゃないよ。仮定法では be 動詞に were を使うことになってるんだ。なぜかっていうと，大昔，be 動詞の過去形は were が先に使われててね，多くは was に変化していったんだ。だけど，仮定法みたいな特殊な使われ方をする過去形ではそういう変化を受けずに were のまま生き残った，ということらしい。「は

い，これ仮定法ですよー！」って感じでわかりやすくない？　それじゃ，
例題いってみよう。

Ex. 次の日本文に合うように，（　）に適語を書きなさい。

(1) もし彼女の番号を知っていたら，彼女に電話をかけるのに。
　　If I (　) her phone number, I (　)(　) her.
(2) もし彼がここに来たらこの本をあげよう。
　　If he (　)(　), I (　)(　) him this book.
(3) もしキミがボクならどうする？
　　What (　) you (　) if you (　) me?
(4) 英語が話せたらいいのになぁ。
　　I (　) I (　)(　) English.

文の作りは単純で簡単すぎちゃうから，動詞は全部隠して仮定法じゃないのも混ぜたよ。「実際のところ＝現実」と異なる場合は仮定法だからね。
(1)を，ケンタくん。

「はい。これは『実際は番号を知らなくて電話をかけられない』ってことだから仮定法だな。過去形にすればいいんだ。知っているは know，電話をかけるは call だから，
Ans. (1)　If I (**knew**) her phone number, I (**would**)(**call**) her.
過去形にするだけ，簡単だ。

それでいい。空欄を埋めるだけなら動詞と活用形を知っていればかんたんだけど，仮定法なのかそうじゃないのかをしっかり判断しようね。それと，この文でもそうだけど，would でも could でもよさそうな文はどっちでも大丈夫だから。「できる」の意味合いが強ければ could にしておこう。次，(2)をサクラさん。

「はい。彼がここに来たら，は『実際とは異なる仮定』ではない
わね。これは仮定法じゃないわ。

Ans. (2)　If he (**comes**) (**here**), I (**will**) (**give**) him this book.

でも彼が来るのって今よりあとのことで，主節のほうはちゃん
と will を使ってるわ。if の節の方だけ現在形でいいのかしら？」

　そう，仮定法じゃない。述語は現在形で正解。それと で実はほんの
少しだけ触れてるんだけど，will は未来を表してるんじゃなくて，予定や
予想，意志なんかを表す助動詞の「現在形」なんだ。「来たら」という条
件は予定でも予想でもないよね？　だから will は合わない。仮定法もそう
だけど，条件の節も実はちょっとくせ者なんだ。あとからちょっとおまけ
で解説するね。次，(3) をケンタくん。出てきた例文とは作りが違うけど，
ただ主節が疑問詞を使った疑問文になってるだけだからね。

　(3)　もしキミがボクならどうする？
　　　　What (　　) you (　　) if you (　　) me?

「えー，これ英語にしにくくない？　日本語変えちゃおうか。『も
しあなたが私なら，あなたはどうしますか？』って，あれ？
意外に簡単かも。if ～が後ろにあって，『する』は do だから

Ans. (3)　What (**would**) you (**do**) if you (**were**) me?

うん，これ合ってるよ！」

　はい合ってます。よくできました。日本語を変えちゃうとこなんてサイ
コー。じゃあ最後，サクラさん。

　(4)　英語が話せたらいいのになぁ。
　　　　I (　　) I (　　) (　　) English.

「はい。これは wish の文ね。話せたら，だから could を使って，

Ans. (4)　I (**wish**) I (**could**) (**speak**) English.

実際は英語を話せない，ということですね？」

　はい正解です。中学内容で出てくる仮定法（仮定法過去）はここまでの
レベルだからそれほど難しくはないだろう。高校内容ではもっと深く広い
内容を学ぶけど，ここまでの基礎をしっかり身につけておけば恐れること
はないよ。

☑CHECK 74

➡ 解答は別冊 p.40

次の日本文に合うように，（　）に適語を書きなさい。

（1）アメリカに住んでいたらMLBの試合に行けるのに。
　　 If I（　）in America, I（　）（　）to MLB games.
（2）もっと時間があればなぁ。
　　 I（　）I（　）more time.
（3）明日晴れていたら買い物に行きましょう。
　　 Let's go shopping if the weather（　）good
　　 tomorrow.
（4）もしここに彼がいたらなんて言うだろう。
　　 If he（　）here, what（　）he say to us？

25
章

ココで出てきた覚えなきゃいけない単語・熟語	
つづり	意味
wings	翼
clothes	服

学びをアシスト！ **7**

if の節いろいろ

　仮定法を学んだところで，注意が必要なくせ者 if の節のいろいろな用法をしっかり攻略しよう。

Point

130 接続詞 if を使った文

① **単なる条件**

> 例1　If he comes here, I will give him this book.
>
> 例2　If the weather is good tomorrow, let's play tennis.

② **仮定法**

> 例3　If I were a bird, I would fly to you.

③ **間接疑問（〜かどうか）**

> 例4　I don't know if she will go to the party (or not).
>
> 例5　Ask him if it's true (or not).

　まずは 例1 を見てもらおう。前の項でサクラさんが答えてくれた問題の文だ。主節は「この本をあげよう」で will を使っている。だが if の節では述語は現在形だね。

「そうそう，最初は何かおかしい気がしたけれど，予想や予定を表す will を使わない，というのはわかりました。」

　はい。そこで助動詞 will にからめて，英語の「未来のことを表す文」について もう少し話しておこうと思う。will は未来への予想・予定・意志などを表す助動詞の「現在形」だと言ったけど…

「それ！　オレ納得いかなかったんだ。結局のところそれって未来なの，現在なの？」

　もうはっきりと言ってしまうけど，まだ確定もしていない未来を表す「未来時制」というものは考え方として存在しないんだ。will や be going to 〜 は現在や過去における予想・予定・意志を表す表現で，未来時制ではない。だから「先のこと・未来のことを表す＝ will」と考えてしまうと誤りなわけ。次に 例2 の例文を見てみよう。

「あ，tomorrow って，明日ですよね？」

　そう，これ以上はないくらいはっきりと未来を表す語だよね。それでも述語は現在形。時制は現在だ。先生は中学生の時ここでえらい悩んだんだー。気になりだすと先生みたいに悩んじゃう生徒がきっといるだろうから，話しておきたかった。単なる条件の「もし〜なら」の文は，未来を表す語と使おうが現在形にする，ということなんだ。

「で，過去形を使えば実際とは違う『仮定法』，と。」

　その通り！　そこでもうひとつ。if の節だけど will を使うパターンにも触れておこう。 例4 を見てみて。

「間接疑問なんですね。『〜かどうか』と訳すんですか？」

　うん。 21章 で接続詞として使ったのは疑問詞だけだったけど，実は if も同じように使えるんだ。間接疑問だから節全体で名詞のはたらきをして，「〜かどうか」ということがらを表せるんだよ。

「ということは 例4 を日本語にすると，『彼女がそのパーティに
行くかどうか私は知りません。』だ。」

正解。彼女の予定とか意志を表す意味だから will を使って当然だろ？

「例5 は『それが本当かどうか，彼にたずねなさい。』ですね。」

はい。③の間接疑問の節の if は，条件の「もし〜なら」ではないから，
意味に合わせて時制を決めることができる。will だって過去形だって普通
に使えばいい。いたって単純だ。対して「もし〜なら」という文は，まだ
実際どうなのか・起こるかどうかもわからないことがらを「条件」づける
特殊な表現で，そこには【時】が存在しない。過去形を使えば「仮定法」
といえるのも，普通の時制の考え方が適用されないからだろう。それが「if
節がくせ者だ」という理由だ。

「if って使い方がいろいろあって，気をつけなきゃいけないな。」

用法が何通りもあって「よくわからないな」と思ったら，こうやって整
理・分類してまとめると理解する手助けになるよ。先生は have とか take
とか，訳し方や用法がたくさんある動詞を覚えるとき，辞書を読みながら
大事なものを例文つきでノートに書いて整理した。面倒だと思うだろうけ
ど，そういうことを何度かしているうちに，整理して覚えること自体が上
達して，同じ苦労をしなくてもできるようになっちゃうんだ。例えば単語
や熟語なんかも，最初は大変でも教えたようにしっかりこなしていくうち
に，覚える作業自体が上達してどんどん時間はかからなくなっていく。こ
の本を助けとして，自分をどんどん楽にしていけるよう励んでね。

入試問題にチャレンジ
～形式別問題演習～

いよいよ実戦練習。解くのは入試にも出たような問題だ。

「入試の問題か，難しそうだな～。」

使うのは今まで勉強してきたことばかりだよ。今までと違うことなんて何もないんだ。

「そうですよね，むやみに怖がることはないんだわ。」

その通り！　わからないことがあったら，そのたびに戻って復習したらいい。頑張っていくぞー！

語形変化問題

語形が変化するものといえば何があったかな？　読み進む前に自分で考えてみよう。

　ここからの問題はそれぞれの文法を1つずつ勉強しているときと違って，**どの問題でどの知識を使えばよいのかが，前もってわからない。自分で考え，判断しなきゃいけない**んだ。入試や実力テストが，単元テストや範囲の決まっている学校の定期テストと大きく違うのはそういうところだよね。

> 「ルールはわかっていても，『いつ使っていいか』がわからなきゃ使いようがないもんな。」

　だからこそ，まずしっかりした基礎的な知識が必要なんだ。理解のアヤシイところがあったらすかさず復習だぞ。

> 「まず文法別のちゃんとした理解をして，そのうえでそれを使いこなす判断力が必要，ということですね。」

　各文法事項については今までにくわしく説明しているわけだから，ここからは判断のポイントを中心に説明していくよ。復習が必要なところは人によって違うはず。自分で復習が必要だと判断したら該当部分をもう一度読んでね。**復習をしながら同時に判断力・応用力を身につけていこう！**それじゃ始めよう。

語の形が変化するもののまとめ

1 動詞

述語になる場合と，述語にならない場合がある

述語になる場合

(1) **原形**………①命令文（→⑥章）

②do, does, did と組み合わせた現在形・

過去形の否定文・疑問文（→②章, ⑪章）

③助動詞との組み合わせ（→⑨章, ⑬章）

(2) **現在形**……現在のふつうの文の述語（単独述語）

（→②-₂章, ②-₃章）

(3) **過去形**……過去のふつうの文の述語（単独述語）

（→⑪-₁章, ⑪-₂章）

(4) **現在分詞**…be 動詞と組み合わせて進行形（→⑧章）

(5) **過去分詞**…① be 動詞と組み合わせて受動態（→⑲章）

② have と組み合わせて現在完了形（→⑳章）

述語にならない場合

(1) **原形**………不定詞(to＋原形)［名詞・形容詞・副詞］(→⑮章)

(2) **動名詞**……「～すること」（～ ing 形）　［名詞］（→⑯章）

(3) **現在分詞**…名詞を修飾　［形容詞］（→㉓章）

(4) **過去分詞**…名詞を修飾　［形容詞］（→㉓章）

2 名詞・代名詞

(1) **単数形・複数形**(→③-₂章)

(2) **格変化**（主格・所有格・目的格・所有代名詞）（→③-₄章）

(3) **数詞**（基数［ふつうの数を表す］→序数［順番を表す］）

（→ 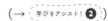 ）

3 形容詞・副詞

比較変化（原級・比較級・最上級）（→⑱章）

まずは語形変化問題だ。よく出題される語を品詞別ににまとめたよ。でも，これは覚えれば問題が解ける，っていうものじゃない。今まで勉強してきたことを違う見かたでまとめているので，**確認して自分の知識を整理するのに使ってほしい**んだ。こういう見かたができると判断がラクになるぞ。

「動詞は変化する形が多いですね。述語になる場合・ならない場合で大きく分けられるんだわ。」

　動詞は述語になる重要な語だからね。それに「動作・状態」という重要な意味を表すから，述語ではないほかの使いかたもたくさんある。分類するべきものはしたけど，ほかにも熟語・連語の中で使われる動詞の形もあるし，前に置いて動詞と組み合わせる助動詞や be 動詞，have にも，現在形・過去形の変化がある。**間違いなく動詞が最も注意すべき語**だ。

「そういえば動詞を扱う章はめちゃくちゃいっぱいあったな。」

　述語になるもの・ならないものを合わせたら，半分以上が直接的に動詞を扱う章だったね。だいたい述語が出てこない文はないんだから，間接的にはぜんぶそう，といってもいいくらいだ。つくづく，動詞・述語は大事なんだよ。

　それじゃ実際に例題を解いてみよう。

> **Ex.** 次の（　　）内の語を適する形に直して書きなさい。
>
> (1) Last Sunday Mary（take）her dog to the park.
> (2) The boy（talk）with them lives near here.
> (3) How many（child）does Mr. Suzuki have？
> (4) The girl began to eat a cake（make）by her mother.
> (5) How about（go）to a movie next Saturday？

　どんな問題でもそうだけど，**とにかく答えを出そうとしてあてもなくヒントを探すような見かたをしてはダメ**だ。例えば，（　　）の前後だけ見て「答えはこれかな？」みたいな決めかたをしたことがある人は要注意。必ず，その文がどういう作りになっていて，正解が入ったときにどういう意味になるのか考えよう。文の作りの基本は〈主語＋述語〉。まずはそこから確認するんだぞ。(1)を，ケンタくん。

　　「はい。最初の last Sunday は『この前の日曜日』で，次の Mary が主語だな。だったら take は述語で，過去形だから took かな。」

26
章

　前だけを見て判断しちゃダメ！　この場合は正解だけど，後ろの作りも確かめて，文がちゃんと成立することを確認しないと！

　　「はーい。後ろは，『彼女の犬を，公園に』だから，take はやっぱり『連れて行きました』って述語で OK だ。
　　Ans. (1) Last Sunday Mary（**took**）her dog to the park.
　　前だけ見て決めたらいけないのか。」

　ケンタくん，続けてもう1問，(2)もやってみて。

　　「え，もう1問ですか？　これは最初の The boy が主語だな。だとしたら次の talk が述語でいいんじゃないの？」

その後ろの作りを確認してごらん。今度は正解じゃないよ。

「間違っていますか？　後ろは，with them が『彼らと（一緒に）』で，これは意味からして前の talk とカタマリになるな。あれ？また動詞 lives がきた！　しかもこれ，s がついていて現在形だから，絶対に述語だ。」

　現在形だねぇ。現在形は述語になるしかないし，lives が述語だね～。どうしようか？

「ん～。でもこれで〈主語＋述語〉はバッチリ確認できたんだ。『その少年は，この近くに住んでいます。』という文ってことだ。そうか，主語のすぐあとにあった talk with them は，説明になるんだ！　だとしたら，現在分詞で『彼らと話している～』がちょうどいいな。

Ans. (2)　The boy (**talking**) with them lives near here.

そうか。**述語よりも先に，述語にならない動詞がくることだってあるよなー。**」

そういうこと。動詞の形を変化させる問題だったら，まずは述語になるのか，ならないのかをはっきりさせると判断はラクになる。別のところに述語があれば述語にはならないだろうし，なければ述語になるのが確定だ。これまでずーっと，うるさいほど〈主語＋述語〉が大事，っていわれてきただろう？　今までそれを意識して勉強してきたキミたちなら，ちゃんと考えれば〈主語＋述語〉を判断することは簡単だろうし，判断できたらそのあとは文の意味に合わせて形を選ぶだけだぞ。それじゃ(3)にいこう。サクラさん。

(3)　How many (child) does Mr. Suzuki have ?

「はい。これは疑問詞を使った疑問文ね。最初が疑問詞の How many 〜 で，〈主語＋述語〉は does から後ろの部分。Mr. Suzuki が主語で，have が述語だわ。『スズキさんには何人子どもがいますか？』という文ね。

Ans. (3)　How many (**children**) does Mr. Suzuki have ?
child の複数形は不規則変化ですよね。」

OK。**how many 〜のあとは必ず複数形**だったね。後ろの複数名詞までが疑問詞のカタマリとなる。名詞の問題だけど，ここでもちゃんと〈主語＋述語〉の確認をして文全体の意味をつかんでおくことが大事だ。自分の間違いに気づけるようになるぞ。それじゃ，(4)をケンタくん。

(4)　The girl began to eat a cake (make) by her mother.

「はい。この文はもう〈主語＋述語〉ができているな。『その女の子はケーキを食べ始めました。』だ。だったら後ろは説明で，『お母さんによって作られたケーキ』ってつなげればいいんだ。

Ans. (4)　The girl began to eat a cake (**made**) by her mother.
過去分詞はこれで間違えてないかな？」

正解。「～された○○」と名詞の説明をするのは過去分詞だね。過去形にしても過去分詞にしても、ちゃんとつづりを覚えておかないと「わかっているのに×」という、いちばん悲しい結果に終わるぞ。基礎をなめちゃいけないよ。部活でも「基礎が大事」っていわれるだろう？　勉強も同じだよ。

それじゃ最後、(5)をサクラさん。

(5)　How about (go) to a movie next Saturday ?

「はい。あれ？　〈主語＋述語〉はどれかしら……。そうか、これ動名詞のところに出てきた連語だわ！　How about ～ ing で、『～するのはどうですか？』ね。

Ans. (5)　How about (**going**) to a movie next Saturday?
覚えててよかった～。」

OK。**連語や熟語は覚えていないと問題に対応できないことが多い**だろうね。この場合、about ～ が前置詞だから後ろの動詞は動名詞、みたいに判断できるけど、そうやって考えるより、必要な連語を覚えているほうが何倍も速い。最低限の単語、連語・熟語はしっかり覚えておこうね。

「単語や連語も覚えないと……。復習しなきゃいけないこともあるし、やらなきゃいけないことがありすぎて気が遠くなりそう……。」

気持ちはわかる。あれこれできていないことを、いっぺんになんとかしようと考えると、気が遠くなってあきらめたくもなる。先生だってそうさ。でもね、Rome wasn't built in a day.「ローマは1日にしてならず」っていうことわざの通り、**何事もコツコツ積み重ねていくことが大事だよ。目の前の問題を1つずつ、でいいからしっかりとクリアしていこう。**

「ぜんぶイッキになんて、とうてい無理ですもんね。」

その通り！　できることをしっかりやっていく。当たり前だけど，できることしかできないんだから。

「そっか。ちょっと気がラクになったぞ。」

それと，わかると思うけど語形変化問題の出題パターンはまだまだいっぱいある。これで十分ってわけじゃないんだ。これはこれから練習するどの形式の問題でも同じ。この**26**章で先生がみんなに伝えたいのは，さまざまな問題に対応できるための「解きかた・考えかた」。これから入試に向けて，問題集や入試の過去問をたくさん解いて練習することになるだろう。そのときに，ただ答えを出して○か×かをつけるだけ，のようなやりかたをしていたら何も残らない。しっかり考え，自分で判断して，間違えたら見直して理解して直す。わからなかったらここに戻っておいで。それが，これからのキミたちの努力を，すべてもれなくきっちり自分の力につなげていくために必要なことなんだ。

☑CHECK 75

➡ 解答は別冊 p.40

次の(　　)に入る最も適する語句をあとから1つ選び，記号で答えなさい。

(1) Who (　　) breakfast at your house every day ?
　　（ア. make　イ. makes　ウ. to make　エ. making）
(2) Mr. Kato asked me (　　) here.
　　（ア. wait　イ. waited　ウ. waiting　エ. to wait）
(3) Mike is (　　) in his family.
　　（ア. tall　イ. taller　ウ. as tall　エ. the tallest）
(4) This book (　　) a long time ago.
　　（ア. wrote　イ. written　ウ. was written　エ. was writing）
(5) Bob had no time (　　) the book.
　　（ア. read　イ. to read　ウ. was reading　エ. reading）

26章

適語選択問題

選択肢がある問題だと，どれか選べばいいわけだから最低限答えは書ける。でも，だからこそ迷うんだよね〜。

　今度は適する語を選ぶ問題だ。どんな文法事項でも出題できるし，単語・連語・熟語などの語彙力や，会話特有の表現などの問題もある。なんでもありだね。

「私，選ぶ問題苦手です。どうしても2つで迷っちゃったときなんて，たいがい間違っているほうを選んじゃう。」

　だって，迷うように問題を作ってあるんだもの。先生が問題を作るときは，「正解にかなり近いんだけど，でも違う」という微妙な選択肢を入れるようにしているよ。それと，まったく関係ないくらい違う選択肢もね。

「まったく違うのなんか入れたらバレバレじゃないですか？」

　それがそうでもないんだなぁ。迷ったあげくに変なの選んじゃうことって，あるんじゃない？

「そうそう！　そういう間違いもけっこうあります。」

　自分の答えに自信がないことから生じる失敗だね。理想をいえばどれも自信をもって「これだ！」と選びたい。しかしそうもいかないのが現実だ。それでも，**もっている力を最大限活かす方法**で選ぶようにしよう。

「えー，選ぶ方法によってそんなに変わるんですか？」

　といってもたいしたことではないんだけどね。**迷ったら正解を選ぼうとせず，間違っている選択肢を外していって最後に残ったものを選ぶ**んだ。正しいと判断するには「間違いがない」ことを確認しなきゃいけないけど，少しでも間違ったところがあればそれは正解じゃない。だから「間違いを探す」ほうが正解しやすい。これは選択問題ならどの教科の問題にでも通用する考えかただよ。

「数学でも，成り立つことを『証明』するのは大変ですよね。」

　そういうこと。最初から「正解はこれだ！」と選べる問題も，ほかの選択肢が間違っていることは確認するように。間違いを見つける練習になるし，間違った選択肢の特徴のようなものもわかってくる。それに選択問題では，「最も適する語を選びなさい」がふつう。good ではなく，the best を選びなさい，なんだ。**「これでも間違いじゃないけど，よりよい選択肢がほかにある」なんてことも，たまにある**んだよ。いいの見つけて飛びついたら，もっといいのがほかにあった，なんてことにならないようにね。それじゃ，例題を解こう。

Ex. 次の（　）に入る最も適する語を，あとの選択肢から選び記号で答えなさい。

(1) （　）you finished your homework yet?
　　ア. Are　イ. Did　ウ. Have　エ. Has

(2) The news（　）everyone happy.
　　ア. made　イ. came　ウ. would　エ. should

(3) Here（　）your bag. ― Thank you.
　　ア. is　イ. are　ウ. does　エ. do

(4) How（　）your father usually go to work?
　　ア. is　イ. are　ウ. do　エ. does

(5) Did you come here（　）?
　　ア. by train　　イ. in train
　　ウ. by a train　エ. by the train

(6) This dictionary is（　）heavy to carry in my bag.
　　ア. very　イ. so　ウ. too　エ. more

(7) He likes English, but it is（　）for him to speak it.
　　ア. different　イ. same　ウ. difficult　エ. easy

(8) A:（　）do you watch TV?
　　B: I usually watch it after dinner.
　　ア. Why　イ. When　ウ. Where　エ. How

(9) I got（　）at six this morning.
　　ア. over　イ. under　ウ. for　エ. up

(10) A: Shall we start now?
　　B: Sorry, but I have to wait for my friend（　）five more minutes.
　　ア. from　イ. on　ウ. at　エ. for

今回は問題が多いぞ。どんどんいこう。(1)をサクラさん。

「はい。これは主語が you で，疑問文だから，後ろの finished
と組み合わせるものが入るわ。yet もあるし，現在完了形ね。
Are だと受動態になっちゃうし，Did と Has はありえないから
Ans. (1)　**ウ**…(**Have**) you finished your homework yet ?」

正解。現在完了形だと気づいてしまえば簡単だね。どんな問題でも
〈主語＋述語〉の作りと文全体の意味を考えること。そうすれば必ず見
えてくるものがあるぞ。次，(2)をケンタくん。

「はい。これは述語を選ぶんだな。『そのニュースは』が主語で，
述語の後ろに『みんな』，『幸せな』が続いているから
Ans. (2)　**ア**…The news (**made**) everyone happy.
『そのニュースはみんなを幸せにしました。』だな。」

OK。選択肢にある would と should は助動詞だから後ろに原形の動詞が
なきゃいけないので，絶対にないよね。次，(3)をサクラさん。

26
章

「はい。最初に Here ？　一般動詞がないからウとエは違う。こ
れ There is 〜 . の文と同じかしら？　your bag が主語なら be
動詞は is だわ。
Ans. (3)　**ア**…Here (**is**) your bag. ― Thank you.
『ありがとう。』って答えてるし，『はい，どうぞ。』って感じか
しら？」

正解。これはサクラさんの読み通りだね。Here is 〜 . は，「ここに〜が
あります。」という There is 〜 . と同じパターンの文。主語は後ろの名詞だ。
会話表現としてよく見かける文なんだけど，知っているとラクだね。覚え
ておこう。次，(4)をケンタくん。

「はい。これは簡単。『あなたのお父さん』が主語でしょ。ということは……。あれ，is かな，does かな？」

すぐ答えを出そうとしないの！　ちゃんと文全体を見て，意味も考えて。

「えーっと。あ，go があるじゃん！　一般動詞だ。do だ。いや，違う，『あなたのお父さん』が主語だった。

Ans. (4)　**エ**…How (**does**) your father usually go to work ?
あぶなかったーっ。」

あぶなかった，じゃないよ〜。テスト中だったら誰も何もいってくれないんだぞ。**あわてて答えを出そうとせず確認すべきことをしっかり確認すること。** 1つのヒントに飛びついて思いこんじゃダメだよ。次，(5)をサクラさん。

   (5)　Did you come here (　　)?
      ア．by train　　イ．in train
      ウ．by a train　エ．by the train

「これ，どれも合ってるように思えます。」

これは覚えてないとできないな。交通手段を表す「〜で」という表現の by 〜の後ろには，車や電車などの名詞を，a・the や所有格などはつけずそのまま置くんだ。覚えておこうね。

Ans. (5)　**ア**…Did you come here (**by train**)?

ちなみに in も「〜の中に」という意味から「〜に乗って」のような表現ができるけど，by 〜と違ってふつう通り a や the，所有格がなければ使えない。だから「私の車で」などというときは by 〜を使わず，in my car と表現するんだ。覚えておこう。

次，(6)をケンタくん。

(6)　This dictionary is (　　) heavy to carry in my bag.
　　　ア．very　イ．so　ウ．too　エ．more

「はい。これはなんだ？　どれでも入りそうだな。おっと，ちゃんと文全体を確認しなきゃな。後ろには……，不定詞がある！あの構文だ。『あまりに…すぎて～できない』のやつ！

Ans. (6)　**ウ**…This dictionary is (**too**) heavy to carry in my bag.
『この辞書は重すぎてかばんに入れて運べない。』だ。」

よし！　その通り。構文は文の作りや使う語に特徴があるからわかりやすいね。

次，(7)をサクラさん。

(7)　He likes English, but it is (　　) for him to speak it.
　　　ア．different　イ．same　ウ．difficult　エ．easy

「はい。後半は it … to ～の構文ね。『彼は英語が好きだけど』，に続くのだから

Ans. (7)　**ウ**…He likes English, but it is (**difficult**) for him to speak it.
『彼にとって話すことは難しい。』がピッタリね。」

正解。これは単純に単語の意味で判断する問題だね。**意味のうえで適する語を選ぶには，まず文全体の意味をしっかりつかむことが大切**だよ。次はケンタくん。(8)は会話文になっているぞ。

(8)　A：(　　) do you watch TV ?

　　　B：I usually watch it after dinner.

　　　ア．Why　イ．When　ウ．Where　エ．How

「はい。(　　)の後ろに疑問文の〈主語＋述語〉がちゃんとできているから，入るのは疑問詞だ。どれが入る？　そっか，何を答えているかで判断すればいいんだ。答えの文は，『たいてい夕食後に見ます。』，ということは『いつ？』だ！

Ans. (8)　__イ__…(**When**) do you watch TV ?

会話文はもう片方の文にヒントがあるな。」

　正解。会話で出題されるのには，それなりの意味がある。会話だとその言葉の発せられる「シーン(状況)」がよりわかりやすい。**どんな状況での言葉なのか思い浮かべると意味が理解しやすくなる**ぞ。これは長文で文章読解をするときも有効だ。英語は教科である前に「ことば」だからね。

次，(9)をサクラさん。

(9)　I got (　　) at six this morning.

　　　ア．over　イ．under　ウ．for　エ．up

「はい。『私は，今朝6時に～』だから，get up ね。

Ans. (9)　__エ__…I got (**up**) at six this morning.

簡単，簡単。」

OK。これはすぐわかるね。でもね，それでもほかの選択肢が間違っていることは確認しておいたほうがいい。good なのはそれだけ見ても判断できるけど，**the best なのかどうかはほかのものと比較しないと判断できない**からね。

さぁケンタくん，最後の問題だ。

(10)　A : Shall we start now？
　　　B : Sorry, but I have to wait for my friend（　　）
　　　　　five more minutes.
　　　ア. from　イ. on　ウ. at　エ. for

「はい。『出発しよう』って誘われて，『ごめん』って謝ってる。友だちを待っていないといけないんだな。five more minutes は，『5分』？　from ～は『～から』でおかしい。on ～と at ～は違うな。ってことは

Ans.（10）　**エ**…Sorry, but I have to wait for my friend（**for**）
　　　　　　　five more minutes.

『～の間』の for ～だ。でもこの more ってなんだ？」

正解。more は many / much の比較級。比較級の前にある語は比べたときの差を表すんだ。だから「5分多く」ってこと。「あと5分」待っていなければいけないっていう意味だね。けど文法的にくわしくはわからなくても，想像できたかもしれないよ。「知らないこと＝わからないこと」じゃないんだ。自分で考えてみる習慣をつけようね。

「たしかにいわれてみればそれしかないな。『知らない』と思うと考えるのをやめちゃってるかも。」

26
章

でもケンタくん，答えは出せているのに，答え以外のわからないことに目を向けたのはとてもいいことだよ。「答えが出せれば終わり」にせず，**その問題から学べることを根こそぎ学んでおけば，１問解いて，２問や３問分の勉強ができる。** 練習問題は正解を答えるだけが目的じゃないんだ。

「そうね，練習はあくまで練習ですもんね。」

時間は限られているんだ。そうやって集中して頑張れば，だらだらやるよりずっとはかどるし，何より効率がよくて結果につながるぞ。

☑ **CHECK 76** ➡ 解答は別冊 p.40

次の（　　）に入る最も適する語を，あとの選択肢から選び記号で答えなさい。

(1) Tom and I (　　) in the same class.
(ア. am　イ. are　ウ. is　エ. was)

(2) I like (　　) flowers very much.
(ア. this　イ. that　ウ. it　エ. these)

(3) (　　) you read the book ?　-　Yes, I did.
(ア. Have　イ. Were　ウ. Did　エ. Will)

(4) I will study harder (　　) I want to be a teacher.
(ア. because　イ. but　ウ. that　エ. so)

(5) They were surprised (　　) the news.
(ア. with　イ. in　ウ. at　エ. to)

26-3 書きかえ問題

書きかえ問題では，知らないと正解できない問題がけっこうあるんだ。練習あるのみだぞ。

　次は文を同じ意味で書きかえる問題の練習をしよう。全体として同じ意味になるのだけど，文の作りや使う文法がまったく違うものが多い。知らなければ自分で正解を発想することはまず無理だろう，なんてものもあるから，たくさん問題を解いてほしいんだ。

「正直にいうと，わからないときは片方の文の中から選んだ語で（　　）を埋めることが多いです……。」

　〈主語＋述語〉から作りが違っていたら使う語もだいぶ違うはずだよね。それに，そんなやりかたで正解が出せるような問題は出題しないよ〜。**これからはそういう答えかたは全面禁止ね。**

「じゃあ，どういうことに注意して解いていけばいいんですか？」

　まずは，**同じ内容を表してはいるが文の作りが同じとは限らない，むしろ違って当たり前**，と意識すること。そして，たいがいは空所の穴埋めで出題されるけど，**もとの文の意味をしっかりつかみ，（　　）になっていない語をヒントにして，同じ意味の文を全文作文するつもりで考える**んだ。

「全文を作文は大変だけど，そういう考えかたをすれば**見えている語はぜんぶヒント**だもんな。ヒントだらけだ。」

　縮こまってコンパクトにすまそうと思うからいけない！　ここまで勉強してきたキミたちはどうしていいいかわからない，「迷子の子ども」じゃないんだ。自分の力を信じて，思い切って大きく踏み出そう。心構えはこれくらいにして，例題にいこう。今回は解説しながら一緒に解いていくよ。

Ex. 次の各組の文がほぼ同じ内容を表すように，（　　）に適語を書きなさい。

(1) { Our school has about three hundred students.
　　 There （　） about three hundred students in our school.

(2) { Mary said to me, "Please bring me some water."
　　 Mary （　） me to bring her some water.

(3) { Ken can swim very well.
　　 Ken （　） a very good （　）.

(4) { I was very happy to hear that story.
　　 That story （　） （　） very happy.

(5) { Studying science is interesting to me.
　　 I'm （　） （　） studying science.

(6) { Did he take this picture?
　　 Is this the picture （　） by him?

(7) { She is sick, so she can't go to school.
　　 （　） she is sick, she can't go to school.

(8) { Lucy can use this camera.
　　 Lucy knows （　） to use this camera.

(9) { I got up too late to catch the first train.
　　 I got up so late （　） （　） （　） catch the first train.

(10) { Do you know his name?
　　 Do you know （　） he is?

どれもよく出題されるパターンの書きかえ問題だよ。まず(1)は先生が説明しながら解こう。

　もとの文は、「私たちの学校はおよそ300人の生徒をもっている(生徒がいる)。」という意味だ。これを There で始まる文に書きかえる。「〜がいる」という意味から、この時点で There is / are 〜. の文だな、とすぐ判断したい。最後にある in our school もそれを示しているぞ。

Ans. (1)　There (**are**) about three hundred students in our school.

　後ろにくる名詞が複数で現在の文だから、are が正解。**まず意味をしっかりつかみ、見えている語句から、書きかえたあとにどんな文になればいいか判断する。** そしてこの問題で複数の名詞に合わせて答えを are にしたように、**書きかえたあとの文がルール通りの正しい文になるよう、入る語の形を決める。** こういう手順だ。

　「何を使って書きかえるかわかっていて、語の形で間違えることあるなぁ。」

　最後まで気を抜かないこと だね。正解の一歩手前までいっておいて間違えてしまう人は多いぞ。もう1問、(2)でもお手本を見せよう。

　(2)のもとの文は「メアリーは私に『どうぞ私にお水をもってきてください』といった。」という意味だ。書きかえの文は主語はそのまま、(　　)の中には述語が入って、後ろに「私に」、そして不定詞が続く。ここで「アレだな」と思わなければ勉強不足だ。

Ans. (2)　Mary (**asked**) me to bring her some water.

　不定詞を使った「…に〜するように頼む」の表現に書きかえた。メアリーが please を使った命令文をいっているから ask がいいだろう。please がない命令文だったら、tell を使って「…に〜するようにいう」にすればいいね。

「不定詞の構文はどの問題パターンにもよく出てきますね。」

不定詞の構文は本当によく出てくるよ。しっかり身につけようね。

それじゃ(3)。これは品詞の変化が必要な問題なんだけど，そのことを文の作りから判断しなきゃいけない。ケンタくん，やってみよう。

(3) { Ken can swim very well.
　　　 Ken (　　) a very good (　　).

「はい。もとの文は『ケンはとても上手に泳ぐことができる。』
だな。書きかえの文は a very good ～になるんだ。a がついて
いるから名詞，ということは動詞は「～です」で

Ans. (3)　Ken (**is**) a very good (**swimmer**).

good と well を勉強したときに出てきた書きかえだ。」

正解。**21-2**で出てきたね。**経験はいちばんの武器**だ。「やったことがある」のを覚えていれば，どう解けばいいのかすぐわかる。**今回忘れていた人はしっかり反省して，次は絶対に間違えないようにしよう！　そうやって身についていくんだ。**

それじゃ(4)にいこう。サクラさん。

(4)
$\begin{cases} \text{I was very happy to hear that story.} \\ \text{That story (\quad) (\quad) very happy.} \end{cases}$

「はい。『私はあの話を聞いてとても幸せだった。』という意味の
文を，『あの話』を主語にして作りかえるのね。

Ans. (4)　That story (**made**) (**me**) very happy.

26-2 でも出てきた表現だわ。これもよく出てきますね。」

　OK。たしかによく出てくる重要表現の1つだね。出てくるものがみん
な「重要だから覚えよう」みたいになってしまっているけど，そういうも
のから出題されるんだからしかたない。「**片っ端からぜーんぶ覚えてしま
うぞ！」くらいの気合い**で向き合おう。

　次，(5)は連語の書きかえだ。

(5)
$\begin{cases} \text{Studying science is interesting to me.} \\ \text{I'm (\quad) (\quad) studying science.} \end{cases}$

26
章

Ans. (5)　I'm (**interested**) (**in**) studying science.

　もとの文から解説しようか。**interesting はモノを主語**にして使う語。
「〜にとって」には to 〜を使う。
　interested は人が主語になって，興味のある対象を「〜に」と表すの
に in 〜を使うんだ。受動態のところで出てきた表現だね。exciting (to 〜)
と excited (at / about 〜) も同じ使い分けをするぞ。

それじゃ，(6)をケンタくん。

(6) $\begin{cases} \text{Did he take this picture?} \\ \text{Is this the picture (　　) by him?} \end{cases}$

「はい。『彼はこの写真を撮りましたか？』を，『これは』を主語にするんだ。受動態かな？　でも受動態なら『この写真は』が主語だよな。『これは』，に続くんだから……

Ans. (6)　Is this the picture (**taken**) by him?

『これは彼によって撮られた写真ですか？』，前の名詞を修飾する分詞だ！」

　正解。受動態だと思っていても答えは過去分詞になるだろうけど，文の作りをしっかり確認できたのはよかったぞ。その判断が必要になるときだってあるんだ。

　次，(7)をサクラさん。

(7) $\begin{cases} \text{She is sick, so she can't go to school.} \\ \text{(　　) she is sick, she can't go to school.} \end{cases}$

「はい。もとの文は『彼女は具合が悪いです。だから学校に行けません。』，ね。この問題は使う語がほとんど変わらないわ。」

　そう。so は「つなぐ接続詞」だったね。この問題は前半の「彼女は具合が悪いです。だから…」の部分を，she is sick の前につけて同じ意味で書きかえられるものを考えればいい。

「そうか, 『カタマリを作る接続詞』にすればいいんだわ!
Ans. (7)　(**Because**) she is sick, she can't go to school.
『彼女は具合が悪いので』, となります。」

OK。so と because は同じような意味だけど, 文の作りが違うから注意しなきゃね。
次, (8)をケンタくん。

(8)　$\begin{cases} \text{Lucy can use this camera.} \\ \text{Lucy knows (　　) to use this camera.} \end{cases}$

「はい。もとの文は『ルーシーはこのカメラを使うことができます。』だ。これを『ルーシーは～を知っている』で作るのか。何を知っているんだ?」

何を知っていれば,「使うことができる」んだろうね～?　(　　)のあとの不定詞がヒントだぞ。

「不定詞か……。知っていれば『使うことができる』こと, を表す不定詞……。わかった, 『～のしかた』だ!
Ans. (8)　Lucy knows (**how**) to use this camera.
(使いかたを知っている)=(使うことができる), か!」

よし, よく思いついたね。文法を知っていても, それを使うべき場面でそのことに気づかなければ宝の持ちぐされだ。経験ですぐわかるようにしておくことも大切だけど, それでも見たこともない書きかえパターンに出会うこともある。**いろんな方向から見て考え, ヒントを探し出して正解に近づく練習をしよう**ね。

それじゃ(9)をサクラさん。

(9)
$\begin{cases} \text{I got up too late to catch the first train.} \\ \text{I got up so late (　)(　)(　) catch the first} \\ \text{train.} \end{cases}$

「はい。これは too … to ～ の構文ね。so … that ～ で書きかえ
るんだわ。『～できない』にしなきゃいけないんだから can't
を使って，過去の文だから過去形にしなきゃ。

Ans. (9)　I got up so late (**that**)(**I**)(**couldn't**) catch the first train.
『起きるのが遅すぎて始発電車に間に合わなかった。』ですね。」

正解。can't を過去形の couldn't にするのは要注意だよね。もとが不定
詞だったところを〈主語＋述語〉の形に直すんだから，動詞の形には注意し
よう。that のあとの主語を誰にするかにも気をつけてね。この問題では文
の主語と同じ「私」でいいけど，too … to ～構文に for ～「～にとって」
があれば that のあとの主語は文の主語とは違う語になる。ピンとこない
人はさっそく **22-4** に戻って復習だぞ。

それじゃ最後，(10)をケンタくん。

(10)
$\begin{cases} \text{Do you know his name?} \\ \text{Do you know (　) he is?} \end{cases}$

「はい。『あなたは彼の名前を知っていますか？』か。書きかえるのは『彼の名前』のところだな。」

　これはそのままだと難しいからヒントね。（　　）にはどんな種類の語が入る？　例えば，動詞は入る？

「動詞が入ったらおかしいですよ。だって述語の know のあとだし，後ろにまた〈主語＋述語〉が続くし……。ん？　後ろに〈主語＋述語〉？　じゃあ接続詞かな。」

　よーし，ほぼ正解。（　　）に入るのは接続詞のようにはたらく語だよ。もっといえば述語 know のあとだろ？　「〜を知っている」の，「〜を」が続くよね。〈主語＋述語〉のカタマリを名詞に変えているってことだ。わからない問題でもこうやって，**前後の語を中心に文の作りを見破れば，絶対に入っちゃおかしいもの，入ってもおかしくないものが見えてくる**。それも大きなヒントになるはずだぞ。そして，（　　）の後ろに he is が続いてる。「彼が〜である」だね。

「わかった！　『彼が誰なのか』だ！
Ans. (10)　Do you know (**who**) he is？
ヒントもらったけど，自分でできたぞ。」

　OK。よく自力で思いついた。今は先生がヒントを出したけど，1人でやっているときはそのヒントを自分で探すんだ。**入る語そのものはわからなくても，どんな種類の語が入るかがわかれば考えやすい**よね。この見かたもヒントになる場合がある。ほかにもいろいろあるけど，ただ先生が教えてできるようになるものじゃないんだ。たくさん問題を解いていく中で練習して身につけよう。

「ヒントの見つけかたはいろいろ出てきましたね。それを参考にして，問題に対する見かたを変えていこうと思います。」

26
章

　最後にこれから書きかえ問題の練習をしていくにあたって注意点をまとめておこう。

　まず，解いたことがあるという経験を増やすこと。たくさん解いて，「知ってる問題」を増やせば考えなくてもどう書きかえればいいかわかる。

　次に「知らない問題」に出会ったとき，それでも正解に近づいていけるような，見かた・考えかたを練習すること。ここで一緒に解きながら練習したような見かた・考えかたで自分でヒントを探し，自分の判断で自分の答えを書く。書きかえ問題だけでなくほかのパターンの問題を解くときも柔軟な見かた・考えかたができることは，大きな武器になるぞ。

☑CHECK 77

➡ 解答は別冊 p.41

次の各組の文がほぼ同じ内容を表すように，（　　）に適語を書きなさい。

(1)
Is this your notebook ?
Is this notebook (　　) ?

(2)
Yesterday I had a lot of things to do.
Yesterday I was (　　).

(3)
My dog isn't as big as yours.
Your dog is (　　) than mine.

(4)
My sister got sick last week. She is still sick.
My sister has (　　) sick (　　) last week.

(5)
Let's go to the park this afternoon.
(　　) (　　) go to the park this afternoon ?
(　　) (　　) going to the park this afternoon ?

26-4　並べかえ(語順整序)問題

この本ではここまで,「文の作り」と「語のカタマリ」に重点を置いて英語を勉強してきたね。いよいよその総まとめだ。

次は与えられた語の順番を並べかえて,正しい文を作る問題だ。これまで例題にもたくさん出てきた出題パターンだね。

「苦手なんだよなー,並べかえの問題。」

「私も苦手。でもお兄ちゃん,得意なのはあるの?」

サクラさん,厳しいね。苦手な人,っていうかできない人はたいがい「最初の単語はこれで,次はこれかな……。」なんて1語めから順に決めようとしているんだよね。

「えー,ほかにどんなやりかたがあるんですか?　まさか最後の語から決めるとか?」

それは絶対に無理だよ。以前にも **4-2** と **15-3** でやったんだけど,忘れちゃったかな?　もう1度のせておくよ。

コツ17 並べかえ問題の解きかた（復習）

並べかえ（語順整序）問題は

❶ 〈主語＋述語〉を確認し，文全体を理解する。

❷ **英語のカタマリ**を作っていく。

そして，述語のあとは，述語にとって意味の大事なものから順に置いていく。

まずはどんな問題でも同じ。〈主語＋述語〉を確認して，文の意味を理解しよう。

次にすることがポイント。並べかえるより先に語のカタマリを作っちゃう。グループ化をするんだ。❶でちゃんと**意味がわかっていれば，語のカタマリもいくつかは作れるはずだ。**

バラバラの選択肢

① ② ③ ④ ⑤ ⑥ ⑦ ⑧ ⑨

カタマリを作ると⇩

⑦ ① ⑤ ④ ② ⑥ ⑨ ③ ⑧

選択肢が減った！

カタマリにできないものもあるだろうけど，**確実にカタマリになるものだけでもグループにしておけば選択肢は減る。**上のようにうまくいけば，３つのカタマリの並べかえだ。

「３つの並べかえならすっごく簡単だろうな。」

そう。**解く前に自分で問題を簡単にしちゃう**の。必ずやろうね。

注意することとしては，**日本語の作りと英語の作りが同じじゃないかもしれない**ってこと。使う語を見て，できあがる英文の作りを見破ろう。

Ex. 次の日本文に合うように，（　）内の語句を並べかえなさい。

(1) 父は私に新しい自転車を買ってくれました。
（me, new, bought, a, father, bike, for, my）.

(2) 暗くならないうちに家に帰りましょう。
（dark, gets, before, home, let's, it, go）.

(3) パーティーに招待してくれてありがとう。
（inviting, you, the, for, me, party, thank, to）.

(4) この花は，英語ではなんという名前なのですか？
（is, flower, in, what, English, called, this）？

(5) 父は忙しすぎて散歩もできません。
（to, is, busy, father, a walk, my, too, take）.

(6) 先生に話しかけている女の子はメアリーです。
（girl, is, our, to, Mary, teacher, the, speaking）.

(1)をサクラさん。この問題は，まず３つのカタマリにできちゃうよ。

「はい。これは『…に～を買ってあげる』の文ですね。〈主語＋述語〉は『父は，買ってくれた』だから my father bought，『新しい自転車』は a new bike，for は me の前に置いて

Ans. (1)　**My father bought a new bike for me.**

for ～を使うときは『～を』のあとに置くんですよね。」

正解。〈主語＋述語〉，目的語，for ～，と３つのカタマリにできたね。実際に解くときにはグループ化は必要なところまででいい。きっと，グループ化しているうちに文の作りが見えてくる。**グループ化と並べかえは同時進行**なんだ。グループ化は最終目的じゃなくて，あくまでも並べかえをするときの補助だからね。

「カタマリを考えるうちに文の作りがひらめきますね。」

それでいいんだ。この問題ではグループ化をしながら「…に～を買って あげる」の文の作りのルールが思い浮かんでくれれば OK。ちなみにサク ラさん，もし for ～がなかったらどうなる？

「for ～がなければ『私に』も目的語になって，目的語が２つあ るときは必ず『㊙に，㊗を』の順だから

(1)′ My father bought **me a new bike**.
　　　　　　　　　　　　㊙　　㊗
となります。」

正解。**14-2**で勉強した内容だね。アヤシイと思う人は，すかさず復習し よう。
次，(2)をケンタくん。

(2)　暗くならないうちに家に帰りましょう。
　　（ dark, gets, before, home, let's, it, go ）.

「はい。『家に帰りましょう』はわかるぞ。Let's go home だ。 あとは，『暗くならないうちに』？　こんないいか方習ったか な。」

ケンタくん，それあと回し。とにかく語のカタマリ作ってみてよ。

「はい。残ったのは dark, gets, before, it か。あれ，動詞がある
ぞ。しかも現在形だ。もう１回〈主語＋述語〉ってことだな。と
いうことは before は接続詞だ。後ろに it gets dark で

Ans. (2)　**Let's go home before it gets dark.**

『暗くならないうちに』は，『暗くなる前に』だったのか。」

　そう。**日本語の作りと英語の作りが同じじゃないかもしれない**って，いっ
ただろう？　文の作りだけじゃなく，細かい表現も違っていることがある
んだ。そういう問題は，書いてある日本語にこだわってそっくりそのまま
英語にしようとしたら困ってしまうね。**日本語は意味を表しているもので
あって，これから作る英文の作りを表しているものではない**んだ。英文の
作りは，使う語や語句から考えること。

次，(3)をサクラさん。

(3)　パーティーに招待してくれてありがとう。

　　　(inviting, you, the, for, me, party, thank, to).

「主語はないみたいだけど，『ありがとう』の Thank you が文の中
心ね。『パーティーに』は to the party で間違いないわ。残った
のは, inviting, for, me ね。for me でカタマリになるのかしら？」

サクラさん，意味も考えようね。for me「私（のため）に」って，文の意味からしておかしくない？

「そうですね。me は for のあとじゃないんだ……。ほかで me の位置として考えられるのは……，あ！『招待する』の inviting の後ろじゃないかしら。『私を招待してくれて，ありがとう。』なんだわ。だとしたらもう，この並べかたしかないわ。

Ans. (3)　**Thank you for inviting me to the party.**」

正解。この問題は，thank Ⓐ for ～，「～に（対して）Ⓐに感謝する」という表現を知っているとラクだったんだ。もしくは，で教えた Thank you for ～ing … を覚えていればよかったんだけど，できちゃったね。英文を直訳すると，「私をパーティーに招待してくれたことに対して，あなたに感謝します。」（主語の I は省略）という日本語になる。前置詞 for ～のあとに置く動詞の形は動名詞だし，これでバッチリだね。

「『Ⓐを～に招待する』の invite Ⓐ to ～という表現を，thank Ⓐ for ～の後ろに置いた文なのね。難しいわ。」

そう。先生も難しいと思う。(✕) **Thank you for me ～**と間違えてしまう人が多い問題なんだ。

「Thank you for me ～って，おかしいですよね。なんで『私のためにあなたに感謝』してるんだ？」

そうだね。それに気づければ考えて正解できるかもしれないけど，この問題については覚えておくべきだ。きっとまたどこかで似たような問題を解くことがあるよ。

次，(4)をケンタくん。

(4)　この花は，英語ではなんという名前なのですか？
　　　（ is, flower, in, what, English, called, this ）？

「はい。日本語の意味はわかったぞ。でも『名前』っていう語,
name はないや。ははーん，また何か違うんだな。まず語のカタマ
リを作ろう。what は疑問詞だから最初だな。それと『英語で』の
in English と，『この花』の this flower は確定だ。残ったのは is と
called か。なーんだ，受動態で決まりじゃん。主語は this flower で,
疑問文だから，be 動詞の is を主語の this flower の前に出して
Ans. (4)　**What is this flower called in English ?**
これでいいんじゃないかな。」

素晴らしい！　この問題も難しいぞ。グループ化をして受動態と気づい
ても，（×）What is called this flower ～と間違える人が多い問題なんだ。最
後にケンタくんのように，**文の主語と受動態の疑問文の語順をしっかり確**
認すればできるはずなんだけどね。受動態だというところまでわかって安
心してツメが甘くなっちゃうのかな。やっぱり気をつけてほしい問題だよ。
次，（5）をサクラさん。

(5)　父は忙しすぎて散歩もできません。
　　　（ to, is, busy, father, a walk, my, too, take ）.

「はい。これは日本語からも，並んでいる語から判断しても，間
違いなく too … to ～構文ですね。
Ans. (5)　**My father is too busy to take a walk.**
take a walk で『散歩をする』って意味になるんですね。」

正解。**構文は文の作りが決まっているわけだから，気づいてしまえば並**
べかえはとても簡単だ。むしろ構文の作り以外のところが落とし穴にな
る。だけどもし，too … to ～構文をおろそかにしていたら？　考えたって
絶対にできないよね。自信をもって使えるように，しっかりマスターして
おこう。

最後，(6)をケンタくん。

(6)　先生に話しかけている女の子はメアリーです。

　　　(girl, is, our, to, Mary, teacher, the, speaking)．

「はい。〈主語＋述語〉は『女の子は～です』で，The girl is ～かな？でもこれはとりあえず置いておこう。そういう意味の日本語だというだけで，違う英文の作りかもしれないからね。**意味だけ頭に置いといて，グループ化**してみるか。意味からして our は teacher につけるしかないな。ということは，the はやっぱり girl につけないと。ほかにつける名詞ないもんな。『～に話しかける』は speaking to ～，our teacher がそのあとだ。is はどうする？　進行形か？　いや，進行形にしちゃダメだ。Mary is speaking to ～にすると the girl がいらなくなっちゃう。The girl is speaking to ～だと Mary が入らない。そうか，これは名詞を修飾する分詞のパターンだ！　The girl を主語にして speaking ～を後ろに置いて

Ans. (6)　**The girl speaking to our teacher is Mary.**

なんだ，結局日本語の通りの作りじゃないか！」

完ペキ！　グループ化の手順なんかお手本のようだね。ここで，並べかえのときのグループ化についてまとめてみよう。

コツ29　並べかえ問題　グループ化の手順

① **a・an・the・this・that・所有格・形容詞**など，**名詞につく語は必ず名詞とまとめる！**
② **［前置詞＋名詞］のカタマリ**をまとめる！
③ **［前置詞＋名詞］のカタマリ＝修飾語**を，**修飾される語（動詞や名詞）の後ろに置いてまとめる！**

　まさにケンタくんがやっていた通り。実際にはこうやって考えているうちに答えが見えてきちゃう問題が多いだろうけどね。

　(6)のように，英文ができてみたら日本語そのままの作りなんてこともあるけど，**日本語はあまりあてにしないで意味をつかむためだけに使ったほうがいい**。考えたことは絶対にムダにはならない。慣れてくればこの手順通りに考える必要なんかなくなるんだ。そうなるためにも，最初はこういう考えかたで問題を解くようにしてほしい。

「はい。」

　それに並べかえの問題では日本語がないものもある。そういうときは，意味がわからなくてもできるグループ化をしながら，どんな意味の文を作ればいいのか考えればいい。もうわかると思うけど，日本語があってもなくても**そこにある語を使って作れる，文法的に正しい英文はふつうは１種類だけ**なんだ。日本語に頼りすぎちゃいけないって，わかったね。それと，もう１つ。**最後に単語の数を数えて確認**しよう。１個忘れてた！　同じの２個使ってるぞ！　なんていうことがないようにね。先生も必ず確認しているよ。

「先生も？　じゃあオレなんて絶対にしなきゃいけないな。」

「最後の注意点は，英語の文法とかとぜんぜん関係ないことですね！　面白ーい。」

　そうだね。でも先生は，ただ「英語」を教えてきたつもりはないんだ。考えかた，頭の使いかた，勉強に対する姿勢，そういうことを教えてきたつもり。点数をとることも大事だけど，それよりもっと大事なことがある。その「大事なもの」に近づけるようないい勉強をしていれば，点数なんか気にしなくても勝手にとれるようになるよ。キミたちの可能性は無限大だ。自分を信じて，面倒がらずに頑張ってみよう。

「はい，頑張ります！」

「オレも頑張るぞ！」

☑ **CHECK 78**　　　　　　　　　　　➡ 解答は別冊 p.41

次の日本文に合うように，（　　）内の語を並べかえなさい。

(1) トムは今日，お母さんの手伝いをしなくてもよい。
　　（ have, help, Tom, mother, does, today, to, his, not ）.
(2) 彼がいつ帰ってくるのか，私にはわかりません。
　　（ when, back, I, will, know, don't, he, come ）.
(3) あなたは今までに英語で書かれた本を読んだことがありますか？
　　（ read, English, ever, you, in, a, written, have, book ）?
(4) あなたたちが日本について学ぶことは，大切なことです。
　　（ Japan, important, for, is, it, learn, you, about, to ）.
(5) 彼女が歌えば，そのパーティーはもっと素晴らしいものになるでしょう。
　　（ her, wonderful, will, the, more, make, songs, party ）.
(6) 今日は昨日より寒かった。
　　（ than, today, yesterday, it, colder, was ）.

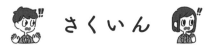

★ 英 語 ★

Y

★ 日 本 語 ★

◆ ブックデザイン　野崎二郎（Studio Give）
◆ 本文イラスト　坂木浩子（ぽるか）
◆ キャラクターイラスト　徳永明子
◆ 編集協力　日本アイアール株式会社，宮崎史子，田中宏樹
◆ 校正　佐藤玲子，高木直子
◆ 企画・編集　宮﨑純
◆ データ作成　株式会社　四国写研
◆ 印刷所　株式会社　リーブルテック

やさしい中学英語 改訂版

掲載問題集

この冊子はとりはずせます。
矢印の方向にゆっくり引っぱってください。

1章 be動詞

☑CHECK 1

➡ 解答は p.35

次の日本文に合うように（　）内の語句を使って英文を作りなさい。

(1) 私はケンです。 （Ken, am, I）.
(2) あなたは生徒です。 （are, a student, you）.
(3) アンディは背が高いです。
　　（tall, is, Andy [アンディ]）.

☑CHECK 2

➡ 解答は p.35

次の日本文に合うように，（　　）に適語を書きなさい。

(1) I （　　） Ken. （私はケンです。）
(2) You （　　） from India. （あなたはインド出身です。）
(3) You and Jiro （　　） friends.

　　　　　　　　　　（あなたとジローは友だちです。）

☑CHECK 3

➡ 解答は p.35

次の文を否定文にしなさい。

(1) I am Ken.
(2) You are from India.
(3) You and Jiro are friends.

☑CHECK 4

➡ 解答は p.35

次の文を疑問文にし，（　　）の語を使って答えなさい。

(1) Mr. Brown is your friend. (Yes)
(2) You are a teacher. (No)
(3) You and Hiroshi are students. (Yes)

☑CHECK 5

➡ 解答は p.35

次の日本文に合うように，（　　）に適語を書きなさい。

(1) (　　) tall. （彼女は背が高い。）
(2) You (　　) busy. （あなたは忙しくない。）
(3) (　　) Kumi and Ken friends ?
　　　　　　　　　　　（クミとケンは友だちですか？）
　　 - No, (　　) (　　). （いいえ，違います。）

☑CHECK 6

➡ 解答は p.35

次の英文を日本語にしなさい。

(1) Your sister is in the park.
(2) Is your house near the station ?

2章 一般動詞

☑CHECK 7
➡ 解答は p.35

次の日本文に合うように（　）内の語句を使って英文を作りなさい。

(1) 私は日本語を話します。（Japanese, speak, I）.
(2) あなたは犬が好きです。（like, you, dogs）.

☑CHECK 8
➡ 解答は p.35

次の日本文に合うように（　）内の語句を使って英文を作りなさい。

(1) 私は歩いて学校に行きます。
　（go, on foot［歩いて］, I, to school）.
(2) あなたは上手にギターを弾きます。
　（well, the guitar［ギター］, play, you）.
(3) 彼らはかばんの中に本をもっています。
　（books, they, in their bags, have）.

☑CHECK 9
➡ 解答は p.35

次の（　）内の語を適する形に直しなさい。ただし、直さなくてよいものもある。

(1) They (have) a black dog.
(2) Your sister (speak) English well.
(3) You and Mike (come) to school together.
(4) Paul (study) Japanese very hard.

☑CHECK 10

➡ 解答は p.35

次の英文を否定文にしなさい。

(1) They have a black dog.
(2) Your sister speaks English well.
(3) You and Mike come to school together.
(4) Paul studies Japanese very hard.

☑CHECK 11

➡ 解答は p.35

次の英文を疑問文にし，（　）の語を使って答えなさい。

(1) They have a black dog. （Yes）
(2) Your sister speaks English well. （No）
(3) You and Mike come to school together. （Yes）
(4) Paul studies Japanese very hard. （No）

3章 名詞の使いかた　～名詞・代名詞・形容詞～

☑CHECK 12

➡ 解答は p.35

次の文の目的語を（　）に書きなさい。目的語がない場合は×を書きなさい。

(1) I study English hard.　　　　（　　　）
(2) They live in Canada.　　　　（　　　）
(3) We read books in the library.　（　　　）

☑CHECK 13

➡ 解答は p.35

数えられる名詞は複数形に直し，数えられない名詞には×を書きなさい。

(1) desk （　　　　） (2) Canada （　　　　）
(3) library （　　　　） (4) milk （　　　　）
(5) homework （　　　　） (6) watch （　　　　）

☑CHECK 14

➡ 解答は p.35

次の日本文に合うように，（　）内から適するものを選びなさい。

(1) 私たちは音楽が好きです。
We like (music, a music).
(2) あなたは図書館で本を読みます。
You read (book, books) in (the library, library).
(3) 私はかばんの中に手紙をもっています。
I have (letter, letters) in (a bag, my bag).

☑CHECK 15

➡ 解答は p.35

次の（　）内の語を，例にならって適切な代名詞に変えなさい。

例　I know (Ken). → I know <u>him</u>.
(1) I like (my mother).
(2) (My father) plays tennis with (My father's) friends.
(3) (You and your brother) are students.

☑ **CHECK 16** ➡ 解答は p.36

次の日本文に合うように，（ ）内の語を使って英文を作りなさい。

(1) 彼らは親切です。 (are, kind, they).
(2) あれは面白い本です。
　　(is, book, that, interesting, an).
(3) 彼女はテニスが上手です。（彼女は上手なテニスプレーヤーです。）
　　(tennis, she, player, a, is, good).

4章 述語を修飾するもの　～修飾語のはたらき～

☑ **CHECK 17** ➡ 解答は p.36

次の英文を下線部に注意して日本語にしなさい。

(1) I live <u>in Japan</u>.
(2) You wash the dishes <u>after dinner</u>.
(3) They eat bread <u>for breakfast</u> <u>every morning</u>.

☑ **CHECK 18** ➡ 解答は p.36

次の日本文に合うように，（ ）内の語を使って英文を作りなさい。

(1) 私は自転車で学校に行きます。
　　(go, bike, to, I, school, by).
(2) あなたは公園の近くに住んでいるのですか？
　　(the, do, park, live, near, you)?
(3) 彼らは毎朝，朝食にパンを食べます。
　　(bread, every, have, for, morning, they, breakfast).

☑CHECK 19

➡ 解答は p.36

次の日本文に合うように，（　　）内から適語を選びなさい。

（1）私たちは部屋で遊びます。
　　 We play (in, at, on) our room.
（2）あなたは朝 6 時に起きます。
　　 You get up (in, at, on) six (in, at, on) the morning.
（3）私は木曜日に彼に会います。
　　 I see him (in, at, on) Thursday.

☑CHECK 20

➡ 解答は p.36

次の日本文に合うように，（　　）内の語を使って英文を作りなさい。

（1）彼らはいつも親切です。
　　 (are, kind, they, always).
（2）私はよくルーシーと話をします。
　　 (Lucy, often, talk, I, with).

5章 疑問詞を使った疑問文

➡ 解答は p.36

☑CHECK 21

次の日本文に合うように，（　）内から適語を選びなさい。

(1)（When/Where）do they go？（彼らはどこに行きますか？）
(2)（Why/How）are you angry？
（なぜあなたは怒っているのですか？）
(3)（Which/Whose）pen is his？
（どちらのペンが彼のものですか？）
(4)（How many/How much）balls does she have？
（彼女はボールを何個もっていますか？）

➡ 解答は p.36

☑CHECK 22

次の会話が成り立つように，（　）に適する疑問詞を入れなさい。

(1)（　　）is your mother's job？ － She is a nurse.
(2)（　　）do you live？ － I live in Tokyo.
(3)（　　）tall is Tom？ － He is 160cm tall.
(4)（　　）does he go to work？ － He walks there.

➡ 解答は p.36

☑CHECK 23

次の日本文に合うように，（　）に適語を書きなさい。

(1) あなたの部屋を掃除するのは誰ですか？ － 母です。
（　　）（　　）your room？ － My mother（　　）.
(2) ドアのところにいるのは誰ですか？ － ポールです。
（　　）（　　）at the door？ － Paul（　　）.

6章 命令文

☑CHECK 24

➡ 解答は p.36

次の文を命令文にしなさい。

(1) You wash your hands.
(2) You are careful.

☑CHECK 25

➡ 解答は p.36

次の日本文に合うように，（　）に適語を書きなさい。

(1) ピアノを弾いてください，ミキ。
　　（　　）（　　）the piano, Miki.
(2) アンディ，注意してください。
　　Andy, （　　）（　　）careful.

☑CHECK 26

➡ 解答は p.36

次の文を「～しよう」と誘う文にかえるとき，（　）に適語を書きなさい。

(1) We play the piano.
　　（　　）（　　）the piano.
(2) We speak in English.
　　（　　）（　　）in English.

7章 時刻・日付・曜日の表しかた ～ it の特別用法～

☑CHECK 27

➡ 解答は p.36

次の日本文に合う英文になるように，（　）に適語を書きなさい。

A： 今何時ですか？
　　What （　）is （　）now ?
B： 7時です。
　　（　）seven.

☑CHECK 28

➡ 解答は p.36

次の日本文に合うように，（　）に適語を書きなさい。

(1) 今日は何曜日ですか？ ―　土曜日です。
　　（　）（　）is （　）today ? ― （　）Saturday.
(2) 天気はどうですか？ ―　今日はいい天気です。
　　（　）is the weather ? ― （　）fine today.
(3) 今日はとても暑いです。
　　（　）（　）very hot today.

8章 現在進行形

☑CHECK 29

➡ 解答は p.36

次の文を進行形の文にしなさい。

(1) I go to school.
(2) My father doesn't write a letter.
(3) Do they run to the park ? — No, they don't.

☑CHECK 30

➡ 解答は p.36

次の日本文に合うように，（　）内から適するものを選びなさい。

(1) 私はよく放課後サッカーを練習します。
   I often (practice, am practicing) soccer after school.
(2) 彼は今お皿を洗っています。
   He (washes, is washing) the dishes now.

9章 can

☑CHECK 31

➡ 解答は p.36

次の日本文に合うように，（　　）に適語を書きなさい。

(1) マイクはギターを上手に弾くことができます。
   Mike （　）（　）the guitar well.
(2) テレビを見てもいいですよ。
   You （　）（　）TV.

☑CHECK 32

➡ 解答は p.36

次の日本文に合うように，（　）に適語を書きなさい。

(1) 私は，上手に泳げません。
I（　）（　）well.
(2) 窓を開けてもいいですか？　—　もちろん，いいですよ。
（　）I（　）the window？　—　Of course.

10章 There is / are 〜.の文

☑CHECK 33

➡ 解答は p.36

次の日本文に合うように，（　）に適語を書きなさい。

(1) テーブルの上にカップが1つあります。
（　）（　）a cup on the table.
(2) 教室には何人かの生徒がいます。
（　）（　）some students in the classroom.
(3) トムはドアのところにいます。
（　）（　）at the door.

☑CHECK 34

➡ 解答は p.37

次の日本文に合うように，（　　）に適語を書きなさい。

（1）テーブルの上にカップはありません。
（　　）（　　）a cup on the table.

（2）教室には何人か生徒がいますか？ ― はい，います。
（　　）（　　）any students in the classroom？
― Yes,（　　）（　　）.

（3）あの箱の中にはボールが入っていますか？
― いいえ，入っていません。
（　　）（　　）any balls in that box？
― No,（　　）（　　）.

☑CHECK 35

➡ 解答は p.37

次の日本文に合うように，（　　）に適語を書きなさい。

（1）テーブルの上にいくつかカップがあります。
（　　）（　　）（　　）cups on the table.

（2）教室には1人も生徒がいません。
（　　）（　　）（　　）students in the classroom.

（3）あの箱の中にはリンゴが入っていますか？
（　　）（　　）（　　）apples in that box？

11章 過去を表す文

☑CHECK 36

➡ 解答は p.37

次の動詞の過去形を書きなさい。

(1) visit　　(2) study　　(3) live　　(4) try
(5) read　　(6) see　　　(7) eat　　(8) come

☑CHECK 37

➡ 解答は p.37

次の日本文に合うように，（　　）に適語を書きなさい。

(1) 私は今朝，7時に起きました。
　　I (　　) (　　) at seven this morning.
(2) 彼は2年前，犬を飼っていませんでした。
　　He (　　) (　　) a dog two years ago.
(3) あなたがたはこの前の水曜日にトムと話しましたか？
　　－　いいえ，話していません。
　　(　　) you (　　) with Tom last Wednesday ?
　　－ No, (　　) (　　).

☑CHECK 38

➡ 解答は p.37

次の（　　）に適する be 動詞を書きなさい。

(1) (　　) you at home then ?　－　Yes, I (　　).
(2) He (　　) doing his homework at that time.
(3) I am Jane. What (　　) your name ?

12章 未来のことを表す文

☑CHECK 39

➡ 解答は p.37

次の文に（　　）内の語を加えて，be going to を用いた文に書きかえなさい。

(1) Bill goes to the library. （next Friday）
(2) I don't study English. （tomorrow afternoon）
(3) Do you read this book ? （today）

☑CHECK 40

➡ 解答は p.37

次の文に（　　）内の語を加えて，will を用いた文に書きかえなさい。

(1) Bill goes to the library. （next Friday）
(2) I don't study English. （tomorrow afternoon）
(3) Do you read this book ? （today）

13章 助動詞

☑CHECK 41

➡ 解答は p.37

次の日本文に合うように,（　　）に適語を書きなさい。

(1) 座ってもいいですよ。
　　（　　）（　　）sit down.
(2) この部屋を掃除してもらえますか？　－　わかりました。
　　（　　）（　　）clean this room？　－　OK.
(3) 明日は早く起きなければなりません。
　　I（　　）（　　）（　　）early tomorrow.

☑CHECK 42

➡ 解答は p.37

次の日本文に合うように,（　　）に適語を書きなさい。

(1) 窓を開けてくれませんか？　－　ええ, いいですよ。
　　（　　）（　　）（　　）the window？　－　All right.
(2) 窓を開けてもいいですか？　－　いいですよ。
　　（　　）（　　）（　　）the window？　－　Sure.
(3) テニスをしましょうか？　－　そうしましょう。
　　（　　）（　　）（　　）tennis？　－　Yes, let's.

☑CHECK 43

➡ 解答は p.37

(1)～(3)の文を指示の通りに変更し，（　）に適語を書きなさい。

(1) I can speak English. （ほぼ同じ意味の文に）
　　I （　）（　）（　） speak English.
(2) My brother must clean his room. （ほぼ同じ意味の文に）
　　My brother （　）（　） clean his room.
(3) Tom must work on Saturday. （～しなくてよい，という意味の文に）
　　Tom （　）（　）（　） work on Saturday.

14章 いろいろな文型

☑CHECK 44

➡ 解答は p.37

次の日本文に合うように，（　）に適語を書きなさい。

(1) 私たちは去年友だちになった。
　　We （　）（　） last year.
(2) 彼はすぐに元気になるでしょうか？　－　ええ。
　　（　） he （　） well soon？　－　Yes, he will.
(3) あなたのお母さんは若く見えます。
　　Your mother （　） young.

☑CHECK 45

➡ 解答は p.37

次の日本文に合うように，（　　）内の語句を並べかえなさい。

（1）私は昨日，彼女に手紙を送った。
　　(a letter, her, I, sent) yesterday.
（2）トムは毎日，彼の犬に餌をあげます。
　　(to, his dog, gives, food, Tom) every day.

☑CHECK 46

➡ 解答は p.37

次の日本文に合うように，（　　）内の語句を並べかえなさい。

（1）彼らは赤ちゃんをトニーと名づけました。
　　(named, their baby, they, Tony).
（2）彼らは息子を医者にするつもりです。
　　(will, a doctor, they, their son, make).

15章 不定詞

☑CHECK 47
➡ 解答は p.37

下線部の語句のはたらきを考え，品詞名を書きなさい。

○ My father bought me a new watch yesterday.
　　　(1)　　(2)　　　　(3)　(4)　　(5)
（父は昨日，新しい時計を私に買ってくれました。）

○ I like music very much.
　(6)　(7)　　(8)
（私は音楽がとても好きです。）

○ He is very tall.
　　(9)　　(10)
（彼はとても背が高いです。）

☑CHECK 48
➡ 解答は p.38

次の日本文に合うように，（　）に適語を書きなさい。

（1）彼らは川で泳ぐのが好きでした。
　　They（　）（　）（　）in the river.

（2）テレビを見すぎると目に悪いです。
　　（　）（　）（　）too much is bad for your eyes.

20

➡ 解答は p.38

☑**CHECK 49**

次の日本文に合うように，（　　）内の語句を並べかえなさい。

(1) 今日はやらなければならない宿題がたくさんあります。
（ have, do, homework, I, today, a lot of, to ）.
(2) キミにいいたいことはない。
（ you, have, tell, I, nothing, to ）.
(3) 彼は次に読む本を探しています。
（ a book, for, read, he, looking, to, is ） next.

➡ 解答は p.38

☑**CHECK 50**

次の日本文に合うように，（　　）内の語句を並べかえなさい。

(1) アキラは，先生になるために一生懸命勉強しています。
Akira studies hard (teacher, be, to, a).
(2) 私は数学を勉強するために大学に行きたい。
I'd like to (college, study, go, math, to, to).
(3) 彼らは彼女の手紙を読んで驚いた。
They (read, her, surprised, to, were, letter).

16章 動名詞

☑CHECK 51

➡ 解答は p.38

次の文の（　）内の語を適する形に直しなさい。

(1) I finished (write) a letter.
(2) Thank you for (invite) me to the party.
(3) How about (play) games after (have) lunch ?

17章 接続詞

☑CHECK 52

➡ 解答は p.38

次の日本文に合うように，（　）に適語を書きなさい。

(1) 雨が降っていて寒かったので，出かけなかった。
    It was rainy (　) cold, (　) I didn't go out.
(2) ここに来れば富士山が見えますよ。
    Come here, (　) you can see Mt.Fuji.

☑CHECK 53

➡ 解答は p.38

次の日本文に合うように，（　）内の語句を並べかえなさい。

(1) 明日晴れたらいいな。
I hope (will, tomorrow, it, fine, be).
(2) 辞書をもっていたら貸してください。
(a dictionary, you, if, have), please lend it to me.
(3) この仕事を終えたら家に帰ろう。
Let's go home (finish, this work, we, after).

18章 比較

☑CHECK 54

➡ 解答は p.38

次の語の比較級・最上級の形を答えなさい。

(1) tall　　(2) careless　　(3) happy　　(4) wonderful

☑CHECK 55

➡ 解答は p.38

次の日本文に合うように，（　）に適語を書きなさい。

(1) あなたのコンピュータは私のほど古くない。
Your computer is (　)(　)(　)(　) mine.
(2) 私にとって英語は数学よりも難しいです。
English is (　)(　)(　) math for me.
(3) 彼はその4人の中で，最もたくさん本をもっていた。
He (　)(　)(　) books (　) the four.

☑CHECK 56

➡ 解答は p.38

次の各組の英文がほぼ同じ意味になるように，（　）に適語を書きなさい。

(1) I like math the （　） of all the subjects.
　　I like math （　） （　） any other （　）.
(2) Your camera is better than mine.
　　My camera isn't （　） （　） （　） yours.

19章 受動態

☑CHECK 57

➡ 解答は p.38

次の日本文に合うように，（　）に適語を書きなさい。

(1) その山はここからは見えません。
　　The mountain （　） （　） from here.
(2) これらの本はトムによって運ばれたのですか？　－　はい，そうです。
　　（　） these books （　） （　） Tom ?
　　－　Yes, （　） （　）.

24

✓CHECK 58

➡ 解答は p.38

次の文を受動態の文にするとき，（　）に適語を書きなさい。

(1) Tom showed me the picture.
I（　）（　）（　）（　）by Tom.
(2) Did you give him the CD ?
（　）the CD（　）（　）him by you ?
(3) You can't buy me love.
Love can't（　）（　）（　）me.
(4) We didn't leave him alone.
He（　）（　）（　）by us.
(5) What do you call the flower in English ?
What（　）（　）（　）（　）in English ?

✓CHECK 59

➡ 解答は p.39

次の日本文に合うように，（　）に適語を書きなさい。

(1) これらの花は紙でできています。
These flowers（　）（　）（　）paper.
(2) 紙は木から作られます。
Paper（　）（　）（　）wood.

20章 現在完了形

➡ 解答は p.39

☑CHECK 60

次の日本文に合うように，（　）に適語を書きなさい。

(1) 私は長い間ずっとブラウンさんに会っていません。
I（　）（　）Mr. Brown for a long time.

(2) メアリーは以前納豆を食べたことがあります。
Mary（　）（　）*natto* before.

(3) 彼はもう彼の部屋を掃除してしまいましたか？
　　　　　　　　　　　　　　　　－ はい，しました。
（　）he（　）his room yet？ － Yes,（　）（　）.

➡ 解答は p.39

☑CHECK 61

次の日本文に合うように，（　）に適語を書きなさい。

(1) あなたはどのくらい（の期間）英語を勉強しているのですか？
－ 去年からです。
How（　）（　）you（　）English？ － （　）last year.

(2) 彼は今までその本を読んだことがありません。
He（　）（　）（　）the book.

(3) 彼はもうお皿を洗ってしまいました。
He（　）（　）（　）the dishes.

(4) あなたは5時からずっと勉強しています。
You（　）（　）（　）（　）5 o'clock.

☑CHECK 62

➡ 解答は p.39

次の日本文に合うように，（　　）に適語を書きなさい。

(1) あなたは今までに京都に行ったことがありますか？
（　　）you ever（　　）（　　）Kyoto ?
(2) 彼は京都に行ってしまいました。
He（　　）（　　）to Kyoto.
(3) あなたはいつその手紙を書き終えたのですか？
When（　　）you（　　）writing the letter ?

21章 間接疑問・感嘆文・いろいろな疑問文

☑CHECK 63

➡ 解答は p.39

次の文を，（　　）の語句に続ける間接疑問に書きかえなさい。

(1) Who is the woman ?　（Do you know 〜 ?）
(2) When did they come to Japan ?　（I know 〜 .）
(3) How long have you studied English ?
（I don't know 〜 .）

☑CHECK 64

➡ 解答は p.39

（　　）に適語を書き，感嘆文を完成させなさい。

(1) （　　）a tall boy he is !
(2) （　　）tall he is !
(3) （　　）well your mother cooks !
= （　　）a good cook your mother is !

☑CHECK 65

➡ 解答は p.39

次の日本文に合うように，（　）に適語を書きなさい。

(1) あなたは紅茶が好きではないのですか？
    ― はい，好きではありません。
    （　）you like tea？ ―（　）, I don't.
(2) 彼はここに来なかったのですか？　― いいえ，来ました。
    （　）he（　）here？ ―（　）, he did.
(3) この電車は東京へ行きますね？　― はい，行きます。
    This train goes to Tokyo,（　）（　）？
    ―（　）,（　）does.
(4) トムは日本語が話せないのですね？　― いいえ，話せます。
    Tom can't speak Japanese,（　）（　）？
    ―（　）,（　）can.

22章 不定詞Ⅱ

☑CHECK 66

➡ 解答は p.39

次の日本文に合うように，（　）に適語を書きなさい。

(1) 私はピアノの弾きかたを習いたい。
    I want to learn（　）（　）（　）the piano.
(2) 彼はどの辞書を買ったらよいかわからなかった。
    He didn't know（　）（　）（　）（　）.
(3) どこでその辞書を買ったらいいか教えてください。
    Please tell me（　）（　）（　）the dictionary.

☑CHECK 67

➡ 解答は p.39

次の日本文に合うように，（　　）内の語句を並べかえなさい。

(1) 彼女に私を手伝ってくれるように頼んでください。
（ me, her, ask, please, to, help ）.

(2) 母は私に，教師になってもらいたいと思っている。
（ to, me, a teacher, wants, my mother, be ）.

(3) あなたは彼らに，何をするようにいったのですか？
（ you, do, them, did, tell, what, to ）?

(4) 晩ご飯作るの手伝って。
（ dinner, me, please, cook, help ）.

(5) なんで泣いているの？
（ made, cry, what, you ）?

☑CHECK 68

➡ 解答は p.39

次の日本文に合うように，（　　）に適語を書きなさい。

(1) サッカーの試合を見るのはワクワクする。
（　　）is exciting（　　）（　　）soccer games.

(2) 古いお寺を訪ねるのは，私にとって興味深いことです。
（　　）is interesting（　　）（　　）（　　）（　　）old temples.

(3) 私たちにとって歴史を学ぶことは重要ですか？
（　　）（　　）（　　）for（　　）（　　）learn history ?

☑CHECK 69

➡ 解答は p.40

次の日本文に合うように，（　　）に適語を書きなさい。

(1) 私は昨日とても眠くて，テレビを見られなかった。

I was（　　）sleepy（　　）watch TV yesterday.

＝I was（　　）sleepy（　　）（　　）（　　）watch TV yesterday.

(2) そのバッグは高すぎて，彼女には買えない。

The bag is（　　）expensive（　　）（　　）（　　）buy.

＝The bag is（　　）expensive（　　）（　　）（　　）buy it.

(3) この物語は彼女にも読めるほど十分に簡単だ。

This story is（　　）（　　）（　　）she can read it.

＝This story is（　　）（　　）（　　）her（　　）read.

23章 分詞の形容詞用法

☑CHECK 70

➡ 解答は p.40

次の日本文に合うように，（　　）内の語句を並べかえなさい。ただし，下線の語は適する形に直しなさい。

(1) テーブルの上に割れたカップがあります。

(table, there, is, the, break, on, a, cup).

(2) ギターを弾いている少女は誰ですか？

(play, is, girl, who, the guitar, the)?

(3) 彼はアメリカ製の車をもっています。

(in, he, America, make, a car, has).

24章 関係代名詞

➡ 解答は p.40

☑CHECK 71

次の2つの文を関係代名詞を使って1つの文に書きかえるとき，
（　）に適語を書きなさい。また，日本語訳を完成させなさい。

(1) The fish was very big. They caught it last week.
　= The fish (　) (　) (　) last week was very big.
　(　　　　　　　　　　　　) 魚はとても大きかった。

(2) I have a friend. He lives in America.
　= I have a friend (　) (　) in America.
　私には，(　　　　　　　　　　　) 友だちがいます。

(3) Is this the train? It leaves for Kyoto at three.
　= Is this the train (　) (　) for Kyoto at three?
　これが (　　　　　　　　　　　) 電車ですか？

(4) The teacher is Mr. Sato. We like him very much.
　= The teacher (　) (　) (　) very much is Mr. Sato.
　(　　　　　　　　　　) 先生は，サトウ先生です。

☑CHECK 72

➡ 解答は p.40

2つの文が同じ内容になるように，（　）に適語を書きなさい。

(1) The boy who is running in the park is Bob.
　　The boy (　) in the park is Bob.

(2) These are the cakes made this morning.
　　These are the cakes (　) (　) made this morning.

(3) I like the pictures taken by Ken in America.
　　I like the pictures (　) (　) in America.